U0566784

同济大学欧洲与德国研究丛书

总主编：郑春荣

编　委（按姓氏笔画为序）：

伍慧萍　孙宜学　宋黎磊　陈　强　单晓光

本书由“同济大学文科精品力作培育计划”资助出版

同济大学欧洲与德国研究丛书

德意志帝国贸易政策

（1871~1914）

TRADE POLICY OF
THE GERMAN EMPIRE (1871-1914)

朱宇方 著

社会科学文献出版社
SOCIAL SCIENCES ACADEMIC PRESS (CHINA)

目录
CONTENTS

第一章 导 论

第一节 引言

一战前的德意志帝国处于现代化、工业化、全球化等多重矛盾运动之中：民族国家的建立和工业革命所带来的双重推动力使德国快速崛起，但其现代化进程却又是一条政治与经济发展不同步的“特殊道路”，隐含了复杂的矛盾冲突和权宜妥协，而与此同时，这个处在工业化转型中的新兴的民族国家又受到第一次全球化浪潮带来的史无前例的冲击。

本书选取了德意志帝国的贸易政策这个位于政治和经济、内政和外交交叉点的关键领域作为关注对象，所涉及的内容包括帝国建国初期的自由贸易政策、1879 年完成从贸易自由主义向贸易保护主义的转变、卡普里维时期贸易自由主义的短暂回潮，以及以“比洛税则”为标志的贸易保护主义的反攻、巩固与延续。本书采用一种综合性的视角，把政治与经济领域的行为体放到贸易政策网络这个统一的系统中进行考察。就本书的研究而言，德意志帝国的贸易政策是研究的案例，也构建了研究的框架，但本书的研究对象并不限于德意志帝国的贸易政策本身，而是基于政策，进一步聚焦其背后的政策制定机制。

之所以采取这种融合国内与国外、政治与经济的综合性视角，是出于以下两方面的原因：第一，这一时期经济与政治之间的关系变得越来越密切，或者说，经济的政治意义越来越显性化。由于政治和军事力量的增强越来越倚赖工业生产能力、技术力量和专业知识的发展，工业发展所带来的政治后果比以往更重要。19 世纪 60 年代的战争就证明了这一点。从那以后，没有强大的工业，任何国家都无法在强权俱乐部中保持其竞争地位。因此，自 19 世纪后半叶开始，经济对政府及统治的合法性具有越来越重要的意义。[①] 第二，19 世纪 70 年代至 20 世纪 20 年代中期被称为全球化的“起飞阶段”[②]。19 世纪 70 年代，工业资本主义演变成名副其实的世界经济，所以地球也从一个地理概念转变成持续运作的动态实体。从此时起，世界的历史不再仅仅是各地历史的简单组合，而演变成为真正的世界历史。[③] 也就是说，经济不再是一个仅仅涉及内政的局部性话题，它关乎一个国家的国际地位和国家安全。

如果把着眼点放回德国国内，又能在更具体的层面发现政治与经济的复杂关联。首先，德意志民族国家的建立和君主立宪制民主的构建亦是“从上而下”逐步进行的，因此德意志帝国的统治阶层具有很强的保守性，这种保守性不仅停留在政治领域，也渗透到对经济的干预。其次，德国政治体制中的改革派力量为了实现自己的政治抱负，主动构建经济领域的大型利益团体，为自己的改革主张培育支持者和实施者。而当这些经济界的利益团体逐步发展成熟之后，它们又反过来向政治领域渗透，谋求实现其所代表的不同行业、不同群体的利益。这种交互关系逐步形成德国极具特色的法团主义治理模式，使经济利益团体成为德国政商之间重要的桥梁与中介，在政策的制定和实施中发挥不可或缺的作用。

由此可以看出，在这一时期，随着工业化的推进和经济行为体的成长与壮大，德国的政治问题与经济问题更加密切地交缠在一起，政界与经济界之间出现相互影响和相互渗透，而且这种影响和渗透是多层面、多维度的。而在第一次全球化浪潮中，德国的政治、经济领域也越来越多地受到外来的冲击与影响。这些冲击和影响直接和间接地作用于不同层面的行为体。因此，以贯通政治、经济、内政、外交的综合性视角对这一时期德意志帝国贸易政策的制定机制进行研究，能通过对贸易政策这个关键领域的剖析，观察和解析德意志帝国在走向现代化和国际化的关键时期，政治与经济的交缠和互动、自由主义与保守主义的博弈、工业与农业的合作与竞争、全球化与民族

---

① 霍布斯鲍姆，2014a：p. 48。

② Robertson，1992：pp. 58 – 59.

③ 霍布斯鲍姆，2014b：p. 54，p. 56。

主义的碰撞等多重线索的交织与共振。

近代德国史是国内史学界较为重视的一个研究领域，但相关研究主要集中于德国的政治史及通史层面，关注德意志帝国经济发展的文献数量并不太多，关注贸易问题的就更少。

吴友法、黄正柏主编的《德国资本主义发展史》是国内在德国经济史研究领域较为重要的著作。该著作重在从政治与经济方面探寻德国资本主义的发展规律，对德国资本主义发展模式的形式和原因进行了探讨。[①] 它强调了政治与经济发展的协调和同步性，但这部分内容是宏观层面的，没有涉及更具体的政治与经济行为体。

邢来顺所著《德国工业化经济－社会史》“从社会变迁的视角重点论述德意志帝国时期的近代德国经济和社会史”[②]，是近年来国内在德国经济与社会史研究领域的一本较为重要的著作。该著作主要立足于德国在工业化冲击下的社会变迁，经济与贸易政策并非其关注的重点，对政党与经济利益团体也只是做了一般性的介绍。[③] 他还曾于 2003 年发表论文《工业化冲击下的德意志帝国对外贸易及其政策》，其中汇总了产业与贸易领域的相关数据，指出了随着德意志帝国的工业化发展，其贸易政策从自由贸易转向贸易保护主义的趋势。[④]

其他有关德国近代经济发展的论文，如《19 世纪德国经济实现跨越式发展的发展经济学解释》[⑤]、《重新审视德意志帝国的现代化——兼谈现代化理论的局限性》[⑥]、《19 世纪中后期德国经济的发展与制度创新》[⑦] 等，基本都着眼于国家干预对德意志帝国这一时期的经济发展所起的作用，而没有研究经济界行为体的作用和对政治施加的影响。

可以看出，国内历史学界在考察 19 世纪德国经济发展以及国家与经济的关系时，普遍基于德国历史学派的框架[⑧]，而较少关注经济界本身在经济政策制定以及国民经济整体发展中的行为和作用。

---

① 参见吴友法，2000；2004；李植枬，2002。

② 邢来顺，2003a：p. 1。

③ 参见邢来顺，2003a：p. 417ff。

④ 参见邢来顺，2003b。

⑤ 马颖，2007。

⑥ 景德祥，2005。

⑦ 尹朝安，2003。

⑧ 参见何蓉，2005；胡明，2008；贾根良，2006。

在经济史研究领域，也有一些涉及德意志帝国经贸问题的文献。但经济史作为应用经济学的一个分支，其学科关注点有所不同。比如厉以宁的《资本主义的起源——比较经济史研究》以及《工业化和制度调整——西欧经济史研究》是两部有关西方资本主义发展史的重要著作，其中亦对德国资本主义的起源与发展进行了阐述。[①] 但一方面，由于作者立足于西欧经济史，乃至世界经济史的宏观视角，因而涉及德国的篇幅并不多，另一方面，因为学科关注点不同，作者并没有对国家在经济发展中所发挥的作用做展开。

对于帝国时期的贸易政策及其形成机制，德国国内无疑有更多的相关性研究。

克尔（Eckart Kehr）是最早强调社会结构和经济利益对政治决策影响的历史学家之一，他在1931年出版的博士论文中以德国海军舰队建立过程为切入点，分析了19世纪末德意志帝国大资产阶级、农业贵族和不同政治党派之间的斗争和博弈如何影响国家层面的政治决策。20世纪60年代至70年代，韦勒（Hans-Ulrich Wehler）等人复兴了克尔的研究视角，创建了比勒费尔德社会史学派。韦勒的《德国社会史》第一卷至第三卷[②]与尼佩戴（Thomas Nipperdey）的《德国史》第二卷[③]可谓有关德国近代史的标准著作，对德意志帝国的政治、经济与社会发展都做了全面的描述与分析，本书所涉及的史实有相当部分引自这两部著作。相较而言，韦勒的著作对经济与贸易，以及政治与经济之间的互动关系有更深入的关注，而尼佩戴对各政党和政治行为体的发展有更具系统性的描述与分析。

更有针对性的是波莫（Helmut Böhme）所著的《德国的强国之路：1848－1881年帝国建国时期经济与国家间的关系研究》和托普（Cornelius Torp）所著的《全球化挑战：1860－1914年德国的经济与政治》。[④] 这两本著作都详细描述了这一时期德意志地区/德意志帝国经济利益团体、议会政党以及政府在经贸和贸易政策领域的行为，其中当然包括它们之间的互动行为。但波莫的著作是基于帝国建立这个政治背景，而托普的著作是基于全球化带来的竞争压力以及工业化带来的产业结构和经济增长方式变化这些经济大趋势，因此在关注的时段和视角上，两者存在差异。这两本著作均以翔实的史

① 参见厉以宁，2003：pp. 8－10；厉以宁，2010：pp. 45－46，111－112，128－129。

② Wehler，2008a；2008b；2008c.

③ Nipperdey，1990.

④ 参见 Böhme，1974；Torp，2005。

料见长，本书中有相当部分的史实是引自于此，尽管如此，它们虽然分别以政治和经济背景构建了叙述框架，但仍以历史描述为主，并没有构建或依托理论框架，进行更为系统性的分析。

基于现有的国内外研究成果，本书以德意志帝国贸易政策的制定机制为研究对象，即：在德意志帝国的不同时期，参与制定贸易政策的政治行为体（政府、政党、经济利益团体等）在特定的政治、经济和社会环境中如何进行行为和决策，从而制定出特定的贸易政策。并且，基于贸易政策是一个位于政治和经济、内政和外交交叉点的关键领域，将德意志帝国所有参与贸易政策制定的行为体都放到同一个系统中进行考察，以期采用一种综合性的方法，以小见大，通过贸易政策的制定过程来观察政治与经济之间的互动、内政和外交之间的关联。

鉴于这里将政策视为所有相关政治行为体在特定的政治、经济和社会环境中所做出的特定行为、决策以及相互作用的结果，因此，本书在研究方法上主要运用与“政策网络”相关的政治学理论：明确参与贸易政策制定的政治行为体（政府、政党、经济利益团体），分析它们的本性和相互关系，绘制出网络图作为分析框架。在此基础上，辅以组织行为学理论，分析网络中的政治行为体在特定的政治、经济和社会环境中做出特定行为和决策的背景和原因，从而构建出一种全面而又具有解析性的方法，来观察德意志帝国几经变化的贸易政策的制定过程，以期在已有的基本史实的基础上，寻找一种新的观察角度与具有学术系统性的解读路径。但需要说明的是，本书并不是试图用理论去做任何主观推演或揣测，而是在对历史进行全面、细致叙述的基础上，用理论去梳理和分析，从而以清晰的脉络去认识这段历史。需要说明的是，大型企业也常常对政治决策存在一定的影响，但由于篇幅所限，本书在讨论经济界行为体时仅着眼于经济利益团体层面，把企业作为利益团体的成员。

政策网络理论是一种相当成熟的政治学理论。马林（Bernd Marin）主编的《政策网络：经验证据和理论思考》一书包含了这一理论最初的系统性阐述以及若干应用实例[①]。而发表于次年的乔丹（Grant Jodan）撰写的《政策网络标签的初步整理》[②] 以及瓦尔登（Frans Van Waarden）撰写的《政策网

① Marin，1991.

② Jodan，1992.

络的维度和类型》[1]，则就“政策网络”（policy network）概念以及相关的理论进行了较为系统的阐述，成为学界认可的标准文献。本书也将以这两篇文章作为理论部分的主要支撑。政策网络理论诞生之后，因其开放性和灵活性被广泛用于分析当代有多行为体参与的政策制定的动态过程。[2]

在行为理论方面，本研究着眼于组织与环境之间的关系，故选择资源依赖视角的组织行为理论作为行为理论方面的主要工具。菲佛（Jeffrey Pfeffer）与萨兰西克（Gerald R. Salancik）在1978年出版的《组织的外部控制：一个资源依赖的视角》[3] 一书中首次全面阐述了资源依赖理论（Resource Dependence Theory），将组织视为开放的系统，从考察组织应对资源依赖所采取的策略为视角解读组织行为。经过数十年的发展，这一理论被评价为“组织理论与战略管理领域最具影响力的理论之一”[4]。资源依赖理论的适用度很高，无论涉及经济组织之间的互动[5]还是政治与经济组织的互动[6]，都可以很好地适用。

就本书的整体结构而言，本章“导论”的第二节将更详细地阐述本书的理论工具和运用方法；第三节将介绍关税作为贸易政策核心的一般性意义，及其在德意志帝国的贸易、财政、产业和政治等方面的多重意义；第四节将首先描述帝国建立时议会权力被部分阉割的混合式宪政体系，以及普鲁士居主导地位、笼罩着分裂主义阴影的联邦制国家构成，随后基于这个基本政治构架搭建出德意志帝国贸易政策网络呈三角形的基本结构。之后的第二章至第四章为本书的主体部分，按照时间顺序分为“建国初期的自由贸易政策”、“贸易政策的保护主义转变”、“贸易保护主义的巩固”三大章，每一章对应贸易政策变化过程中的一个大时段。对于每一个时段，以及其中贸易政策存在变化的各阶段，都将描述具体的贸易政策，明确参与制定这一阶段贸易政策的具体行为体，考察与贸易政策相关的经贸、产业、社会、政治、国际关系等环境变化，分析行为体基于这些环境变化做出的反应、决策和互动，最后绘制出这一阶段制定贸易政策的政策网络图，揭示在贸易政策背后，在19

---

① Waarden, 1992.

② 参见 Klijn, 1996；Marsh, 2008。

③ Pfeffer, 2003.

④ Hillman, 2009.

⑤ 应用实例及适用性分析参见：Boyd, 1990；Hillman, 2003。

⑥ 应用实例及适用性分析参见：Kozanl, 2014；Saidel, 1991；Lehmbruch, 2003。

世纪末 20 世纪初复杂的政治经济环境中，政治与经济、工业与农业、帝国与邦国、精英政治与群众政治的复杂互动。第五章将结合德意志帝国一战前贸易发展的整体趋势，对全书的阐述和分析脉络做一个整体性的归纳和梳理，并以开放性立场汇总一些相关的观点和研究方向，供读者进一步思考。另外，本书在附录中汇总了一些基础信息供读者查询，包括：19 世纪中期至一战前德意志地区主要经济利益组织、书中所涉政治行为体相关人物的简要生平信息、历届德意志帝国议会选举结果、德意志帝国党派发展脉络以及 1876 年至 1913 年德意志帝国农产品的价格信息。

第二节 理论说明

如上文所述，本书着眼于德意志帝国贸易政策的制定过程和制定机制，在分析中将主要运用与“政策网络”相关的政治学理论，并辅以组织行为学理论。本节将对这两方面的理论做具体说明。

一 政策的生成机制——“政策网络”理论①

一般认为，在利益体和国家，以及利益体之间存在两种关系。第一种是竞争关系，即为了能对国家的政治决策过程产生影响，各利益体之间存在竞争关系；第二种是合作关系，即在利益体之间以及利益体与国家之间存在合作关系。这两种关系通常与“多元主义”与“合作主义”这两个概念对应。在多元主义中，存在大量的相关利益团体，而在合作主义中，发挥政治影响作用的是数量有限的、拥有特权的参与者。②

施密特（Philippe C. Schmitter）的合作主义定义广为人知：这是“一种利益代表体系，这一体系的主要部分以数量有限的、相互独立的统治团体的形式组织起来，这些团体不相互竞争，拥有等级式的结构，相互之间按照功能划分。它们得到国家承认或许可，甚至可能是由国家组建的”。③ 他曾用合

---

① 本书这一部分的理论阐述以 Jodan 的“A preliminary ordering of policy network labels”（Jodan，1992）以及 Waarden 的“Dimensions and types of policy networks”（Waarden，1992）这两篇获得学界普遍认可的标准文献为基础，如果没有特别需要说明的地方，本章将不再给出所参考的上文的具体页数，仅对直接引用以及参考引用的其他文献进行说明。有关政策网络理论的衍生应用亦可参见：Klijn，1996；Kozan，2014。

② 参见 Czada，2004：pp. 43 – 47；Schmitter，1974：pp. 97 – 98。

③ Schmitter，1979a：p. 17.

作主义来描述许多国家的政治实践，这些国家在很大程度上拥有独立的、非竞争性的、层级性的、按照部门进行条块分割的利益团体，它们行使垄断性的代表权，并接受政府所施加的或经协商确定的限制。①

在实际的案例分析中，合作主义和多元主义这两种简单模型都存在缺陷。例如，这两者并非完全非此即彼，与政治权力发生关系的群体通常不可避免地同时采用竞争/讨价还价（通常被视为多元主义的特征）以及合作/共识（通常被视为合作主义特征）这两种战略模式。而另一方面，维系组织存在的共识并不能消除组织内不同群体之间的对立关系。出于这些原因，有必要设计另一种方式来对国家和利益体之间的关系进行描述和归类。在这种方式中，"网络"被作为一个通用的概念，它包含了国家与利益团体之间的各种不同的关系，可以被用来描述普遍或特定的政策输出方式。一个国家的政策网络除了基本形态，还可能在不同的政策领域存在不同的亚型。

（一）政策网络的概念

在"政策网络"这个概念中，"网络"的含义与汉弗（Kenneth Hanf）早年提出的概念基本上是一致的：网络是指在政策制定的过程中包含了许多来自政府和社会不同层面及职能领域的公共和私人部门的行为体。② 这个想法淡化了国家与社会行为体在法律上的差异：制定政策通常包含互动行为，而且，事实上，官僚部门有时会更多地体恤社会行为体，而不是更多地遵循整体性的国家目标。

柯尼斯（Patrick Kenis）和施耐德（Volker Schneider）关于"政策网络"的定义则强调，这种制定政策的方式忽略了参与者的正式机构身份。一个"政策网络"是由该网络中的行为体，以及它们之间的联系与边界来界定的。它包括一系列相对稳定的主要来自公共与私有领域的、相互合作的行为体。行为体之间的联系被用作沟通，以及交换信息、知识、信任和其他政治资源的渠道。一个既有的政策网络的边界并不首先取决于正式机构，而是取决于因职能相关和结构互嵌而建立起来的"相互认可"。③

（二）政策网络的维度

政策网络主要包括网络行为体、网络功能、网络结构、行为体之间的权

---

① 参见 Schmitter，1979b。

② Hanf，1978：p. 3.

③ 参见 Marin，1991：pp. 25－62。

力关系、行为体的行为准则以及行为体的战略这几大要素，换言之，可以基于这几个维度来对政策网络进行描述和分类。①

1. 政策网络的成员——网络中的行为体

这个维度包括了行为体的数量和特性这两大方面。

网络中行为体的数量决定了网络的规模。行为体的特性虽然不是网络的一部分，但作为解释性变量与网络的属性密切相关。行为体的特性包括：行为体本身的需求和利益；行为体的组织结构、能力、资源和表现；行为体作为组织的专业化程度，即其代表人的遴选方式、被授予的权能、角色定位以及观念。

如上文在说明政策网络概念时所述，政策网络既包含政府即行政部门，也必然包含政府以外的组织，如党派、利益团体及学术组织等，它们可以只专注于某个特定领域，也可能是跨领域的。

2. 政策网络的功能

网络是沟通的渠道，网络的结构本身并不具有目的性，但网络中的行为体是有目的的，行为体的目的要求网络必须具备不同的功能。因此，政策网络可以具有不同功能，这些功能可能单独存在，也可能同时并存。

以成员关系的紧密程度由低至高排序，网络最常见的功能包括：构建影响决策过程的渠道；交换信息；交换资源以及相互服务，或者从另一个角度而言，配置资源；协调原本相互独立的行动；在政策的形成、实施和合法化的过程中进行合作。

3. 政策网络的结构

在政策网络的结构方面，其重要变量包括：由行为体数量决定的网络规模；网络的边界，它可以是开放而流动的，也可以是封闭且具垄断性的；网络成员是自愿还是被迫加入的，这意味着行为体是把网络视为主动追逐的机遇，还是不得不面对的问题；网络内各行为体之间的相互联系是混乱的还是有序的；网络的密度或复杂性，即行为体之间相互关联的程度；网络成员间关系的对称性，即相互关联的互惠性；成员间的天然关系：冲突、竞争或是合作；网络成员间的关联及协调方式：等级式的权威、平面化的磋商、成员的重叠、领导人的关联、人员的流动情况；是否存在一个或若干个组织扮演网络核心成员角色；网络的稳定性和机构化程度。

---

① 参见 Waarden，1992：pp. 32 – 38。

4. 政策网络中各行为体之间的权力关系

政策网络通常意味着权力关系，网络行为体之间的权力分配决定了行为体之间的资源分配和行为体各自的需求，以及网络行为体相互之间的组织结构关系。特定的权力分配情况不仅决定了网络的特性，也可以成为组织结构变革——包括改变组织主导权——的推动力。

通常在经济政策领域，主要存在下列4种类型的权力关系：国家与利益集团各自拥有自主权，形成权力对峙；国家主导；利益集团主导；均衡合作，即在密切的关系中形成一种相对的权力平衡。

5. 政策网络中各行为体的行为准则

网络的特性还取决于网络中各行为体之间发生互动时所遵循的惯例，即“游戏规则”，它们规制着网络内部的资源和信息交换。网络的行为准则源于网络成员的角色定位、立场、利益、社会与教育背景，并常常反作用于网络成员。这些惯例也间接地源自更具普遍性的政治和行政文化。高度制度化的网络还能像组织那样产生自己的文化和惯例。

6. 政策网络中各行为体所运用的战略

行为体所采取的战略既有针对与网络间的互动的，也有针对网络内其他行为体的。它们创建及利用网络来满足自己的需求，实现自己的利益和目标，并制定战略来管理相互间的关联关系。行为体的战略常常决定了网络的结构。在这个意义上，对行为体战略的研究是针对网络动态的研究。行为体在其战略指导下实施的行为可能保持在现有网络框架内，也可能使政策网络发生改变。

二　用组织行为学理论做补充解释

政策网络理论部分论及了网络的主要维度，即行为体、功能、结构、机构化程度、行为准则、权力关系以及行为体战略。可以看出，前几个维度基本都是描述网络的状态，因而是静态的维度，而最后一个维度，即网络行为体的战略，在部分意义上是一个描述网络变化的动态维度。说“部分意义”，是因为一方面，如果行为体利用一个既有的网络来满足自己的需求，实现自己的利益和目标，那么，虽然这是一个行为的过程，但这是一种具有延续性的常规行为，它不会改变网络本身，因而是“相对静态”的；另一方面，如果行为体创建或改变网络来满足自己的需求，实现自己的利益和目标，以及制定战略来管理相互之间的关联关系，那么这就是一个“动态过程”，因为它将改变网络本身。

然而，政策网络理论在网络变化的动态过程方面并没有详细的理论构建，因此有必要选择恰当的行为理论作为补充，以便从静态和动态两方面描述政策网络的状态以及变化的动因和过程。从理论的匹配性和研究对象的适用性出发，本书选择了着眼于组织结构与组织环境之间关系的组织行为学理论——资源依赖理论。

该理论认为组织存在于相互依赖的网络和社会关系中。由于需要从环境中获取资源——包括资金、实物以及信息，导致组织对这些资源的来源存在依赖。为了向组织持续地提供其所需的资源，这些组织外部的团体或组织可能要求组织做出某种回报。很多组织存在的目的和首要功能便是改变和控制其他组织的活动。依赖常常是相互的，也有可能是间接的，因此有必要描绘出组织间关系的网络图，将组织置于网络中进行分析。[①] 国家与经济界的利益团体之间存在相互的资源依赖[②]，因此在一定条件下可以放在一个层面进行考察。[③]

三 理论的适用性说明

本书的目的是通过研究一战前德意志帝国贸易领域的政策网络变化来揭示这一时期德意志帝国政治与经济之间的互动关系。从理论的适用性看，上述两个理论都对各自在政治经济领域的应用有所阐述。

瓦尔登在阐述行为体的战略时专门提到，一般而言，政府部门就常常倾向于通过改变现有网络的结构来解决自己的问题，即“创建结构”（Structuration）。它包括选择或改变参与网络的行为体，以及构建与这些行为体之间的关系。以政府的积极程度为序，政府“创建结构”的方法包括：（1）向私有部门的利益体开放，从而以消极的方式听任社会行为体来构建网络。

---

① 参见 Pfeffer，2003：pp. xi – xiii。

② 所谓“资源依赖”是指组织需要从环境中获取资源，如资金、实物以及信息，导致组织对这些资源的来源存在依赖。因为组织与组织互为对方的环境，因而组织间的依赖常常是相互的。这里所指依赖是广义的，可以理解为相互需要，以及由此而生的相互制约。因此组织间的关联关系也可以解读为相互依赖的关系。参见：Pfeffer，2003。与资源依赖相关的行为学理论的派生与应用在过去的数十年中非常活跃，可参见：Bowers，1973；Boyd，1990；Casciaro，2004；Casciaro，2005；Davis，2010；Dess，1984；Emerson，1962；Hillman，2003；Hillman，2009；Kieser，2006；Kolb，1973；Saidel，1992。

③ 参见 Lehmbruch，2003。

（2）认可某些特定的利益团体，给予他们优先权或专有的相对于政府部门的“影响力”。通常的手段是在网络中建立“半政府”性质的中介组织或咨询委员会，并只允许特定利益团体的成员在上述组织中拥有席位。（3）积极地支持某些特定组织，例如给予它们获得某种商品的专有特权、给予补贴、减免税收，给予它们在管辖范围内征税的权力和强制入会权，通过公法支持私有团体的规则，给予其他法定权力，或压制其对手组织。（4）创建私人组织（的网络）或改变它们的结构，例如，通过组建顶层联合会来提高一体化程度。政府“创建结构”很可能会影响乃至改变网络的功能，例如政府可以正式或非正式地让利益团体参与公共政策的制定和执行，或者让它们在其所在领域实现部分自治。①

在组织行为理论领域，扎尔德（Mayer N. Zald）早在1970年的著作中已为经济组织的行为分析构建了一个清晰的政治经济学框架。他将政治、经济的内部和外部要素统一到了同一个框架内。“为了达到目的，构建外部联盟，（经济）组织阿谀逢迎，满足拥有更大权力的代理人的要求。”扎尔德指出，在商业领域的供需、竞争各方之间以及经济组织与国家之间都能构建起某种政治关系。他还指出，组织内部和外部的政治、经济要素不可避免地相互交织。组织可以使用政治手段来改变外部的经济环境，反过来说，经济力量可能在外部环境中构建起政治权力，以备在未来的某个时刻帮助组织维持生存或获取资源。因此，企业和工会组织为政党捐款，为政府部门服务，并在不同层面参与政党组织。如果将政治系统视为一个竞争性利益团体的集合，那么企业和其他正式组织便是其中重要的组成部分。组织试图改变或适应外部政治、经济环境的尝试几乎是永无止境的。当经济活动越来越多地受到国家的调控和干预时，经济环境的重要性便会降低，经济组织会更多地将注意力转移到立法和行政机构，以期影响它们的决策。② 因此，法律、社会规范、价值观和政治输出（即政策）也在某种程度上反映了组织为实现生存、发展方面的利益而采取的行动。环境不仅仅是给定的，在很多情况下，环境本身就是组织谋求自身利益的行动所造成的一个动态输出。③

政府的行为能为经济组织带来的利益主要包括两方面：直接或间接提供

① Waarden，1992：pp. 37 – 38.

② Zald，1970：p. 231.

③ Pfeffer，2003：pp. 188 – 189.

资金，包括减免税收、提供补贴、购买产品及劳务等；提供市场保护，避免竞争，包括构建贸易壁垒、授予专营权等。这些利益能够解释经济组织参与政治的意愿。[①] 爱普斯坦（E. M. Epstein）在1969年的著作《美国政治中的合作》（*The Corporation in American Politics*）中将经济组织参与政治的行为分为两大方面，即选举活动和政府活动。“政府活动……包括参与政治，以图影响政府决策者对政策的制定和执行，以及构建有利于实现企业政治目标的公众舆论。选举活动主要是指遴选和支持候选人以及竞选话题。”经济组织的政府活动又可进一步分为两大类，即组织试图对立法者施加影响，以及组织试图对政府及其代理人施加影响。[②]

经济组织在政治领域发挥影响力的另一种形式是政府与经济界之间的人事流动。如果两个组织的人员因组织间存在相互依赖关系而长期保持稳定的联系，那么他们及其所在的组织很可能会构建起一种稳定的互动和行为模式，以此管理上述相互依赖关系，避免不确定性。因此，组织间的人事交叉在很大程度上可以说是组织间互动和相互了解不断增进所带来的结果，当然这种交互关系又会进一步对现有的组织间的关系产生影响。可以说，组织间的人事交叉与组织间的互动合作存在着互为因果的动态关系。[③]

可以看出，政策网络与组织行为理论虽然是从各自的理论思路出发阐述了本理论在政治经济领域的应用可能，视角略有不同，但在研究行为体推动政策网络变化这个动态过程时，这两种理论首先是可以相容，配合使用的；其次，它们之间可以，也有必要相互补充。在此需说明的是，鉴于本书研究的是政策网络中组织的行为，为了更好地结合使用上述两个理论，下文中将把与政策网络相关的组织一并称为“行为体”。

在以下的章节中，本书针对德意志帝国贸易政策的不同阶段，在政策网络的框架中，对各行为体在环境变化下所实施行为进行描述，以此还原该阶段贸易政策制定的过程，并绘制出相应的政策网络图。非常有意思的是，无论在哪个政策阶段，几乎都能观察到相关行为体实施上述几乎所有类型的行为和互动。这也清晰地印证了用政策网络和行为学理论作为分析工具的可行性与合理性。

---

① Pfeffer，2003：p. 214.

② Pfeffer，2003：p. 216.

③ Pfeffer，2003：p. 221.

第三节 作为贸易政策核心的“关税”的一般意义

关税是这一时期德意志帝国贸易政策的核心问题，贸易协定、贸易自由与贸易保护、国际贸易竞争无不围绕着关税，关税政策因此成为本书的直接研究对象。关税政策亦是贸易政策网络所输出的核心内容，“制定符合自己利益的关税政策”是网络中各行为体的基本诉求。在帝国贸易政策领域，各行为体的行为基本上都是围绕关税对它们的意义和影响而展开的。因此，这一章节将在德意志帝国现实状况的框架内，对关税的一般性意义进行阐述，作为进一步讨论的基础。

关税是对直接进入特定经济圈的货物（进口关税）或离开特定经济圈的货物（出口关税）征收的税，包括财政关税、保护性关税和反倾销关税。[①]与本文相关的是财政性进口关税和保护性进口关税，前者以增加财政收入为目的，后者的目的是保护国内市场免于海外竞争影响。

从经济学角度看，几乎所有贸易壁垒都会影响经济效率。征收关税是一种收入再分配，它不利于海外生产商和国内消费者，而获益者是国内生产商和国家财政。也就是说，关税通常具有经济和财政两方面的意义。

从政治经济学的角度来看，保护性关税得以实施的原因包括以下四个方面[②]。第一，通常情况下，关税征自外国人而不是其他应纳税的人，而前者在国内缺乏政治权力；第二，国内消费者是分散的，没有大型的消费者组织，而且对于单个的消费者而言，关税负担并不明显；第三，国内生产商有强大的组织，从而得以影响与关税相关的政治决策；第四，通常情况下，监督货物通过边界比监督国内的经济活动更容易实施，调整关税也比调整国内税收更少引发矛盾和不满。

基于上文所述的关税的特点，在所有国家的贸易保护主义历史上，通常在开始时，财政因素都发挥了决定性作用。如果财政资金出现短缺，但没有其他税源，或开拓其他税源之举无法得到议会批准，那么政府都乐于采用保护性关税这一工具。因为即便在和平时期，在当时各国的国家预算中，海陆军队开支也通常居第一位，因此军国主义无疑对贸易政策具有极为重要的影

① 定义见在线《加布勒经济学词典》，http://wirtschaftslexikon. gabler. de/Definition/zoll. html。
② 参见 Burhop，2011：p. 101；褚浩，2009：p. 5。

响。一旦进入战时，军事开支将对国家财政形成巨大压力，这一缺口将通过增加关税来填补，法国、俄国、美国都有过这样的先例。[1]

尼彻（Max Nitzsche）指出，贸易保护这种现象可以追溯到重商主义时代，即追溯到“民族国家的贸易政策”（nationale Handelspolitik）出现之时。可以看出，军国主义和贸易保护主义是伴随着绝对国家（absoluter Staat）出现的，并随之相互影响。原因很简单，因为民族国家的建立从来都不是以和平方式实现的，而是通过“铁血政策”。[2] 为了推倒内部和外部的障碍，昂贵的军备是必要的。民族国家建立后，构建和维持常规军队及公务员队伍都需要大量经费。最有效、压力最小的财政来源便是关税，一度还包括出口关税。这里体现的是关税的财政意义。

随后，重商主义国家开始利用关税将过去分散的地区构建成一个统一的经济区，并以此来巩固新建立的统一国家的团结和稳定，漫长的军事冲突和由此唤起的民族主义有利于这种想法的产生和被接受。此时，关税开始具有保护性关税的性质。保护性关税不仅有利于促进国内工业的发展，而且也被作为一种斗争的手段，以及作为“抵抗性关税”（Kampfzölle），来避免他国的恶意贸易。此时，关税体现的是其经济意义。

论及德意志帝国的关税，不得不首先提到德意志关税同盟的首倡者、古典经济学怀疑者和批判者、德意志历史学派先驱李斯特（Friedrich List），他借关税对德意志进行了带有明显重商主义色彩的政治经济学启蒙。

李斯特的税收思想，主要体现在他对保护性关税（即培育性关税 Erziehungszoll）的论述。他认为德国资本主义经济具有特殊性，应采取保护主义。李斯特抨击了以亚当·斯密为代表的英国古典学派的自由放任和“世界主义”政策，认为它忽视了国家的作用和不同国家经济发展的民族特点。他认为，“财富的生产力比之财富本身，不晓得要重要多少倍”，向别的国家购买廉价的商品，表面上看起来是要合算一些，但是这样将使德国工业的生产力不能获得发展，德国将处于落后和从属于外国的地位。而采取保护性关税政策，起初会使工业品的价格高一些，但一段时间之后，国内的工业生产力提高了，商品生产费用就会跌落下来，商品价格甚至会低至国外进口商品的价

---

① 参见 Nitzsche，1904。

② Nitzsche，1904：pp. 334－335.

格以下。[①]

可以看出，李斯特在关税方面的观点是强调保护性关税对不成熟产业的保护。一方面，在李斯特主张下成立的德意志关税同盟的确为德国带来了经济的蓬勃发展；另一方面，当时德国在经济上落后于英、法，对依靠自由主义实现经济发展和赶超心存怀疑，所以李斯特的关税理论得到了相当的认同。[②] 虽然李斯特对关税的论述也涉及其政治意义，但仍然是立足于以关税保护产业，进而提升国力的角度，并没有强调关税的财政性意义。当然，他所讨论的是统一前的德意志邦联。

在统一后的德意志帝国，直接税由各邦国征收并自留。按照宪法[③]规定，帝国的财政资金总共有六方面的来源：关税和消费税收入、邮政和电报服务等收入、各邦国根据人口数量按比例分摊的财政缴费（Matrikularbeiträge）、来自法国的赔偿金、帝国金融资产、从资本市场获得的借贷。因此，关税是帝国政府非常重要的财政收入。从下表中也可以清晰地看出，与中央集权国家相比，联邦制国家的中央财政更依赖于关税。

表 1.1　部分国家关税收入占中央或联邦财政收入的份额[④]

单位：%

	1850～1852 年	1862～1864 年	1876～1878 年	1892～1894 年
法国	10.0	7.9	7.3	12.6
德国	—	—	42.2	35.8
意大利	—	11.3	12.2	13.0
俄国	14.6	9.8	12.4	15.2
西班牙	12.9	9.7	9.3	18.4
荷兰	8.8	7.4	5.8	5.1

① 参见：李斯特，1961：pp. 132－133，292－293。

② Tilly，2006：pp. 219－220.

③ 《帝国宪法》第 69 条至 73 条就帝国财政做出规定，1904 年时任帝国财政部国务秘书的施腾格尔（Hermann von Stengel）提出的“施腾格尔文件”（Lex Stengel）对第 70 条进行了增补。见：“Verfassung des Deutschen Reichs（16. April 1871）”，原文链接：http://www. verfassungen. de/de67－18/verfassung71－i. htm。本书中所有有关德意志帝国宪法的内容均可参见该链接中的《德意志帝国宪法》原文，所以不再重复交代摘引来源，只给出宪法的相关条款号。

④ 表格引自波斯坦，2003：p. 53。原作者说明表中数据根据以下文献进行估算：B. R. 米切尔：《1750－1790 年欧洲历史统计》（伦敦，1975 年），第 698～726 页；美国人口调查局：《美国历史统计：1957 年的殖民时代》（华盛顿，1960 年），第 712 页。

续表

	1850～1852 年	1862～1864 年	1876～1878 年	1892～1894 年
英国	38.8	34.0	25.4	20.3
美国	91.5	94.2*	49.1	49.0

注：*美国的这个数据和其他国家不同，不是 1862～1864 年，而是 1859～1861 年这三年的，由于时间上先后差别不大，所以也具有一定的可比性。

强调关税具有财政和产业保护的双重意义，是为了强调贸易政策在政治和经济方面具有多重意义，因此对德意志帝国的贸易政策网络的考察不能仅局限于经济范畴。在下文中，在对德意志帝国的贸易政策网络进行总体性描述、对网络行为体进行界定、对网络环境进行观察和对行为体的行为进行分析时，都将把关税乃至贸易政策的政治意义放在重要的位置。

本书在后面章节对各行为体的具体行为进行分析时，还将从不同行为体的视角和立场出发，讨论关税在特定背景下对它们所具有的特定意义。关于关税对德意志帝国所具有的一般政治意义，在这个章节要强调的有三点。

第一，与其他国家相比，关税收入是德国中央政府相当重要的一项收入。德意志帝国的直接税由各邦国征收并自留，帝国财政收入来自间接税和关税，并几乎完全被用于军事预算。因此若想要增加军力，增加关税收入是非常直接的途径。

第二，帝国预算赤字部分需由邦国按人口缴纳的“人头费”（Matrikularbeitrag）来填补，因此帝国在财政上对邦国存在依赖，但是，关税收入的增加并没有使帝国摆脱这种依赖。在终于实现贸易保护主义转折之后，作为妥协被写入 1879 年新税法的“弗兰肯施泰因条款”[①] 反而进一步巩固了帝国对邦国的财政依赖。

第三，帝国的财政收支必须经帝国议会批准，这是经民主选举产生的议会的最主要的权力。[②]

基于以上三点可以看出，提高关税增加帝国的财政收入，将提高帝国政

① 1879 年 7 月 9 日颁布的《关税法》§ 8 中的条款，以中央党政治家弗兰肯施泰因（Georg Arbogast von und zu Franckenstein）命名。根据该条款，帝国政府关税收入超过 1.3 亿马克的部分须按照人口数量的比例转移支付到各邦国，在必要情况下再由各邦国作为财政缴费返还帝国。直到 1904 年财政改革（1904 年 5 月 14 日法律，RGBl. 169），此条款才被废止。参见 Ullmann，2005：p. 74。

② Craig，1985：p. 91.

府在财政上的独立自主性，减少邦国和议会对帝国的牵制，同时也意味着它将改变帝国与邦国之间，帝国政府与帝国议会之间的权力关系。

第四节　德意志帝国的政治构架及贸易政策网络的基本结构[①]

为搭建德意志帝国贸易政策网络的基本结构，这里将首先对德意志帝国的基本政治构架进行阐述和分析。这是因为：国家的基本政治构架和权力关系是具体的政策制定机制——政策网络的基本框架条件。随着历史的发展、外部环境的变化，政策网络中的行为体的利益诉求和它们之间的权力关系将不断发生变化，但网络的基本结构并不会发生根本性变动。在后面的章节中，德意志帝国在不同历史时期的贸易政策网络的演化都将以本节所确定的基本网络结构为基础。

"德意志帝国在诞生之时就已经刻下了军国主义 - 皇权的烙印，只要霍亨索伦家族仍然戴着皇冠，那这个烙印就将始终存在。这是德国政治发展的一个基本事实。"[②]

1871 年 1 月 18 日，德意志帝国第一位皇帝威廉一世的加冕仪式在凡尔赛宫镜厅举行。前来参加典礼的几乎全都是普鲁士军队的重要人物，而没有一个民意代表——经选举成立的议会的议员。由此可以看出，这个"小德意志 - 普鲁士民族国家"（der kleindeutsch-preußische Nationalstaat）并非通过民主决议产生，而是诞生于军事胜利。[③] 而且，德意志帝国的构建过程也说明，这是一个经邦国君主协商一致组建的帝国，而不是由议会发起成立的，在协商的过程中，当时的普鲁士首相、后来的帝国首相俾斯麦有意识地将议会与政党排除在谈判过程之外。[④]

成立于 1871 年的德意志帝国是以何种原则构建起来的？韦勒一针见血地指出，它的宪政原则是一种"拖延的、妥协的复合体"，因而其宪政体制表现为一个"由规避的决策所构建的体系"。无论是极端保守主义者的新专

---

① 除文中脚注给出的来源之外，本节的相关数据与事实亦可参见：Berghahn，2005：pp. 290 - 291；Craig，1985：pp. 46 - 47；Görtemaker，1986：pp. 201 - 216；Lehrfreund，1921：p. 65ff.。

② 转引流亡出版人 Erich Eyck 的评价。

③ Ullrich，1997：p. 19.

④ Ullrich，1997：pp. 21 - 22.

制主义王族统治，还是左翼自由派的议会制都没有能够实现，更不要说社会民主主义者民主的“人民国家”了。由于保守的君主制帝国和旧式权力精英与自由主义议会制和民主力量之间的根本性冲突并未最终解决，德意志帝国的宪政体制呈现出一种不确定的摇摆状态。① 它是在居主导地位的专制帝国特征中加入了联邦制、议会制和政党政治等元素。

俾斯麦从19世纪50年代末60年代初就开始考虑一种特殊的德意志式的宪政议会制度，它既能保持普鲁士王朝和容克阶级的政治统治优势，又能在经济方面照顾到资产阶级的利益，并使两个阶级的利益相互融合，成为德意志帝国的统治基础。具体而言，他力图把小德意志的民族思想、资产阶级的经济利益同普鲁士强权的利益紧密结合；用民族运动包裹普鲁士强权；用自上而下的改革来避免自下而上的革命；用外交上迎合小德意志民族党派的愿望来解决内政问题。② 普夫朗策指出，德意志帝国建立之初，俾斯麦所设计的宪政体制效仿了梅特涅的平衡原则，构建了各种相互制衡的机制：通过各个邦国的权力来制衡中央集权原则；通过帝国政府来制衡各个邦国；通过普鲁士来制衡帝国政府；通过王朝（Dynastie）来制衡民族（Nation）；通过在帝国政体中嵌入的法律和哲学元素来制衡帝国议会。③

具体而言，在德意志帝国混合式的宪政体系中，帝国皇帝拥有核心地位。德意志帝国宪法第11条规定，德意志帝国皇帝同时也是普鲁士国王，他决定对外政策，决定是否发动战争，领导军队，任命和罢免帝国首相、国务秘书和帝国政府中的所有官员，他颁布法律——但须在帝国议会和联邦参议院表决通过，并拥有对宪法的解释权。由于皇帝可以在获得联邦参议院表决同意的前提下随时解散帝国议会，而皇帝作为普鲁士国王在联邦参议院中具有强势地位，因此他对两大宪政机构具有很大的影响力。在实践中，相比积极发挥政治作用的威廉二世，威廉一世在很大程度上听从首相俾斯麦的意见④。

据帝国宪法第5条，德意志帝国由联邦参议院与帝国议会共同行使立法权，所有法案必须由这两个立法机构分别以多数票通过。帝国议会共有397

---

① Wehler，2008c：p. 355.

② 参见：Craig，1985：pp. 46 – 47，p. 59；丁建弘，2007：p. 211，p. 231。

③ Pflanze，2008，p. 641ff.

④ 参见：Stürmer，1994：pp. 98 – 100。有关俾斯麦的具体政治地位和政治作用，还将在后面专门的章节展开论述。

个议席（1871年的帝国议会为382个席位），议员通过普遍的、直接的、保密的选举产生。1871年至1893年，帝国议会每3年举行一次议员选举，此后每5年选举一次，所有年满25岁的男性公民都有选举权。俾斯麦可谓德意志帝国宪政体制的设计者，他之所以推行普选制，是因为他相信民众在投票时仍会秉持效忠的传统，因此普选将会加强右派而非左派的力量[①]。

德意志帝国议会的议员选举虽然实行了普选制，但需要注意的是选区划分对选情的影响。1871年，德意志帝国共划分382个选区，选区划分的依据是根据1864年的人口普查数据，以每10万人划分一个选区。除了1873年为阿尔萨斯－洛林增加了15个选区外，帝国选区的划分直至1918年始终没有发生过变动。而在此期间，随着工业化的不断发展，人口从东部农业区大量流向西部工业区，并呈现明显的城市化趋势，这就导致各选区选民数量不断发生变化。由于选区划分始终不变，因此在不同选区当选所需要的票数大相径庭，相比人口不断减少的农业地区，在人口密度不断增加的大城市和工业中心当选议员所需票数要多得多，这就使某些党派在竞选中处于不利地位。例如，由于支持社民党的选民大多是位于工业领域的劳工，这样的选区划分显然就对其不利。由此可以看出，帝国议会议席的分配并不完全体现选民的意愿。而且帝国议会议员直到1906年才开始领取薪水，这也限制了低收入者参与议员竞选。[②]

从总体架构来看，德意志帝国的帝国议会沿用了北德意志联邦[③]议会的体制。但在法律上和政治上，帝国议会在两个方面被削弱了[④]。

第一，皇帝拥有解散和召集议会的权力，而帝国议会则没有相对应的权力，因而无法成为真正拥有自主权的机构。帝国政府需要通过议会多数来实现自己的立法意愿，而皇帝可以随时解散议会，然后通过重新选举来形成有利于特定政治需求的议会党派格局。因此，帝国议会成为皇帝与帝国政府手中的棋子。

第二，帝国的政府首脑并非出自议会多数派，部长人选也不是由议会决

---

① 霍布斯鲍姆，2014a：pp. 96－97。

② 参见 *Historische Ausstellung*。

③ 1866年普奥战争后，根据在布拉格缔结的和约，奥地利同意美因河以北诸邦在普鲁士领导下成立北德意志联邦。1867年，北德意志联邦诞生，并于7月1日颁布宪法，从而具有了联邦国家的性质，在以“小德意志方案”实现德国统一的道路上迈出重要一步。

④ Wehler，2008c：pp. 357－358.

定。因而，议会被囚禁在权力的边缘，这阻碍了德意志帝国走向真正的议会民主。

此外，帝国宪法第 7 条规定：帝国议会表决的法案和已通过法案的实施细则将提交联邦参议院以简单多数进行表决。

据帝国宪法第 6 条，联邦参议院由 25 个邦国派出的 58 名代表组成。其中，普鲁士占据 17 个席位，巴伐利亚 6 席，萨克森和符腾堡各 4 席，巴登和黑森各 3 席，梅克伦堡 - 什未林和布伦瑞克各 2 席，其余 17 个邦国各 1 席[①]。由于帝国宪法第 78 条规定，仅需 14 票即可否决修宪提案，而普鲁士拥有 17 票，因此，德意志帝国不可能在违背普鲁士意志的情况下修改宪法。

通过强调联邦参议院在立法中的地位，以及确保普鲁士在联邦参议院中的相对多数席位，德意志帝国的宪政体制保障了普鲁士在帝国中的绝对强势地位。而普鲁士政治上的保守性是显而易见的，1849 年至 1918 年，普鲁士众议院始终实行三级选举制[②]。这种不平等的选举制度保证了贵族和大资产阶级的多数地位，使普鲁士的君主专制在民主的外衣下得以延续，甚至还有所巩固。因此，在帝国的政治制度中强调普鲁士的地位有助于保持德意志帝国的保守本质，遏制民主宪政的发展。

但同时也必须看到，毕竟帝国权责范围内的政策法案以及每年的帝国预算都必须经由帝国议会表决通过方能生效。所以对政府而言，如果能在帝国议会中形成亲政府的多数是十分有利的。换言之，虽然帝国议会的宪法权利十分有限，但对政府而言仍是一种重要的制约。在讨论德意志帝国的政策制定问题时，必须考虑到帝国政府与议会之间的这种权力关系。

从国家的组成结构来看，德意志帝国虽然建立了统一的民族国家，但它并非一个纯粹中央集权的民族国家。德意志帝国是一个由 22 个邦国和 3 个

---

① 其余邦国为：萨克森 - 魏玛、梅克伦堡 - 斯特雷利茨、萨克森 - 迈宁根、萨克森 - 阿尔滕堡、萨克森 - 科堡 - 哥达、奥尔登堡、安哈特、施瓦尔茨堡 - 鲁多尔施塔特、施瓦尔茨堡 - 桑德豪森、瓦尔德克 - 皮尔蒙特、罗伊斯河旧线、罗伊斯河新线、绍姆堡 - 利珀、利珀、吕贝克、不来梅和汉堡。

② 即 Dreiklassenwahlrecht：普鲁士选民按照缴税多少被分为三个等级，缴税最高的、总量达到选区税收总额三分之一的选民群体为第一等级，缴税次高、达到总额三分之一的选民群体为第二等级，剩余的缴税选民为第三等级，在实际符合选民条件的人（年满 24 周岁的男性）中，有十分之一因不缴纳所得税而丧失了选民资格。每个有选举权的等级推选三分之一的选举人，并由选举人选举帝国议会议员。这意味着，在选举中，实际上体现的是第一、第二等级选民（约占选民总数的 15%）的意志。见 Burhop，2011：p. 23。

自由市以及帝国直辖的阿尔萨斯和洛林地区构成的联邦制的“永久性联盟”（Ewiger Bund），而上述邦国、城市和地区具有不同的政府形态。居于更高一个层面的“国家”——德意志帝国（就像此前的德意志邦联或北德意志联邦）凌驾于这些成员国之上。帝国因此承担一定的义务，并获得一定的权利，而在除此之外的权利义务上，成员国几乎完全保持自治。①

如果追溯帝国的建立过程，当时为了争取那些较大的邦国，尤其是那些原本不属于北德意志联邦的南部国家的加入，俾斯麦许诺给予它们各种特权。例如那些原先非北德联邦成员的南部国家被免除了酒税；巴伐利亚和符腾堡得以保留本国的铁路、邮政和电报经营权，并在军事上享有一定特权。竭力主张在帝国中维护普鲁士霸权的历史学家特莱奇科（Heinrich von Treitschke）曾对此深表忧虑：俾斯麦在北德联邦和南德国家所签订的统一协定中所做出的让步，可能令新生的德意志帝国在一开始便折断羽翼难以高飞。但作为一个立足现实的政治家，俾斯麦认为，即便向南德邦国所做出的妥协如眼中钉一般让人难受，但对于德国的统一而言是必需的。他可以略感宽慰的是：除了财政上的特权，那些南德邦国所获得的特权并没有太大的实际意义。例如：巴伐利亚、符腾堡和萨克森名义上在联邦参议院的外交事务委员会参与帝国外交政策的制定，但实际上俾斯麦从未在这个领域放权，该委员会在俾斯麦 20 年的首相任期中只召开了一次会议。②

就帝国与邦国这两个层面而言，两者之间的权力博弈贯穿于整个德意志帝国的构建过程，即便在 1871 年帝国成立之后，它们之间的博弈和拉锯也从未停歇。

根据帝国宪法第 4 条，由帝国层面制定政策的领域主要包括关税与贸易、货币与银行、专利与铁路、邮政与电报。这些领域的政策必须由联邦参议院和帝国议会表决通过。而其他重要经济领域，如直接税的征收，由各邦国负责。其他所有对公民及其家庭的安全和福利具有重要意义的政治领域也由各邦国负责，如教育、卫生和公共安全事务。

财政是帝国和邦国之间权力博弈的一个焦点。如前文所述，根据德意志帝国宪法第 70 条的规定，除经议会批准用于特定预算的借贷资金外，联邦政府的财政支出来源于关税、消费税以及帝国企业（如邮政和电报业）的收

---

① Wehler，2008c：p. 356.

② Craig，1985：pp. 48 - 49.

入，短缺部分则由各邦国按照人口数量分摊，直至补足此前经议会批准的预算额。①

由此可以看出，第一，邦国政府比帝国政府享有更多财政优先权；第二，帝国政府如果不能获得足够的财政收入，便将在财政上受制于邦国；第三，议会对预算的批准权是对帝国政府的重要制约。

帝国与邦国之间的张力远不止于具体政策领域的博弈，尤其是在建国之初，分裂主义的阴影深深笼罩着德意志帝国。那些较大的邦国，尤其是那些原本不属于北德意志联邦的南部邦国对帝国这个权力层面充满不信任，并竭力维护自己的优先权和传统，而在普鲁士，分裂主义的声音也未曾停歇。因此，尤其是在建国之初，对抗分裂主义成为帝国政治的一个重要的出发点，也成为许多政策背后潜藏的重要议题。

与此同时，德意志帝国又有别于严格意义上的联邦制国家，地域面积约占帝国三分之二、人口数量也几乎占帝国三分之二、在联邦参议院的58个席位中占据17席的普鲁士在帝国拥有绝对霸权。而普鲁士的霸权地位又为帝国与邦国之间的张力增添了复杂性。如何在平衡帝国与邦国的权力关系、打击分裂主义之余捍卫普鲁士的霸权地位，成为帝国政府/俾斯麦在制定政策时的又一重考虑。

德意志帝国的上述这种非充分宪政的、非严格联邦制的特殊的政治构架成为其贸易政策的重要背景。这种政治构架所构建的权力关系为参与政策制定的各行为体，尤其是政治行为体设定了基本行为框架，也构建了政治行为体的最基本诉求，形成了它们之间相互合作、竞争、冲突的基本背景。

基于德意志帝国的上述基本政治构架，可以尝试勾画德意志帝国制定贸易政策的政策网络的基本形态。首先必须强调，这个政策网络是“适用于贸易政策”的，因为在理论说明部分已经提到，在不同的政策领域制定政策的机制可能是不同的。就拿这一时期的德意志帝国而言，军事和外交政策几乎完全不容议会插手，也没有利益团体参与，因此按照政策网络的定义，在这两个政治领域根本不存在真正意义上的政策网络。

关于贸易政策网络的形态，这里部分地借用“铁三角”（iron triangle）模型（见图1.1）。在这个模型中，利益团体、国会和政府在政策制定过程中形成三方互利互惠的相互扶持的体系，形成一个相对封闭而稳定的体系。

---

① 见16页脚注③。

在利益一致的前提下，政府、国会和利益团体有着相同的问题和目标，互相合作，各取所需。

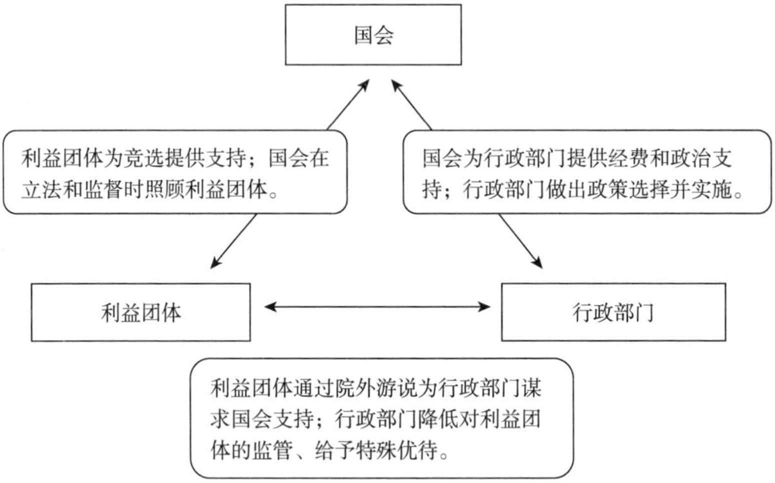

图 1.1　美国政治“铁三角”模型

资料来源：Heclo，2009：pp. 410－411。

标准的“铁三角”模型通常被用来描述当代美国某些领域公共政策的制定模式。本文的研究之所以借用这个模型，是因为德意志帝国的政体和选举制度与当代联邦德国完全不同，但在某些方面与美国当代的总统制存在一定的相似性。

当代联邦德国实行多数选举制和比例选举制相结合的混合选举制度，其政体是典型的议会制（或称内阁制）。每位选民拥有两张选票，第一票用于选出其所在选区的议员候选人，第二票用于选举政党。各党获得第二票的数量决定其在联邦议会中的席位数量。绝大多数情况下，得以组建执政联盟的政党在联邦议会中占据多数。联邦总理及内阁的人选由执政党决定。这种制度最主要的特点是，政府首脑的权力来自议会的支持。也就是说，联邦政府与议会在政治上的一致度很高。而在当时的德意志帝国，如前文所述，政党既不执政，也无权决定政府成员，议会党派只在立法表决时对政府形成一定的牵制。因此，帝国政府与帝国议会之间几乎没有直接的政治关联，制约关系也十分有限。

再来看当代总统制的特点：（1）总统既是国家元首又是政府首脑，总揽行政权力，公布法律、发布命令。除了个别重要任命需要通过议会外，政府官员由总统任命，向总统负责。(2) 行政机关和立法机关相互独立。作为立法机关的议会，其议员不能兼任行政职务；而作为行政机关的政府官员，也不能兼任议员。(3) 总统的选举与国会的选举分别进行，国会中的多数党不一定是执政党。(4) 总统与议会的任期相对内阁制更为固定。总统无权解散议会，国会议员不能对总统投不信任票，但是总统违宪或有严重违法行为的话，议会可以对总统提出弹劾案，并交由最高法院审理。[①]

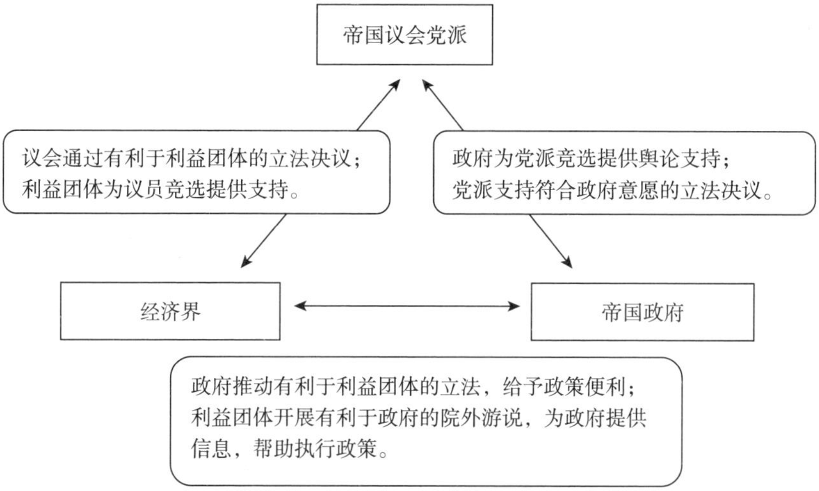

图 1.2　德意志帝国贸易政策网络基本构造

资料来源：作者自制。

因此，如果一定要进行类比，德意志帝国的政体相对更靠近当代的总统制。但因为由皇帝任命的帝国首相获得皇权（例如：解散议会的权力、解释宪法的权力）的充分支持，且其本身不属于任何政党，因此帝国政府及其代理人的权力远大于当代总统，而作为党派开展政治活动的平台，议会的权力则要小得多。

尽管存在区别，在描述德意志帝国中的议会、政府和利益集团之间关系时，仍然可以借用“铁三角”模型的三角形构架（见图 1.2）。在这个模型中，帝国议会党派、经济界和帝国政府成为三角形贸易政策网络的三个顶点。

对于将帝国议会党派作为一极，有两个问题需要澄清。

① 参见琼斯，2013，尤其是 p. 105ff。

第一个问题：为何不将联邦参议院作为网络的一极？本文在描述德意志帝国的宪政体制时曾提及，较之帝国议会，联邦参议院在立法过程中居于更核心的地位。但必须看到联邦参议院的四个特点：第一，相比帝国议会，联邦参议院的席位数很少，总共仅58席；第二，参议院的席位是按照邦国分配的，即每个邦国拥有固定数量的席位；第三，联邦参议院成员由各邦国的政府指派，并非以民主选举方式产生；第四，普鲁士在联邦参议院中拥有相对多数席位。基于这四个特点，联邦参议院基本上就是各邦国保守势力的利益代言人，而且主要致力于邦国与帝国中央政府之间的权力博弈——关于这个层面，如果涉及贸易政策，本文将把它作为帝国政府所面对的外部环境纳入讨论。所以，本书不将联邦参议院作为贸易政策网络中的一极进行考察。

第二个问题：为何将帝国议会的党派而非帝国议会这个整体作为一极？如前文对德意志帝国的政治架构的描述，德意志帝国成立之后，虽然帝国议会中的政党在政治意愿和政治能力上都相对较弱，各党团内部在政治观点上也存在差异与对立，但总体而言，帝国议会的党团格局还是比较清晰的，这体现在以下三个方面。首先，多种多样的，乃至相互对立的公众意见以及“积极公民”（Aktiv-Bürger）的政治意愿都通过党派表达和汇总；其次，在政治组织方面，虽然民众的政治组织性较弱，但参与政治的选民还是以党派为核心组织起来，并以党派为媒介参与政治；最后，各个党派根据席位数量，按比例分享议会的权力。[①] 而帝国首相本身并不属于任何政党，比如俾斯麦奉行“现实政治”（Realpolitik）原则，有选择地与不同的党派合作，打击或压制特定的党派，而这种选择性的合作及打击又进一步引发其他党派的反应。可以看出，在这样的政治实践中，议会始终只是一个工具性的平台，而非独立的行为体，真正具有行动力的是具体党派，换而言之，议会的权力由党派来实现。因此，本文将议会党派而非议会这个整体视为政策网络中的行为体。

关于把“经济界”作为第三极，需要做两点说明。第一，当时帝国议会某些议员的身份具有双重性，他们一方面从属于某个政党/党团，另一方面为某些经济利益代言，而其所代言的经济利益可能与其所属政党/党团的政治诉求无关甚至对立，这与德意志帝国当时政党政治发展不充分，政党的组织性、政治性薄弱有关；第二，德意志帝国经济利益团体的组织性是逐步加

① 参见 Nipperdey，1990：p. 311。

强的，这是本书将进一步重点观察和分析的重要趋势。因此，至少在帝国建国初期，在帝国议会中存在不属于经济利益团体的议员，他们也在贸易政策领域为经济利益代言。关于以上两点，本书将在有关具体行为体的章节中更详细地展开。

关于以组织还是个人作为行为体的问题，这里再来做一点说明。前文的理论说明部分已经阐明：最终采取行为的当然是个人（自然人），但这些个人通常是组织的代理人，因此也可以直接把组织体视为行为体。政策网络包含行政部门，但也必然包含政府以外的民间组织，如利益团体、党派及学术组织，它们可以只专注于某个特定领域，也可能是跨领域的。而在行为学理论中，组织的定义与特征是，组织是实现某个特定目标或一系列目标的理性的工具。个体通过这种形式汇聚力量，以实现原本凭借个体行为无法实现的目标。可以看出，如果考察的是组织对外采取的行为，那么组织与个人是可以进行类比的。之所以把组织作为行为体进行研究，是因为在政策制定层面，较少有个人的能力和影响力强到足以使其行为能与其他组织的行为放在一个层面进行讨论。因此，在下面的研究中，本书把俾斯麦作为一个独立的行为体，而对其他个人，如俾斯麦之后的历任帝国首相以及下文中将提及的建国初期在帝国议会中独立代表经济利益的某些议员，则只把他们放在其所属行为体（组织）的框架内进行考察。

第二章

建国初期的自由贸易政策

虽然本书研究的是德意志帝国的贸易政策网络，但这个章节将首先追溯德意志帝国建立之前的相关状况，包括德意志关税同盟的建立、德意志地区的工业化进程、欧洲自由贸易网络的建立，以及 19 世纪 60 年代普鲁士/德意志关税同盟的贸易政策及其制定机制。之所以进行这样的追溯，有以下几方面原因：首先，德意志关税同盟的建立是现代关税制度在德意志地区建立和普及的开端，是普鲁士借助经贸关系逐步建立霸权地位的开端，也是德意志地区首先在经贸上，进而在政治上逐步走向融合的开端。追溯这段历史，有助于理解德意志地区，包括之后建立的德意志帝国内部的权力关系，以及经贸活动和贸易政策背后的政治底色。其次，德意志地区在 19 世纪中叶已基本完成工业化，国际竞争力大大增强，同一时期，英国废除《谷物法》完成了自由贸易革命，法国亦在拿破仑三世的推动下走上自由贸易之路。19 世纪 60 年代，欧洲自由贸易网络开始形成。这一切构成了普鲁士/德意志关税同盟以及后来的德意志帝国建立之初的贸易政策的重要经济背景。再有，德意志帝国的建立是协商而非革命的结果，在政策和政策制定机制上存在很强的延续性，因此适当地向前追溯是很有必要的。

针对建国初期这个阶段，本章节将首先界定政策网络中的行为体，并分别阐述其在贸易政策制定中的作用，然后基于德意志帝国的基本政治构架及以上对政治行为体的分析，阐述并总结这一时期帝国的自由贸易政策以及形成这一政策的政策网络。

第一节 拿破仑战争后德意志地区的经济发展及工业化进程

1815 年拿破仑战争结束后，欧洲大陆迎来盼望已久的和平，但在农业领域却连续数年发生粮食歉收，并引发大面积饥荒。尽管如此，由于粮食价格暴涨，再加上农业改革带来的活力，普鲁士地区的农业并没有受到特别大的损害。反而是 1817 年收成好转之后，粮食价格暴跌，由于欧洲各国普遍实行贸易保护主义政策，尤其是英国的《谷物法》以高关税限制粮食进口，使得德意志地区粮食产量供过于求，引发农业危机，进而引发地价下跌，普鲁士传统农业贵族的地位在一定程度上被削弱。

从 1826 年起，农业的景气情况开始好转，人口的增长平衡了农产品的供需。在此后的二十年间，农产品价格温和波动。这一时期，由于经济政策和经济思想的进一步自由化，以及农业技术的发展，种植业和畜牧业的产量均明显上升。到 19 世纪中期，与世纪初相比，德意志地区的种植业和畜牧业产值均翻番。值得注意的是，到 19 世纪 70 年代初期，整个德意志地区都已出现了跨地区的、普遍的农业资本主义化趋势：土地易手率高，地价上升，农业生产专业化程度提升，逐步从劳动密集向资本密集转化。①

在工业领域，1815 年拿破仑战争结束后，英国工业革命的开创性发明，如机械化纺纱机和蒸汽机及其在交通运输上的应用，迅速在欧洲大陆传播。

虽然史学界对工业化不同阶段的具体划分存在争议，但在一个结论上已达成普遍共识：19 世纪中叶，德意志地区无论是从定性还是定量的角度来看都已经进入工业化时代。

在后来成为德意志帝国的地区，1850 年至 1869 年，硬煤开采量从 350 万吨增加至 2630 万吨，粗钢产量从 22 万吨增至 141.3 万吨。机械制造业也迅速发展，1846 年，关税同盟地区机械行业从业人数仅有 12000 人，到 1861 年已跃升至 35500 人。蒸汽机的应用显示出工业机械化程度的提升，1850 年至 1860 年，关税同盟地区蒸汽机存量从 26 万马力增至 85 万马力，1870 年更是猛增至 250 万马力。②

---

① 详细数据可参见：Wehler，2008b：p. 27ff.；Wehler，2008c：p. 41ff。

② Hahn，1984：p. 152.

铁路无疑是工业化进程的重要推动力。铁路的建造无疑极大地拉动了煤钢和机械产业的需求，1850年至1890年间，铁路部门消费了约一半的钢铁产量。而钢铁产量的扩大也反过来拉动了铁路的建设。而随着铁路网络的扩张，运输价格下降，这对整体经济产生了积极影响。此外，铁路建设也促进了资本的形成和现代大型企业的建立。1850年至1890年，总投资中有大约25%流入这一领域，远高于制造业和工业。19世纪40年代，铁路建设经历了第一次高峰。1840年，德意志地区铁路线总长约为580公里，到1850年就已经超过7000公里。1840年，铁路领域的就业人数约为42000人，而到1846年就已飙升至近18万人，其中大多数从事铁路的建造。[①] 19世纪60年代末至帝国建国，随着经济的蓬勃发展，铁路建设再次掀起高潮。1867年至1870年间，德意志地区的铁路网猛增8060公里，1870年至1873年再增5034公里，总长达23853公里。1866年至1869年，德意志地区在铁路建设上的净投资量达8.54亿马克，在1870至1873年间又几乎翻番，增至15.62亿马克。铁路建设拉动了煤钢产业，1866年至1873年，德意志地区的生铁产量增长了62%，从139万吨增至222万吨，钢产量增幅超过50%，从104万吨增至158万吨，硬煤产量增长38%，从2640万吨增至3640万吨。[②]

19世纪中叶，关税同盟地区的棉纺织业也发展迅速，纱锭数量从1852年的90万个增至1861年的220万个。[③] 但也必须看到，直到一战前，英国在棉纺织业的领先地位是无可撼动的。一战爆发前夕的1913年，英国棉纺厂的纱锭数量占全球纱锭总量的40%，在全球纺织品出口中所占份额达42.9%，而居第二位和第三位的法国和德国所占份额均不足15%。[④]

在工业和贸易发展的双重推动下，德意志地区的工业产品具备了越来越强的国际竞争力。1850年至1857年，关税同盟的对外出口从2.51亿塔勒大幅增长至4.97亿塔勒，并在1851年伦敦世界博览会上获得巨大成功。1865年，德国已经超过英国，成为俄国的第一大进口来源国，并一直延续至一战爆发。

与上述经贸发展相对应，在对于自由贸易的态度方面，由于始终受到英国出口纺织品的巨大压力，南德地区的棉纺织业成为保护性关税的主要拥护

---

① 参见：Fremdling，1977；Wehler，2008c：pp. 67－74。

② Wehler，2008c：p. 99.

③ Hahn，1984：p. 152.

④ Torp，2006：p. 58.

者，而在其他地区和行业，迅速发展的工业化进程及其带来的经济繁荣使工业界不再像三月革命之前那样热衷于关税保护。[①]

第二节 德意志关税同盟时期的贸易政策

一 德意志关税同盟的建立

在德意志地区的贸易政策发展史上，关税同盟的建立无疑具有里程碑式的意义：首先它使德意志地区普遍建立起了现代关税制度，关税主权从地方和私人收归国家，关税由国家统一征收，成为国家重要的财政收入来源，关税政策成为重要的政策工具；其次，众所周知，建立德意志关税同盟是最终得以在普鲁士领导下建立统一的德意志帝国的最重要铺垫，也是德意志地区时间最早、范围最广的施行统一贸易政策的政治实践。

在德意志民族的神圣罗马帝国，关税事务理应属帝国管辖。但自中世纪晚期起，关税权实际上已经被转移到各邦国。当时的海关制度与现代海关制度有很大不同：关税并非在跨越国境时征收，而是在领地内由沿贸易路线而设的众多关税征收点征收。由于近代早期各邦国财政需求不断增长，这种征收点的数量也随之增加。17 世纪中叶以后，在分封割据、支离破碎的帝国，重商主义经济政策使关税状况变得更加扑朔迷离，新的进出口关税和消费税与原先各种地方性的、私人的关税特权并存。18 世纪末，德意志地区纵横交错着 1800 条关税线路。这种复杂、烦琐的关税状况拖了德意志地区的后腿，使其在 18 世纪无法跟上其西欧邻国的经济发展步伐。[②]

通常，关税同盟被视为普鲁士施泰因－哈登贝格改革时代的产物，亦被视为普鲁士主导下的德意志民族国家建立的初始阶段。[③] 其实，在 1818 年普鲁士税法出台之前，1806 年至 1815 年莱茵邦联存续期间，德意志中部和南部地区所发生的变化就已经为之后的历史进程做出了重要铺垫，值得在这里给予一定的关注。

19 世纪初，德意志民族的神圣罗马帝国在拿破仑战争中消亡，普鲁士和奥地利以外的“第三德意志”地区发生了很多变化，主要表现为：美因茨以

---

① 参见：Wehler，2008c：p. 93；Hahn，1984：p. 152；Lehrfreund，1921：p. 64。

② Hahn，1984：pp. 9－10.

③ 参见 Hubatsch，1989。

外的所有教会诸侯国的教产还俗；大量城市和骑士领地的帝国直辖地位被取消，被并入较大的邦国；奥地利莱茵河西岸地区被划分给法国，这一地区的封建割据状态也同时被终结；及至莱茵邦联诞生，帝国境内的一千多处割据领地减少为大约 30 个的主权邦国。[①]

与旧帝国不同，莱茵邦联由拥有完全国家主权的邦国构成。在这样的体制中，关税主权属于邦国，关税由国家统一征收，旧时的关税特权因此不再具有合法性，逐步被国家边境关税所取代。巴伐利亚（1807 年）、符腾堡（1808 年）、巴登（1812 年），以及拿破仑家族成员统治下的莱茵邦联国家伯格（1806/1808 年）和威斯特伐利亚（1811 年）先后引入了这种新的海关制度，在邦国领地上建立一个受贸易壁垒保护的经济区，以振兴本地的贸易和工商业。人们还希望，完全由国家垄断关税收入将能够改善国家的财政状况。

但是，建立和维持这种边境关税的代价却常常高于预期，尤其是当时边境线的走向有时非常复杂。此外，这种将经济和政治边境合二为一的新做法在许多情况下破坏了数百年来自然形成的跨越边境的经济关联。因此，当时一些较小的邦国一度主张所谓的“莱茵邦联爱国者计划”，该计划旨在建立一个统一的莱茵邦联经济区，取消邦联内部的贸易壁垒，统一度量衡和货币。虽然上述计划未能实施，但显露了统一经济区思想的萌芽。在莱茵邦联中，大邦国为理顺战争所带来的复杂的领土、宗教关系而实施了一系列整合措施，而且在法国大革命精神的影响下出现了普遍的反封建、现代化进程，这两方面的变化大大改善了德意志地区经贸融合的框架条件。[②]

拿破仑时代之后，作为欧洲新的经济与和平秩序的组成部分，德意志邦联于 1815 年诞生。如上文所述，关税政策领域的分裂阻碍了德意志地区工商业的发展，而随着大陆封锁[③]（Kontinentalsperre）的解除，德国工商界不得不面对英国工业的直接竞争。

尽管《德意志邦联宪法》[④] 第 19 条称：“联邦成员保留在法兰克福举行的邦联大会（Bundesversammlung）第一次会议上根据维也纳国会通过的原

---

① 参见 Hahn，1984：p. 11。

② 参见 Hahn，1984：p. 12ff.；Wehler，2008a：380。

③ 拿破仑自 1796 年起在法国实行对英国及其殖民地的经济封锁，1806 年起，随着所取得的军事胜利，他将这一禁令的范围从法国扩大至欧洲大陆国家。1810 年起，禁令逐步放松。

④ Deutsche Bundesakte，原文链接见参考文献列表。

则，各邦联成员国之间拥有就贸易和交通以及航运问题进行商议的权利。”但事实上，邦联大会虽然就此进行了辩论，却并没有做出决议。

德意志贸易与商业总会（Allgemeiner Deutscher Handels- und Gewerbeverein）于1819年成立，经济学家李斯特在其中发挥重要作用。这个利益团体的诞生正是源于李斯特牵头联合各邦国数十名商人撰写的一份请愿书①，呼吁对内取消关税壁垒，对外实施保护性关税。1819年5月，邦联大会就这份请愿书进行了讨论，但并未做出决议。之后，该团体组建代表团到各邦国游说，以图在邦国层面获得支持。②

可以看出，尽管来自外部的压力越来越大，内部呼声也很高，但德意志邦联却并没有能够完成推进区域经济一体化的重任，是德意志关税同盟填补了德意志邦联在这方面的职能缺失。③ 换而言之，克服德意志地区内部重重关税壁垒，这并非在德意志邦联层面，而是在成员国层面完成的。

1818年普鲁士关税改革无疑迈出了走向关税一体化的关键一步。改革前的1817年，普鲁士有约1000万人口，领土面积达5000平方英里，且十分分散，关税情况异常复杂，仅易北河以东老普鲁士地区就有57种不同的关税和货物的消费及交通税（Akzise）税率，而维也纳会议后重新收回的西部领土的产业和税收状况又与之存在巨大差异。在国内建立统一的行政管理基础，这是普鲁士实施关税改革的根本动因。④ 1818年5月，普鲁士颁布关税法——《关于国家各省之间外国货物的关税和消费税及交通的法律》⑤，在王国内部建立了统一经济区，只对外征收适度的保护性关税，这是在主张自由贸易的大地主与仍然脆弱、要求保护性关税的商业经济之间的利益折中。与当时其他国家相比，普鲁士的关税政策是非常自由化的。⑥

虽然普鲁士建立国内统一关税区的动力源于内政，并没有将其推广至整

---

① 请愿书完整标题为：《向邦联大会请求撤销德意志内部的关税和过路费，并对邻国建立以报复原则为基础的普遍的德意志关税制度》（Bittschrift an die Bundesversammlung um Aufhebung der Zölle und Mauten im Innern Deutschlands und um Aufstellung eines allgemeinen deutschen auf dem Prinzip der Retorsion beruhenden Zollsystems gegen die angrenzenden Staaten）。

② 文德乐，2019：p. 32ff。

③ Botzenhart，1997：p. 95ff.

④ Hahn，1984：p. 20.

⑤ Gesetzüber den Zoll und die Verbrauchs-Steuer von ausländischen Waren und über den Verkehrzwischen den Provinzen des Staats，法律原文链接见参考文献列表。

⑥ 参见：Fischer，1972a：p. 442ff；Brinkmann，1922。

个德意志地区的初衷，但在事实上，普鲁士国内统一关税区的建立给与它存在贸易关系的邻国带来巨大压力，推动了它们加入普鲁士关税区。[①] 施瓦茨堡－桑德豪森（Schwarzburg-Sondershausen）大公国和图林根地区的几个小国相继加入普鲁士关税区，这在德意志其他地区引起很大的反响。

在经过波折重重的谈判之后，1828 年 1 月，符腾堡与巴伐利亚签署协议，建立起南德意志关税同盟——这是德意志邦联中诞生的第一个主权国家之间的关税联盟。[②] 对于德意志地区的关税版图和商贸发展而言，这是一个非常重要的起点。同年 2 月，普鲁士与黑森也建立了关税同盟。同年 5 月，德意志邦联中的其他一些国家在英国、法国、荷兰，尤其是奥地利政府的支持下建立了“中部德意志贸易联盟”（Der mitteldeutsche Handelsverein），初始成员国包括萨克森、汉诺威、库尔黑森、拿骚、法兰克福和图林根。这个联盟只是在部分成员国之间订立了贸易协定，促进相互贸易往来，因此并非真正的关税同盟。它更多是一个抵制普鲁士和巴伐利亚势力过度扩张的防御性联盟，因为所有成员国必须承诺保持“中立”，不加入上述两个关税同盟。[③]

1829 年 6 月，北方的普鲁士－黑森关税同盟与南方的南德意志关税同盟签订了一份协议，建立了密切的联系。此外，普鲁士还建立起了两条分别通往黑森－达姆施塔特和巴伐利亚－符滕堡的免税商路，途经萨克森－迈宁根、萨克森－科堡和罗伊斯，“中部德意志贸易联盟”因此被严重割裂和削弱。

1833 年 3 月至 5 月，一系列国家间协议得以签订，德意志地区的经济一体化进程在国际法层面得以明确。1834 年 1 月 1 日，德意志关税同盟成立，这个包含 2600 万居民的自由贸易区对外统一采用普鲁士 1818 年关税法所规定的税率。总体而言，关税同盟实施偏向于自由贸易的贸易政策，但在甜菜糖、棉纺制品和铁制品领域对外征收一定的保护性关税。[④]

德意志关税同盟的建立并不是基于一份统一的协议，而是基于一系列期限各不相同的双边和多边协议，1819 年至 1884 年间共签署了 130 份协议。德意志关税同盟一直存续至 1918 年秋季德意志帝国灭亡，作为自由贸易区，

---

① Hahn，1984：p. 44ff. 有关关税同盟成员国之间的经贸关系亦可参见 Aldefeld，1838。

② Hahn，1984：p. 41.

③ Hahn，1984：p. 49ff.

④ Tilly，1990：p. 45.

它被定义为一个开放体系，始终向有意加入的国家和地区开放。例如，巴登、拿骚和法兰克福于1835年加入，不伦瑞克和卢森堡于1841年加入，汉诺威和奥登堡于1851年加入，两个梅克伦堡（梅克伦堡-施特雷利茨、梅克伦堡-施威林）和吕贝克于1867年加入，最后加入的是自由汉萨城市汉堡（1882年）和不莱梅（1884年）。①

在行政管理上，德意志关税同盟并没有统一的管理机构和管理人员，位于柏林的中央结算办公室只是为各成员国的结算提供技术支持，关税管理事务全部由各成员国履行，关税收入的平衡也通过国与国之间的直接结算来完成。② 虽然普鲁士并没有主导关税同盟的行政管理，但因为在结盟协议中普遍约定普鲁士在立法和管理上具有示范性，而且普鲁士官员实际上有更丰富的经验，这助推了普鲁士在关税同盟中获得主导和霸权地位。

拿破仑时代高昂的战争费用和开支庞大的改革措施使德意志地区的各个国家都面临严峻的财政问题，各国都将获取新的财政资金来源作为国内政策的重点，而始于1818年的普遍的农业萧条又限制了直接税的增税空间。因此尽管19世纪40年代，对关税同盟以外国家的国际贸易额还不到关税同盟社会总产值的10%③，但关税还是成为各国财政的重要收入来源。由于财政、经济和内政等几方面的原因，成员国对关税同盟存在很强的依赖性，尤其是中小国家，一旦加入关税同盟便几乎不可能再全身而退。④

以上两方面原因，再加上普鲁士本身在经济体量上的压倒性优势，以及在关税同盟组建过程中发挥的领导性作用，使普鲁士在关税同盟对外贸易政策的决策上发挥决定性作用。这清晰地体现在19世纪40年代和50年代关税同盟对外签订一系列贸易协定的过程中。

无论是建立之初，还是在之后数十年的存续期间，统一关税区对经济的整体影响始终被认为是积极的。

最基本的：由于关税同盟的关税是联合计税的，因此征收时需要协调度量衡来统一计税方式。关税同盟为此引入了以500克计1个关税磅来作为关税计重单位。最初，关税计重单位只用于国与国之间的跨境贸易，19世纪50年代后，一些国家开始将其用于境内贸易。在硬币统一方面，关税同盟也

① Wehler 2008b：p. 129ff.
② Hahn，1984：p. 81.
③ 参见 Hahn，1984：p. 122。
④ Hahn，1984：p. 132ff.

起到了实质性的推动作用。[①]

从中期来看，关税同盟对于工业发展起到了相当重要的推动作用。一方面，在普遍实施现代关税制度之后，关税收入在成员国，尤其是中小国家财政收入中的占比不断攀升，构建了其财政收入的重要基础，成为社会基础设施建设和商业现代化措施出台的重要资金来源。[②] 例如在 19 世纪 30 年代，符腾堡州主要靠大幅增加的关税收入资助了农业改革和贸易促进措施。[③] 而且，统一关税区终结了德意志经济区四分五裂的局面。值得一提的是，在德意志邦联大会 1861 年最终通过全德法典之前，各成员国在加入关税同盟后逐步启用普鲁士商法典，从而较早在商贸领域建立起稳定的法律和政策环境，这无疑有助于德意志地区扭转经济发展落后——尤其是落后于英国的局面。[④]

但是，也不应将这一时期主要的经济发展都归功于关税同盟。比如，在 19 世纪 20 至 30 年代，即德意志关税同盟逐渐成形的时期，并没有直接证据能够证明关税壁垒的消除激发了地区贸易量的大幅增长，因此只能说其为已经存在的越来越频密的货物流动提供了便利。另外，关税同盟无疑有利于工业增长，但并不是关税同盟的建立启动了德意志地区的工业革命。因为工业化进程在此之前早就已经显露端倪，而这一时期加快工业化进程的主要行业——铁路交通、重工业和机械工业的发展都并不直接以关税同盟为前提条件。再有，关税同盟成立之初，普鲁士也并没有把它当作以“小德意志方案”[⑤] 统一德国的工具。[⑥]

总的说来，在 19 世纪上半叶，虽然受到新重商主义思想的影响，但关税政策仍主要是一种财政政策。如上文所述，采用新的现代关税制度，由国家垄断关税收入，是这一时期关税改革最大的吸引力，而更合理、高效地获

---

① 参见 Groß，2015。

② 参见：Wehler，2008b：p. 369ff；Hahn，1984：p. 100ff。

③ Boelcke，1989：p. 38.

④ Fischer，1972：p. 125.

⑤ “大德意志方案”与“小德意志方案”问题：“大德意志方案”希望中欧所有德意志人建立一个新的民族国家，享有帝号的奥地利哈布斯堡家族将是这个国家的天然领袖。但由于奥地利帝国的人口中非德意志人的数量远远超过德意志人，而且它一大半领土位于“德意志邦联”之外，民族多元性将给未来的新德国带来许多难题，这使奥地利帝国在德意志民族统一运动中处于尴尬地位。而“小德意志方案”则希望把奥地利排除在统一后的德国之外，在这一方案中，普鲁士将成为新德国的不二领袖。参见：Beller，2007。

⑥ 参见：Tilly，1990：p. 42ff；Wehler，2008b：p. 125，p. 135ff。

取关税收入，防止税收外流，是关税同盟得以诞生的初始推动力。有鉴于此，虽然经济利益团体开始萌芽，并尝试影响贸易政策的制定，但其实际发挥的影响力是十分有限的，即便最终实现了自己的诉求，也是因为其诉求恰好与政府的诉求相合。而在1848年革命时期主要由主张保护性关税的“保护祖国劳动全德意志联合会”（Der Allgemeine Deutsche Verein zum Schützen der Vaterländischen Arbeit）和主张自由贸易的“德意志自由贸易协会”（Verein für Handelsfreiheit）发起的大规模签名请愿行动虽然提升了舆论的影响力、推动了民意的组织和形成，但并没有对关税同盟当时的对外贸易政策产生实质性影响。[①]

二 欧洲自由贸易网络的建立

德意志地区得以实现对外贸易的迅速发展，并在19世纪60年代走上自由贸易道路，这在很大程度上得益于欧洲地区的自由贸易运动，而英国无疑是这一时期自由贸易运动最主要的发起者和推动者。而且，当我们在之后的章节观察德意志帝国在20世纪初期短暂回归自由贸易时，会看到与这一时期的英国相似的现象。因此，这里简要地阐述英国在这一时期的自由贸易革命，观察其走上自由贸易之路的过程，也为后文做一个小小的铺垫。

18世纪中叶，工业革命的发生对英国的经济与社会发展产生了巨大影响：工业革命极大地提高了英国的工业生产能力，使其对海外市场和原料的依赖增大；工业革命提高了英国的经济实力，到19世纪中期，英国已成为当之无愧的“世界工厂”，有能力在国际贸易中获利；工业革命后，生产和资本的大量过剩以及工人阶级的贫困成为英国社会的基本矛盾，因此输出资本、扩大海外市场成为英国缓解国内社会矛盾的重要出路；降低进口农产品价格，以此来降低工人生活成本从而降低工业成本，这成为在政治上渐成气候的工业资产阶级的重要诉求。此外，18世纪后期，斯密在《国富论》中所提出的自由贸易思想[②]产生了持续而深远的影响。[③] 因此，19世纪的英国在经济、政治、社会和思想上都已经为拥抱自由贸易做好了准备。

---

① 参见Best，2008：p. 300ff。

② 亚当·斯密认为，自由贸易是建立在人类理性之上的行为模式，各国的贸易动机虽然是自私的，但最终结果却增加了所有国家的财富，因而这种贸易关系对所有国家都有利。可参见：斯密，2005：p. 444。

③ 部分参见卢玲玲，2017：pp. 84 – 85。

19 世纪初期，支配着英国对外贸易关系的贸易协定大多遵循三个主要原则：第一是关税互惠原则，即只有在对方国家做出对等让步的情况下英国才给予更自由的贸易条件。由于协定是经谈判而达成的，包括英国在内的大多数国家都试图通过将非优惠关税维持在较高水平来增强自己在谈判中的议价能力。第二是排他性优惠原则，即每个国家要通过双边谈判获得特定的关税优惠，以击败竞争对手。第三是最惠国待遇，即给予对方不亚于任何第三方的优惠待遇。

1823 年，英国首先放弃了排他性优惠原则，将优惠扩大到愿意以相同条件开展贸易的任何国家，与所有有意愿的国家缔结互惠贸易协定。1824 年至 1827 年，英国与普鲁士、法国、奥地利、瑞典、汉萨同盟城市、丹麦、美国以及大多数南美共和国签署了这类协定。

随着 1838 年“反谷物法联盟”的成立，英国的自由贸易运动加速发展。这进一步表明：英国在自由贸易问题上的立场完全是出于自身关切，而不是基于其他国家的贸易政策。

从引入互惠制度到 1846 年实行自由贸易之间，英国在贸易谈判中遵循两个主要目标：一是将互惠体系扩展到更多国家；二是说服高关税国家降低关税。但这两个目标都未能实现，主要是因为对方政府心存顾虑：担心更自由地接受英国商品会损害本国的利益，想要通过高关税维持自己的议价能力，最主要是，对英国的商业企图表示怀疑——英国之所以为互惠体系做出这样的努力，一定是因为能确保自己是最大的获益者。

基于经验和商业理论，这一时期自由贸易的支持者们认为，企业作为个体应尽可能少地受到政府的束缚，这样才能实现工业产出的最大化。他们认为，这种自由对于政府和经济个体而言都是非常必要的。因此，每个国家都应当根据自己的要求来管理关税和贸易活动，而不应承担对其他国家的贸易承诺。基于这种认识，自由贸易的支持者们从根本上反对贸易协定。

正是在这样的情况下，皮尔爵士（Sir Robert Peel）开启了著名的 1842 ~ 1846 年单边关税改革。1846 年之后，英国放弃了通过缔结贸易协定来为自己的商品开拓海外市场，而是采取普遍的自由贸易政策，单方面改革关税，对外开放市场，以期其他国家也能采取同样的自由贸易政策并施行关税改革。

19 世纪 60 年代，英国对外签署的贸易协定明确地体现出其推行自由贸易的坚定立场。其中具有标志性意义的是英国于 1860 年 1 月 23 日与法国签订的《英法贸易协定》（又称《科布登－谢瓦利埃条约》），尤其是其中第19条所规定的最惠国条款。这份协定其实相当于英国与全世界签订的自由贸易协定，因为英国表示同时无条件给予世界其他国家同等贸易条件。[①]

与英国不同，法国之所以与英国达成这个在欧洲自由贸易之路上具有里程碑意义的贸易协定，主要是出于拿破仑三世的意愿。当时正值意法奥战争，法军在马真塔战役和索尔费里诺战役中战胜奥地利之后，拿破仑三世踌躇满志，意在吞并尼斯和萨瓦，并希望在欧洲大陆开展下一步行动时能获得英国的支持。而且，拿破仑三世和他的幕僚们都信奉自由贸易，希望来自英国的竞争能刺激法国工业的增长和现代化变革。再有，当时虽然主张自由贸易的势力不可能在法国议会中占据多数，但拿破仑三世所拥有的的权力使他可以绕过议会与英国签订这份协议，从而完成了法国贸易政策的巨大转折，进入一个自由贸易时期。[②]

除与欧洲大陆主要国家签署贸易协定外，法国还通过一系列法律单方面降低或取消贸易壁垒，如《1860年5月5日法》取消了多种原材料的大部分进口关税；《1861年6月15日法》取消了谷物的折价计算制，把进口关税固定在谷物价值的3%；《1863年法》取消了一些禁令和几乎所有的出口关税。更重要的是1869年新的《一般关税法》废除了几乎所有农产品和所有原材料的关税；在1860年至1872年间几乎取消了海运领域的所有歧视性的惯例。[③] 1859年至1875年，法国的平均关税水平从18.7%降至5.9%。[④]

1860年《英法贸易协定》签订之后，包括英法在内的主要欧洲国家之间签订了大量双边贸易协定，由于这些协定都包含有最惠国条款，这意味着，每一个国家每一次降低关税或消除贸易壁垒都会迅速惠及大量国家。在随后的15年时间里，欧洲共缔结了56项这样的贸易协定，形成了一个由双边贸易协定构成的纵横交错的自由贸易网络[⑤]，被当代学界戏称为“意大利面碗”，其贸易自由化程度在全球首屈一指，直到东京回合后的关贸总协定（GATT）才再次实现这种程度的贸易自由化。[⑥]

---

① 参见 Iliasu，1971：pp. 68ff；Torp，2006：p. 69。

② Torp，2006：p. 69.

③ 波斯坦，2003：pp. 36－37。

④ Burhop，2011：p. 109.

⑤ 亦称西欧贸易协定体系，或科布登－谢瓦利埃贸易协定体系（network of Cobden-Chevalier treaties）。

⑥ Lampe，2011：p. 645.

三　19世纪60年代普鲁士的贸易政策

作为上述自由贸易网络的一部分，1859年至1875年，德意志关税联盟及建国后的德意志帝国的平均关税税率从14.7%降至5.4%。[①] 其中，普鲁士以关税同盟的名义与法国于1862年签订自由贸易协定在德意志地区的自由贸易史上具有标志性意义。因为德意志关税同盟由此融入了19世纪欧洲自由贸易运动，并大大加深了与欧洲经济乃至世界经济的关联。

值得注意的是，普鲁士虽然以关税同盟的名义与法国签订自由贸易协定，但其实完全由普鲁士政府一手操办，没有经过任何官方调查（Enquête），更没有咨询过经济界的利益代表团体。[②]

这份自贸协定能够在普鲁士的强力主张下得以签订，是基于以下几方面的背景事实。

首先，如上文所言，普鲁士1818年出台的税法就是相当自由化的，及至19世纪60年代，自由贸易已经在普鲁士政府中形成相当强的共识和传统。[③]

其次，时值1857～1859年第一次全球性经济危机之后的复苏阶段，富有乐观主义色彩的自由贸易思想越来越深入人心，欧洲自由主义渐成气候。这也给予普鲁士政府阶层强大的推动力，去实施自由贸易政策。施莫勒（Gustav von Schmoller）在回溯这段历史时写道："几乎所有人都或多或少地被自由贸易理论所裹挟。这不仅仅是指'新时代'的普鲁士，而且——在不同程度上——也波及其他德意志国家，实际上波及整个欧洲。"[④]

另外，1858年，普鲁士在关税同盟的总人口中约占50%，在硬煤开采量中占80%，在钢铁总产量中亦占80%。而且在工业化的核心产业——机械制造领域，普鲁士也在迅速扩张，1861年机械制造领域的就业人口在关税同盟中的占比达56%。[⑤] 因此，在经济实力上，普鲁士在关税同盟中拥有压倒性的优势地位。而随着同盟内部经贸关联越来越密切，中小成员国对普鲁士的依赖也越来越大。因此，普鲁士得以在这份协议的签署中发挥绝对主导作用。

---

① Burhop，2011：p. 107.

② Nitzsche，1904：p. 334.

③ Torp，2006：p. 71.

④ Schmoller，1904：p. 614.

⑤ Hahn，1984：p. 153.

除了上述几点客观背景，从普鲁士的角度来看，其与法国签署这份自贸协定、坚定推行自由贸易政策的动因包括经济和政治两个方面。普鲁士主管贸易的国务秘书（Ministerialdirektor des Handelsministeriums）德尔布吕克（Rudolph von Delbrück）[①] 1879 年曾在帝国议会这样追溯这份自贸协定："让我回到与法国签订贸易协定时的实际情况。我曾首先强调，在这些谈判中，政治并非主要方面，（听好！）在这些谈判中有两方面是主要的，一个是非常明显的，就是要让德国工业界也能在法国市场上获得优惠待遇，就像法国给予英国产品的那样。这是一方面。第二方面与普鲁士政府多年来的一个牢固的信念有关，即对关税同盟的税率进行调整是绝对有必要的。而到了这一刻（协定的签订），确切地说，是两个月前，这变成了一个政治问题。当时的奥地利政府认为有必要针对我们与法国所签订的协议发起一场真正的运动……如今，1865 年的税率带来了一个体系，关税同盟成员国从 19 世纪 50 年代初开始通过政策有意推动的一场运动全面完成了。"[②]

必须承认，普鲁士签订 1862 年的贸易协定是出于经济上的迫不得已。因为此时法国已经给予英国和比利时最惠国待遇，这使德意志地区的工业品在法国市场上完全处于竞争劣势。德尔布吕克在回忆录中写道："鉴于我们的地理位置和高度发达的商业，无论是在政治上还是经济上，我们都无法承受被近在眼前的市场排斥在外，这个欧洲大陆最富有的国家的市场，而它必定、并且已经向欧洲所有其他地区开放。"[③]

虽然对于普鲁士签订普法贸易协定的政治出发点，历史学家们存在不同的判断，但总结起来基本包括两个方面：

---

① 德尔布吕克始终致力于推动自由贸易，为德意志关税同盟的扩大立下汗马功劳。他始终主张"小德意志方案"以及维护普鲁士霸权。他参与了 1862 年德法贸易协定以及之后德比及德意贸易协定的签署。1867 年，俾斯麦任命他为北德联邦首相府主席（Präsident des Bundeskanzleramts），并实际上把联邦经济政策主管权交给他。德尔布吕克以此为基础，与民族自由党和自由保守党开展了卓有成效的合作：通过了 48 项法案，新签订了 40 个贸易协定，并在立法上取得了一系列成果，其中包括统一度量衡，在莱比锡设立最高商事法庭，颁布新的劳动法，规定工人拥有结社和缔约自由，并颁布了一项法律，规定股份有限公司可以在整个联邦范围内开展商业活动，不再受地方行政机构的约束。1871 年德意志帝国成立后，他继续掌管帝国首相府——集商业部和财政部职能于一身的帝国行政管理中心。在随后的 5 年中，在民族自由党的支持下，德尔布吕克推动了一系列经济立法：通过《铸造帝国金币法》于 1871 年引入帝国统一货币、颁布新《商法》，并于 1875 年建立帝国银行。在德尔布吕克的影响下，德意志帝国在这段时期始终强调自由贸易。参见 Craig，1985：p. 68。

② Stenographische Berichte 1879：pp. 89 – 90，转引自 Nitzsche，1904：p. 334。

③ Delbrück：Lebenserinnerungen，Vol. 2，p. 204，转引自 Torp，2006：p. 74。

首先，就像上文中德尔布吕克所提到的，普鲁士与法国签订贸易协定有相当一部分目的是通过自由贸易原则把奥地利排挤出关税同盟。因为普鲁士政府认为，经济较不发达的奥地利无法放弃对本国工业的关税保护，因而无法加入普法贸易协定，这样普鲁士就有机会以“小德意志方案”统一德国。

1849/1850 年，奥地利首相施瓦岑贝格（Felix Fürstzu Schwarzenberg）和商贸大臣布鲁克（Karl Ludwig von Bruck）提出建立以关税同盟为基础的中欧大经济区，包括所有德意志国家，对外征收保护性关税。这个野心勃勃的统一经济区无疑旨在取代普鲁士领导下的德意志关税同盟，扭转普鲁士所倡导的自由贸易路线，并向德意志地区政治统一迈出重要一步，而此时正值德意志关税同盟面临续约的关键时期。为了应对奥地利的图谋，普鲁士利用关税同盟成员国——尤其是中小成员国——在经贸上对普鲁士的依赖进行施压，使德意志关税同盟不仅得以续约 12 年，还吸收了汉诺威、不伦瑞克、奥尔登堡和绍姆堡 - 利珀（Schaumburg-Lippe）这几个新成员国。可以看出，1848/1849 年革命之后，普奥之间的权力之争日渐白热化，而关税和贸易政策成为其中的一个主要战场。作为妥协，两国于 1853 年签订贸易协定，但矛盾和冲突并没有解决，而只是被推后了。

如上文所述，德意志关税同盟地区在 18 世纪五六十年代实现了工业化上的重要突破，普鲁士在经济上的主导地位得到巩固。而奥地利的经济发展和工业化进展则远远滞后于普鲁士。到 1865 年时，普鲁士 1930 万居民中农业人口的占比为 45%，奥地利 3750 万居民中的农业人口占比高达 70%，但奥地利的粮食产量却比普鲁士低 14%。奥地利铁路网的长度为 6600 公里，普鲁士则高达 11000 公里。奥地利的粗钢产量为 46 万吨，普鲁士为 85 万吨。奥地利的蒸汽机保有量为 3400 台，普鲁士则已经高达 15000 台。由此足以清晰地看出普奥两国在发展上的巨大差距。

在这样的背景下，发挥自身在经济发展上的压倒性优势、坚定地践行自由贸易路线成为普鲁士从奥地利手中争夺中欧地区霸权的重要手段。①

其次，除了与奥地利争夺霸权，还有一个德尔布吕克在讲话中没有提到的方面——普鲁士以此实现并巩固其在关税同盟中的霸权地位。在德意志关税同盟时期，普鲁士强势的经济地位使南德邦国和北德的中小邦国不得不与

① 参见 Hahn，1984：pp. 140 – 157；Burhop，2011：p. 107；Nitzsche，1904：p. 333。

普鲁士展开经济合作，并最终进行政治合作，包括 1862 年上台任首相的俾斯麦在内的普鲁士政治家有意识地把普鲁士的关税体系作为实现普鲁士霸权的杠杆。

在建立在德意志地区和中欧强势地位的过程中，普鲁士把霸权政策和贸易政策紧密结合，共同发挥作用，而最终在关税同盟中全面引入自由贸易体系，这意味着普鲁士霸权的“宪法化”。[①] 由于关税同盟的成员国拥有“自由否决权”（liberum veto），普鲁士在推行具体的自由贸易政策时经常遭遇阻力，而与法国签署这份贸易协定意味着在关税同盟中全面引入自由贸易体系，使普鲁士在推行自由贸易政策时不再受制于制度障碍。由于普鲁士在签订前并未在关税同盟内部进行表决，因此这份贸易协定的签署一度在关税同盟内引发危机，普鲁士将表决通过协定与关税同盟的成员国资格进行捆绑，向各成员国施压，终于使签订于 1862 年的协定在两年后的 1864 年得以通过，并自 1865 年起生效。普鲁士最终达到了目的：通过引入自由贸易体系制度性地巩固了自己的霸权地位。[②]

与奥地利争夺霸权、巩固在关税同盟内的霸权，归根结底，上述这两个方面都与普鲁士的霸权有关，隐藏在自由贸易政策背后的是经典的权力政治话题。佩茨就曾写道：“作为至关重要的德意志争霸战中的斗争手段，它（普鲁士与法国所签订的贸易协定）完成了自己的使命。”[③]

与帝国高层的权力政治考虑不同，代表容克地主和大工业利益的普鲁士议员们主要是在经济利益的驱动下主张自由贸易。言及这一自由贸易政策的制定过程，尼彻在发表于 1904 年的文章中称：无疑，普鲁士众议院和贵族院一致同意与法国的贸易协定主要是出于经济上的考虑。主流工业企业家们对自由贸易颇感兴趣，尤其是钢铁和纺织工业。普鲁士的钢铁和纺织业虽然已经实现大工业生产，但在生产的初级阶段，基于手工业和家庭生产的制造方式仍然占有主导地位。因此，除了海外市场之外，廉价的原料和半成品对这些重要的出口工业也很有吸引力。更重要的是，农业仍是最大的出口行业，农业界希望通过政治手段，即国家政策来确保海外市场的开放。当时只有一小群莱茵地区的钢铁工业家和莫尔（Robert Mohl）领导下的南德棉纺织

---

① Böhme, 1974: p. 211.

② 参见 Torp, 2006: pp. 75 - 79。

③ Peez, 1892: p. 174.

业主对贸易协定提出异议。[①] 从这个描述中能看出经济界对政策制定的影响以及影响政策制定的企图。

就经济利益团体而言，1858 年，德意志国民经济学家大会（Kongreß deutscher Volkswirte）[②] 在哥达成立，很快成为自由贸易运动的重要力量。1858 年首次大会的重点还是国内的贸易自由，从 1860 年起，国际自由贸易就逐步成为主导性议题。由于这个组织的成员来源非常广泛，因此它成为德意志地区自由贸易运动中不同群体交流思想的重要论坛。需要指出的是，虽然德意志国民经济学家大会在 60 年代成为自由贸易运动的先锋阵地，但是这一组织的主要政治影响还只是限于自由贸易理念的输出，包括通过《国民经济和文化史季刊》（*Vierteljahrsschrift für Volkswirtschaft und Kulturgeschichte*）进行传播。[③] 德意志国民经济学家大会虽然是一个在经济政策上有明确立场和主张的团体，但并不是一个典型的经济利益代表团体，其核心成员主要来自政界、学术界和新闻出版界，而非企业，它没有常设机构，也没有固定的会议地点。同时期，反对自由贸易的主要有莱茵兰和威斯特法伦的重工业和德意志南部地区的棉纺织业，但这两个行业都还没有形成有能力影响国家贸易政策制定的利益团体。

因此，在做出与法国签订自由贸易协定这个决策时，关税同盟中的经济界已经存在代表特定立场和主张的组织，其通过理念输出等方式发出自己的声音，尝试以此影响政策的制定，但作用十分有限。

1866 年普奥战争结束后，关税同盟开始拥有同盟层面的宪法、参议院和议会，更加激进的、自主的单方面自由贸易政策取代了原来温和适度的、通过双边贸易协定约定的自由贸易政策。[④] 具体而言，在与柯尼斯堡、但泽、什切青、吕贝克、汉堡等航海及商业城市，以及德意志国民经济学家大会、

---

① Nitzsche，1904：p. 331。

② “德意志国民经济学家大会”1858 年于哥达首次召开会议，没有常设的会议地点，致力于推动自由贸易。成立初期主要致力于促进商业和迁徙自由，以及建立合作社（Genossenschaftswesen）。1866 年普奥战争后，该组织主要致力于在银行和货币领域推进金本位制，主张限制纸币。最后一次会议于 1885 年在纽伦堡召开。主要代表人物包括常年任大会主席的 Karl Braun，以及 Faucher、Lette、Schulze-Delitzsch、M. Wirth、Böhmert、Barth。（Meyers Großes Konversations-Lexikon，1909：p. 243）

③ Torp，2006：pp. 72－73.

④ Nitzsche，1904：p. 332.

德意志商业大会[①]、北德的大多数商会及普鲁士农业界[②]达成一致后，普鲁士贸易事务国务秘书德尔布吕克和德意志国民经济学家大会的主要成员米夏埃利斯（Otto Michaelis）系统性地、激进地推动关税税率的降低和简化，并且不要求其他国家有对等举措。虽然遭到钢铁工业界及南德各邦的反对，普鲁士仍然在 1870 年将铁制品关税减半（从每 100 公斤 1 马克降低至 0.5 马克）。[③]

从这里可以看出，虽然有了统一的立法机构，但在普鲁士主导的关税同盟中，北德，尤其是普鲁士的商会和农业界在贸易政策制定过程中是具有一定影响力的，而工业界以及南德经济界的意见并不受重视，但恰恰后两者的利益诉求与前者并不相同。

1866 年后，关税同盟的对外贸易政策仍然更多由政治力量主宰，而非经济利益体，那些不具备政治影响力的行业的利益更是难以被顾及。但也正是从这一时期开始，讨价还价和妥协政治逐渐拉开了序幕。施莫勒称之为“议会制的丑陋一面”（die Partiehonteuse des Parlamentarismus），因为即便是卓有见识的议员有时也不得不对自己并不了解的事务进行表决，而这就为谋求阶层和团体私利者打开了方便之门。[④] 尼彻和施莫勒对此持批判态度，他们实际上也指出了很重要的一点：凌驾于邦国之上的、关税同盟层面（后来的帝国层面）的议会的政治力量正逐步加强。这意味着，经济界除了直接影响政府（例如通过商会），还必须构建影响议会的途径，或者更准确地说，影响议会中拥有表决权的议员及党团的途径。这样，前文所描述的三极式的政策网络开始形成（见图 2.1）。

1862 年普鲁士与法国签订的贸易协定开启了德意志关税同盟及德意志帝国此后长达 15 年的自由贸易阶段[⑤]。1868 年至 1870 年间，关税同盟新的立法机构批准了一些深化贸易自由化的措施，但直到 1871 年德意志帝国成立后，贸易自由化进程才真正得以有效地开展。

---

① Deutscher Handelstag，德意志各地商会的顶层组织。可参见本章第三节“建国初期贸易政策网络的行为体”中的相关内容，及附录 I。

② 其中的一部分农业者于 1868 年结成北德农业者大会（Kongress Norddeutscher Landwirthe）。

③ Böhme，1974：p. 289.

④ Nitzsche，1904：p. 332.

⑤ Burhop，2011：p. 107.

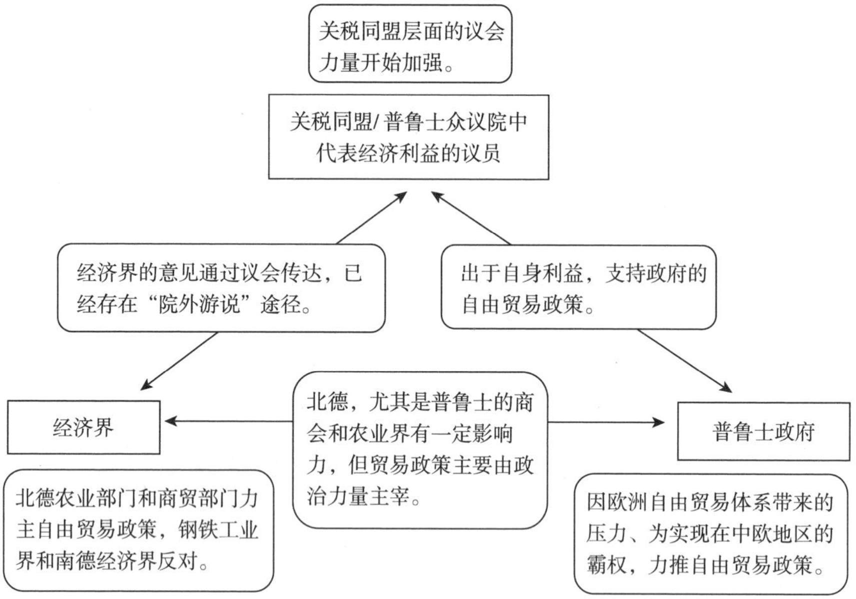

图 2.1　德意志帝国成立前德意志关税同盟的贸易政策网络

资料来源：作者自制。

第三节　建国初期贸易政策网络的行为体

建国初期，德意志帝国基本延续了普鲁士在关税同盟中所推行的自由贸易政策。德意志帝国正式建立之后，虽然沿用了关税同盟条约（Zollvereinsvertrag）的大部分条款，但其政治构架无疑发生了巨大的变化，贸易政策的制定机制也随之发生变化，并且变得更加稳定和清晰。与此同时，贸易政策的背景也发生了巨大变化，也就是说，虽然仍然延续了之前的自由贸易政策，但德意志帝国之所以在这一时期采取自由贸易政策，除了经济原因之外，还有着特定的政治动因。

这一节将在“政策网络”理论框架内对德意志帝国成立之初贸易政策网络中的行为体进行界定，首先确认相关组织或个人是不是参与贸易政策制定的行为体，然后对其作为行为体的特性进行描述。本书在导论部分已经阐述，行为体的相关特性是政策网络重要的解释性变量，是理解和分析行为体行为的重要依据。这些特性包括行为体本身的需求、利益、结构、能力、资源和内部行为规则等。因此，本节将用适当的篇幅阐述德意志帝国贸易政策网络中各行为体的发展历史，为进一步分析它们的行为做一个铺垫。

一　帝国首相俾斯麦

本书第一章已经描述了德意志帝国的宪政体制和政治架构，这里将在这个政治架构内把俾斯麦作为一个政治行为体进行界定，说明为什么把他作为独立的政治行为体进行考察，并进而阐述他在整个帝国的政治架构中身处的权力关系，从而说明他政治行为的一般出发点和诉求所在。

帝国宪法规定：皇帝以下设帝国首相，由普鲁士首相兼任，只对皇帝负责。德意志帝国没有内阁，仅有一名大臣，即帝国首相，由他任命政府各部的负责人——国务秘书，他们作为助手对首相负责。1871 年颁布的《德意志帝国宪法》第 17 条规定："皇帝的命令和法令将以帝国的名义颁布，并须由帝国首相副署。后者由此承担责任。"由于皇帝的命令和法令必须由首相副署，并由其单独、全权负责，因此，首相拥有决定皇帝命令合法性的权力，并对其政治后果负责，而皇帝几乎不再承担任何政治责任。[①]

鉴于上述权力关系，不应把威廉一世作为贸易政策网络中独立的行为体，他可能会对俾斯麦的行为产生一定的影响，但在贸易政策领域，这种影响是微小而间接的，而俾斯麦几乎承担了帝国行政的全部责任。

言及帝国政府，或者更确切地说，俾斯麦在帝国权力体系中的地位，无论从宪法规定还是从政治现实来看，帝国首相都远远没有实现独裁。帝国首相的权力局限在于：第一，首相必须对皇帝负责，因为皇帝拥有首相的任免权；第二，真正由首相控制的只有一个很小的官僚机构，而对于那些邦国权限内的政治领域，帝国首相完全无法插手，正因如此，俾斯麦的权责在大多数情况下并不是作为帝国首相，而是作为普鲁士首相来履行的；第三，帝国议会的宪法权利虽然受到限制，但仍然是对首相权力的重要牵制。

如前文所述，威廉一世无意与俾斯麦争权，在很大程度上听从首相俾斯麦的意见，因此上述第一点权力限制对俾斯麦并不构成困扰，而第二和第三点则构成了威廉一世时期德意志帝国宪政体制中的两对重要矛盾，即帝国与邦国、帝国政府与议会之间的矛盾，它们是考察俾斯麦政治行为时必须始终注意的两个背景因素。

有关帝国与议会的关系，如前文在介绍帝国整体政治构架时已经阐明，

---

① Ostermann，2009：p. 82.

帝国议会的权力是十分有限的，但毕竟所有的法案以及帝国预算，尤其是俾斯麦最为看重的军事预算，最终需要得到议会的批准，因此议会多数对俾斯麦而言仍然具有相当重要的意义。从当时帝国议会各党派的政治立场和政治势力来看，与俾斯麦博弈最多的无疑是建国初期占据多数议席的自由派政党——民族自由党。关于俾斯麦与民族自由党之间的关系，尤其是贸易政策领域的合作与分歧，将有专门的章节进行阐述和分析。

在这里可以交代的是，在首相任期内，俾斯麦始终鼓励帝国议会致力于国家的经济政策，但他坚决反对扩大议会的权能，反对议会涉足外交和军事政策，因为他始终认为这些政策领域是首相和皇帝的专属领域。另外，即便俾斯麦集帝国首相、普鲁士首相、普鲁士外交大臣三项要职于一身，行政大权在握，即便他在与各党派的斗争和斡旋中平衡有方，手段灵巧，但他仍然无法一手遮天掌握帝国的命运，因为他所要面对的是根植于帝国宪政体制中的深层矛盾——普鲁士君主政体和逐步壮大的资产阶级所谋求的议会民主之间的矛盾。

在这里，可以对俾斯麦作为政治行为体的权力关系及基本利益诉求做一个总结。

第一，从职权上看，集帝国首相、普鲁士首相、普鲁士外交大臣三项要职于一身，这是俾斯麦实现权力的决定性条件，但集三项要职于一身却并非法定。所以为了维护这种权力优势地位，他必须做到以下几点：首先，竭力维护普鲁士的霸权进而维护自己作为普鲁士首相在帝国层面的权力；其次，面对其他各邦国，尽可能为帝国争取政治资源和自主权，例如实现帝国的财政独立；第三，尽可能限制议会的权力，如实现特殊的军事预算批准制度；第四，在设计德意志帝国的宪政制度时就把上述因素考虑在内。

第二，俾斯麦的权力优势地位以及他为维护这一地位所做出的努力，决定了德意志帝国政府的独特格局。正如布鲁列所言，如果不能集帝国首相、普鲁士首相、普鲁士外交大臣三项要职于一身，帝国首相便不可能拥有俾斯麦所拥有的权能。这正是俾斯麦在权力地位上的特殊性所在。“这种特殊的权力集中方式使许多机构得以存在，并继续发展。而且，没有任何一个机构能在法理上和法律实践中获得主导地位。”因此，俾斯麦的这种统治方式使德意志帝国的国家权力无法形成合理的等级体系。而俾斯麦在权力控制上的成功恰恰是德意志帝国最终走向威廉二世时期多头政治（Polycracy）的一个重要原因。[①]

第三，正是因为德意志帝国缺乏等级式的国家权力和行政体系，因为俾斯麦所拥有的集权地位，因为俾斯麦与威廉一世之间的权力关系，所以可以把俾斯麦视作“政府”这个政治行为体直接而全面的代表。

二 建国初期的议会党派[②]

如前文所述，关税通常具有保护产业和增加政府财政收入这两方面的意义。在德意志关税同盟时期，关税更多具有财政意义，在 19 世纪 70 年代的德意志帝国，同样需要强调关税的财政意义。提高关税，增加帝国的财政收入，将提高帝国政府在财政上的独立性和自主性，摆脱邦国和帝国议会对帝国政府的牵制，这意味着改变帝国与邦国之间、帝国政府与帝国议会之间的权力关系。因此，这一节在把德意志帝国议会中的主要党派作为贸易政策网络中的行为体进行考察时，将特别关注以关税为核心的贸易政策在国内政治方面的意义，这是各党派参与制定贸易政策时的主要出发点。

相比英美国家的政党，德意志帝国的党派具有一定的特殊性，这与帝国政治构架的特殊性和政党政治的不完备互为因果。为了对党派作为政治行为体有更清晰透彻的认识，在对各党派进行具体阐述之前，将先对德意志帝国建国初期的党派格局进行描述，并分析德意志帝国党派的整体特点。

（一）建国初期党派格局及整体特点

1871 年 3 月 21 日，德意志帝国第一届帝国议会的首次会议在柏林召开。1871 年帝国议会的席位构成情况如下：

图 2.2 中所列出党派分属于保守派、天主教政党、右翼自由派、左翼自由派、社会民主主义工人政党这五大派别。这五大派别的政党格局形成于 1848 年革命时期，之后各党派虽然分分合合，改名换姓，议席数量也发生了很大的变化，但直到 1918 年德意志帝国历史终结，这种基本格局始终保持稳定[③]。

德意志帝国建国之初，上述五大派别的构成情况可概述如下[④]：

---

① Breuilly，1998：p. 154.

② 有关德意志帝国议会各党派的详细信息可见本文“附录Ⅲ 德意志帝国议会主要政党概况及得票率、帝国议会席位数、席位占比”。

③ 各党派的具体发展脉络见附录 III。

④ 参见：Craig，1985：p. 66；Görtemaker，1986：pp. 219 – 221。

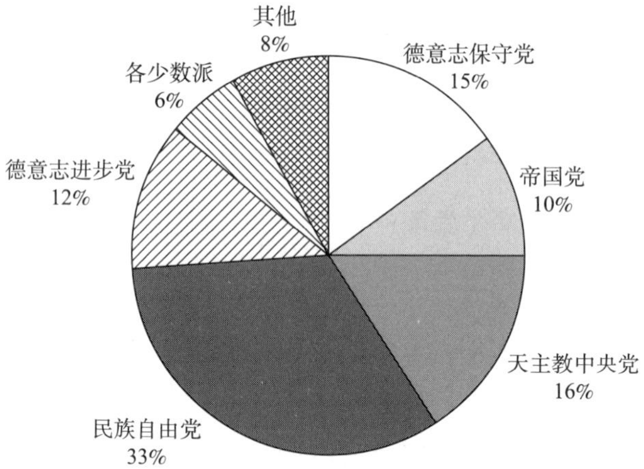

图 2.2　1871 年德意志帝国议会席位构成

资料来源：见附录Ⅲ。

保守派：处于最右翼的是德意志保守党（die Deutsche Konservative Partei，简称保守党）[①]，该党是普鲁士主义者、贵族和大地产者的政党，支持者主要来自易北河以东地区，是普鲁士众议院中的重要党派。然而在帝国层面，由于该党组织松散，没有明确的领导人，因此在 1871 年的帝国议会中势力并不强。

帝国党（Reichspartei，在普鲁士称为自由保守党，die Freikonservative）是德意志保守派的一个分支，主要由农业有产者和工业企业家组成。当俾斯麦在帝国建立初期与自由派合作时，该党派对俾斯麦的批评不像德意志保守党那么激烈。相反，自由保守党甚至称得上是“俾斯麦党”，因为他们充分支持俾斯麦的民族国家政策，该党的许多成员在俾斯麦政府中担任公职。

天主教政党：中央党（das katholiche Zentrum）是一个宗教党派，势力比上述两个党派更强，所涉足的政治领域也更宽泛。宗旨是在一个以新教为主的国家里捍卫天主教徒的权利。作为一个宗教党派，中央党麾下聚集了持不同政治观点的人，但该党派的政治主张具有内在的一致性。一方面，在维护皇权、保持社会的等级式结构以及所有社会道德问题上，中央党是十分保守的；另一方面，它支持政治改革，前提是改革并不会导致进一步的中央集权，并在社会改革上倾向于进步的天主教社会思想（katholische Sozialle-

① 德意志保守党于 1876 年重新建党，建党后组织性明显加强，相关内容见本书第三章第二节。

hre)[①]。该党的主要支持者来自德国南部、莱茵地区、西里西亚和普鲁士的波兰地区。

右翼自由派：民族自由党（die Nationalliberalen）由普鲁士进步党的主要成员和1866年在汉诺威成立的民族自由党合并而成。民族自由党主要代表受过教育和拥有一定财产的中产阶级，以及高级公职人员的利益，主张中央集权和自由放任的经济政策，主张公共生活世俗化和宪政政府。民族自由党势力最强的地区是萨克森、汉诺威、巴登以及莱茵地区的工业区。

左翼自由派：进步党（Fortschrittspartei）的核心是左翼自由党（die Linksliberalen），该党支持民族自由党的自由经济原则，但坚决主张扩大议会的权力，对政府的政策普遍持批评态度，对帝国的军费开支及军队人事政策抱怀疑态度。进步党曾在“宪法冲突”[②]中激烈地反对过俾斯麦，但在1866年转而与俾斯麦和解。

社会民主工人政党（Sozialdemokratische Arbeiterpartei）[③]：至一战前发展成为德国最强的单一政治力量，但在德意志帝国建国初期发展缓慢。19世纪70年代，社民党在德意志帝国的政治影响力十分有限，在贸易政策领域更是影响微弱。因此本书在研究19世纪70年代贸易政策的政策网络转变时，不把社民党作为政治行为体进行考察。

为了便于获得整体印象，现将19世纪70年代德意志帝国四次议会选举情况汇总如下[④]。

---

① 这一思想由库尔平（Adolf Kolping）于19世纪40年代提出，并由凯特勒（Wilhelm Emmanuel von Ketteler）主教进一步发展。自1850年起，直至1877年去世，凯特勒不断呼吁：组建工人团体和基督教工会，以及通过其他手段克服资本主义的弊端，提高穷人的生活水准。

② 即普鲁士国王威廉一世与自由派占多数的普鲁士众议院之间的冲突，爆发于1861年。冲突的起因是威廉一世于1860年提出军事改革计划，希望扩充常备军，而议会未批准所需预算。最终，1862年上台担任普鲁士首相的俾斯麦和威廉一世一起找出一个“宪法漏洞”，即宪法没有规定如果国王与议会之间发生矛盾该如何解决。威廉一世由此将其军事改革计划付诸实施。1866/1867年自由派右翼组建新的“民族自由党”，并通过了俾斯麦提交的“追认法案”（Indemnitätsvorlage，即事后提交议会批准的法案）。“宪法冲突”至此以和解告终。见Görtemaker，1986：pp. 190－200。

③ 成立于1863年的全德意志工人联合会以及成立于1869年的社会民主工人党于1875年合并成立德国社会主义工人党，1890年改称德国社会民主党，具体信息参见附录III。下文中统一简称为“社民党”。

④ 参见：Craig，1985：p. 66；Görtemaker，1986：pp. 219－221。

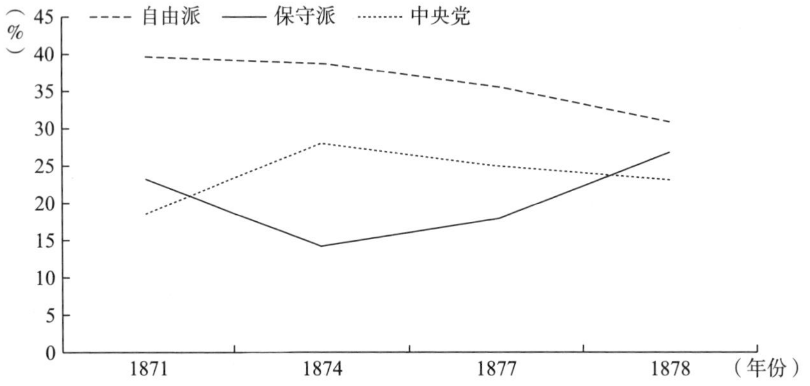

图 2.3　1871 年至 1878 年帝国议会选举结果变化情况

注：左翼自由党与民族自由党合计为“自由派”；自由保守党和德意志保守党合计为“保守派”；为了便于观察，折线图中没有包含其他少数派别和小党。

数据来源：见附录 III。

从图 2.3 中可以看出，帝国议会中的主要党派保持不变，只是席位发生了变化。这一阶段帝国议会选举的结果反映出三个主要趋势：第一，帝国成立后，自由派在帝国议会中的势力不断减弱；第二，中央党和保守党议员的比重都始终保持在五分之一左右；第三，19 世纪 70 年代，社民党在帝国议会中的势力始终较弱。

需要进一步说明的是，社民党在德意志帝国建国初期发展非常缓慢。在 1871 年的帝国议会中，社民党仅占 2 个席位，此后虽然有所增长，但势力仍然很弱，在 1874 年、1877 年、1878 年的三届选举中所获议席数量分别为 9 席、12 席、9 席。而在普鲁士，社民党直到 1908 年才首次在普鲁士众议院中获得 7 个席位。虽然在 19 世纪 70 年代，《镇压社会民主党企图危害社会治安的法令》（又叫《反社会党人非常法》）的出台这个重要的政治话题与社民党有关，但在这个时期，社民党在德意志帝国的政治影响力十分有限，在贸易政策领域更是影响微弱。因此本书在研究 19 世纪 70 年代德意志帝国贸易政策的政策网络时，不把社民党视为政治行为体。

就党派的整体特点而言，德意志政党有着自己非常鲜明的特点，与英美等其他国家的政党有很大差异。

德意志帝国的宪法并没有就党派参加议会竞选做出规定，而只是规定了个人竞选议员的原则。在进行议会表决时，议员只对自己的良知负责，并没有义务服从其所在的党团或党派的政治观点或政治主张。因此，尤其在帝国成立初期，议员是相对松散的个体，并没有以党派的形式严密地组织起来。[①]

克莱格提出，德意志帝国议会呈现这种与英美议会完全不同的低调姿态，可能是受到黑格尔哲学思想的影响，即以公民身份参与政治生活的机构和形式并不因其本身的存在而具有意义，只有当它们与国家相联系（为国家服务）时才具有重大意义[②]。“如果把国家同市民社会混淆起来，而把它的使命规定为保证和保护所有权和个人自由，那么单个人本身的利益就会成为这些人结合的最后目的。由此产生的结果是，成为国家成员是任意的事。但是国家对个人的关系，完全不是这样。由于国家是客观精神，所以个人本身只有成为国家成员才具有客观性、真理性和伦理性。结合本身是真实的内容和目的，而人是被规定着过普遍生活的。”[③]

韦勒也在一定程度上应和了克莱格的观点，认为“国家”思想导致了德意志国家议会的软弱。他指出，这种传统的“国家”思想共有以下三个来源[④]。

第一，三十年战争结束之后，在中欧德语地区，得到官僚机构和军队支持的中央权力呈持续增强的趋势。在一些较大的德意志邦国，在行政管理效能上，变形的“开明”专制主义带来了显著的效率，并因此发挥了反对革命的不稳定性，或者说阻挡来自西欧的传染的作用，放大了国家领导者的光环，并由此在国家日常事务的实践，以及由国家活动而产生的社会变迁和经济政策方面，构成一种巨大的影响力。

第二，就像天主教在其势力所辖的各邦中所做的那样，马丁·路德主张的极权崇拜也产生了家喻户晓的影响。诚如人们对路德“国家”思想的一贯诠释，在实际生活中，各新教国家的教会都明确认定，国家首脑是上帝安排的最高首领。在德意志帝国最大的邦国普鲁士，这种思想尤其受到追捧。鉴于普鲁士在德意志帝国中的主导地位，这种思想在帝国也具有特别重要的意义。

第三，黑格尔学派的国家理性主义。19 世纪 20 年代以后，这种国家理性主义通过普鲁士的大学传播开来。在大学讲坛上，随着唯心主义哲学发展到顶峰，国家由于上帝的恩赐而成了道德的体现，被赋予了一种具有神性的

---

① 参见：Berghahn，2005：p. 293；Ullrich，1997：pp. 161 - 165；Kühne，1998：pp. 323 - 338。

② Craig，1985：pp. 52 - 53.

③ Hegel，2009：pp. 253 - 254.

④ Wehler，2008c：p. 87.

地位。而这种神性的地位最终变成了庸俗的国家崇拜，并沉淀为各种观念，长期持续地产生影响。这种独裁的国家思想不仅从一般意义上阻止了德意志帝国通向政治现代化的道路，而且直接有利于帝国的政治统治结构。

与英美国家政党相比，一战结束前的德国——包括帝国建国前的各个德意志国家——党派的特别之处在于：首先，英美国家的政党是国家政治的载体，它们是做出政治决策的决定性力量，政府成员和政治领导者亦是由它们选择产生，而在德国并非如此；其次，与英美政党源于明确的政治追求不同，德国的政党主要源于哲学理念，党派之间的区别和对立是哲学思想派别的区别和对立，在经历了相当长的时间之后，德国政党才逐步有意识地将这些形而上的思想与阶级利益联系起来。[①]

因此，德意志早期党派更多是一种具有“名人政治”特点的“思想意识共同体”，“世界观”在其中发挥核心作用，但当时的观察家们就已经注意到，具体的社会政治利益正在逐步形成。里尔（Wilhelm Heinrich Riehl）在1864年这样描述：“政治党派的根本支柱更多根植于社会这片土壤，而非国家。”特莱奇科则坦承，“社会阶级的利益……与党派的宗旨之间的关联……远比党派自称的更紧密”。[②]“对早期（19世纪五六十年代）德意志党派而言，并没有‘世界观党派’（Weltanschauungsparteien）及‘利益党派’（Interessenparteien）之分，因为这两者是合一的。”[③]

可以说，德意志党派在传统上或是代表某种特定的哲学理念，或是在议会中作为代表某种具体利益的团体相互合作或对立。这两个分别是形而上和形而下的特性可能是并存的，但同时也是割裂的，党派的“政治立场”通常比较薄弱。因此，截至一战爆发前，德意志党派在没有充分实现宪政的德意志帝国中只发挥了有限的作用。[④]

1867/1871年实行普选制后[⑤]，广大民众得以进入政治生活，过去的精英政党、名人政党不得不加强党的组织性，尤其是加强与选民的联系和对选民的组织。[⑥] 但是，德国选民的政治化过程进展十分缓慢。

---

① 参见 Nipperdey，1958：pp. 550－580。

② 参见：Best，1988：pp. 5－8；Wehler，2008：p. 336。

③ Wehler，2008c：p. 336.

④ Best，1988：pp. 7－8.

⑤ 1867年北德意志联邦首次以普选制举行议会选举，1871年帝国成立后沿用1869年的北德意志联邦选举法，于当年举行第一次议会选举。

⑥ Nipperdey，1990：p. 313.

一方面，各党派在政治竞争中缺乏对选民的组织，这与德国名人政治传统有关。党派可以通过政治鼓动、群众运动来推进选民的政治化，从而拉拢更多选民，进而发展党员实现党派的壮大，但这也意味着，这些选民和党员将有可能对党派的政治活动施加影响，而这显然不符合名人政治的精神，不符合当时在政治中占主导地位的精英们的利益。

从传统的角度出发，很容易理解保守党和中央党为何在选民面前始终保持矜持，没有构建和加强党派群众基础的意愿和动力。对自由主义党派而言，虽然与上述两个党派相比受传统影响较小，但德意志帝国建国后，客观情况并不利于自由主义党派对选民施加政治影响力。因为随着民族国家统一的愿望得以实现，政治、经济、社会各个层面都逐步走向自由化，自由主义党派反而缺乏政治话题。当然最根本的是自由主义党派的主观原因，它们还感觉不到鼓动民众、把他们拉入政党的必要性，因为自由主义党派在政府层面与俾斯麦建立起了紧密合作的关系，名人政治和专制统治的政治传统使它们无须大量政治宣传也无须寻找新鲜的政治话题就可牢牢抓住选民。而且在帝国建立之初，很多选区中的竞选并不激烈。总而言之，当时无论客观上还是主观上，从“名人政治”转变为“群众组织政治”的条件都尚未成熟。在德国，这个过程远远滞后于社会阶层的分化以及民众政治意识的发展。直到 1918 年，这个过程仍未完成。①

另一方面，德意志帝国的各党派在社会文化上是分裂的，自由主义、保守主义、天主教、社会民主主义，这四大派别分别固守各自固定的、相互隔离的“社会道德圈层”（sozialmoralisches Milieu）。这阻碍了党派间选民的流动，尤其阻碍了融合性的全民党（integrative Volkspartei）的诞生。而党派体系在社会文化和社会政治上的碎片化，正是帝国统治者所乐见的，他们显然不希望看到有政党发展成为全民党。②

之所以用这一小节阐述德意志帝国党派的整体特点，目的是要说明帝国议会和党派作为政治行为体的模糊性。

由于德意志帝国的政党以及政党政治具有“哲学理念决定党派差异”、“名人政治而非群众政治”的特点，各政党普遍缺乏群众基础和阶级基础，缺乏现实的政治话题，因此政治性较弱；而且帝国议会议员在政治上与党派

---

① 参见：Nipperdey，1958：pp. 550 – 580；Kocka，1990。

② Kühne，2005：p. 295.

的关系比较疏离和松散，其政治行为与其所属党派的协同度不高。这导致了一方面，越来越多的议员成为经济利益集团的代表；另一方面，由于各议员专注于自己个人所关心的问题，因此从整体而言，德意志帝国议会所关注问题的政治层面不高，政治视野狭窄，缺乏挑战现存统治体制的意愿。正如克莱格所言，“帝国议会是一个‘被动反应’，而非‘主动行为’的机构。它缺乏对自己政治能力的自信，在政治问题上普遍缺乏自己的原则和观点，因而为强势的俾斯麦所操控”。[①]

在将政党作为行为体进行考察时，必须注意到，这一时期德意志帝国政党的行为缺乏全面的政治系统性。也就是说，在某些大是大非的政治原则问题上，各政党遵循基于其基本价值观的原则，但在针对具体政治问题的政治行为上，各议员很可能会更多地为其背后的经济利益集团代言。这意味着，作为政策网络中的行为体，“政党”与“经济利益团体”之间可能会出现相互渗透，从而对以行为体为线索而展开的分析形成干扰。但从另一个角度看，这种渗透本身也正是德意志帝国在政治上的一个特点。

接下来，本书将从“贸易政策制定机制中的政治行为体”这个角度对德意志帝国建国初期的相关党派逐一进行考察。本书已经在理论部分阐明，行为体的特性虽然不是政策制定机制——政策网络的组成部分，但它们是非常重要的解释性变量。行为体的特性包括行为体作为组织本身的需求、利益、结构、能力、资源和代表人，等等。而行为体的这些特性是在其构建和发展的过程中逐步形成的，因此，若要从政治行为体的视角对德意志帝国的主要党派和经济利益团体进行界定和描述，就有必要追溯这些党派和团体的诞生和发展历程。

（二）自由派[②]

自由派思潮可以追溯至拿破仑战争以及战后的德意志统一与自由运动。1817/1818 年出现了第一份有自由派建党纲领色彩的文件——由耶拿大学历史学教授雷登（Heinrich Leden）及该校几名学生撰写的《10 月 18 日原则和决议》（Die Grundsätze und Beschlüsse des achtzehnten Oktober）。这份文件在复辟时期未能出版，只是在私下里传抄。

---

① Craig，1985：p. 52.

② 本节基本信息可参见：Wehler，2008c：p. 337ff.；Nipperdey，1990：p. 314；Görtemaker，1986：pp. 216 – 219。关于民族自由党的信息亦可参见：Spahn，1908。

1848 年革命通常被视为德国党派构建的发端，但当时普鲁士众议院中的党团非常松散，通常以其领导者的名字命名。自由派此时就已存在，并分为左右两派，但和议会中的其他派别一样，尚未成为成熟的政党。1861 年，“宪法冲突”的压力促使上述两派在政治上联合起来，成立了第一个真正意义上的政党——德意志进步党（DFP，下文中简称进步党）。

进步党主张民主、平权、政教分离，以及实现民族统一。在 1861 年 6 月 6 日的建党纲领中这样写道：“我们在对国王的忠诚中团结在一起，并深信，宪法是连接君王和人民的牢不可破的纽带。欧洲国家体系正发生宏大而深刻的融合，我们在其中清晰地看出，普鲁士的存续和强大有赖于一个牢固统一的德国，而德国的统一必须要靠普鲁士手中强大的中央权力以及德意志人民的共同代表。”①

在 1861 年的普鲁士众议院选举中，进步党获得了 104 个席位（30%），并在议会中以党派的名称命名了议会党团。1862 年，进步党的席位进一步增至 133 席（38%），并于 1863 年达到最高点——141 席（40%）。

但进步党内部始终存在许多派别，主要的争议在于“加强自由宪政国家的建设”与“建立统一的民族国家”这两者究竟哪个是党派的首要目标。

1866 年，进步党的议会席位骤降至 95 席（27%）。1867 年，由于普奥战争后普鲁士的疆域扩大，进步党虽然获得 48 席，但仅占席位总数的 11%。1866 年的议会选举失利后，进步党内有关党派首要目标的争议再次加剧，并落实为“是否接受与俾斯麦的合作”这个非常具体的议题，分别持反对和支持态度的左右两翼互斥对方为“机会主义者”和“教条主义者”。最终，进步党分裂。其右翼选择与政府合作，即选择以和解的方式解决“宪法冲突”，赞成政府的军事预算以及俾斯麦的对外政策，而左翼则毫不妥协地坚持维护议会的权力。1866 年 11 月 16 日，26 名原属进步党右翼的议员在普鲁士众议院中组建了新的民族党党团（Fraktion der nationalen Partei），随后和 1866 年在汉诺威成立的民族自由党合并。民族自由党支持现实政治，这显然与俾斯麦的政治风格相符。②

民族自由党首次参加北德意志帝国议会竞选的口号便是班贝格（Ludwig

① 转引自 Wehler，2008c：p. 337。

② 参见 Spahn，1908。

Bamberger)[①] 提出的“由统一实现自由”（Durch Einheit zur Freiheit）。除了将“统一”这个目标置于“自由”之前，民族自由党还强调普鲁士的地位，认为“只有通过普鲁士，才有可能构建新的德国，没有普鲁士是绝无可能的”。强调“国家的权力”是民族自由的另一个重要政治原则。1866 年 11 月，特维斯腾（Karl Twesten）说：“民族自由党绝对不能再质疑国家的权力”。民族自由党并没有真正质疑过君主国（Fürstenstaat）与议会并存的双元制政体，也从未设想过除君主立宪制帝国之外的其他可能性。他们惧怕民主可能会带来人民运动，崇尚“强人”的个人力量，认为“自由主义专制”（liberaler Diktator）才能建立统一的民族国家。这些基本政治立场和政治原则构建了民族自由党与俾斯麦合作的基础。[②]

《民族自由党建党纲领》第一段写道[③]：“数年前当旧联盟破裂时，普鲁士政府宣布了真诚的愿望：维系民族的纽带，在更坚实的基础上实现德意志的统一。我们毫不怀疑，民族的自由派力量必须提供协助，当统一大业完成时，人民对自由的期许也将得到满足。为了实现这个愿景，我们愿意协助，有可能不得不如此行事：容许政府违反宪法——即便自由派政党将遵守宪法视为最需要维护的原则，然后寻求并实施补救。为了保证这种协作，宪法争议导致的党派内部的分组是不够的。民族自由党正是为了适应新的需求而建立的，其目的是：在现有的基础上实现德国的统一，以获得权力与自由。”这说明民族自由党将统一视为首要宗旨，为此愿意与政府合作，哪怕在宪法问题上做出妥协；认可先实现统一，再追求宪政与自由。

必须强调的是，虽然自由派内部分裂出不同的派系，但自由主义仍然具有统一性。在元政治（metapolitisch）意义上，所有的自由派都相信自主理性的力量（Macht der autonomen Vernunft），相信个人，相信个人在道德上的自我约束能力——这种约束最早用新教思想，后来则用康德的非宗教思想来加以解释，相信人的才智和成功的原则，相信资产阶级的而非封建的生活理想，相信受过良好教育的、文明的——当然因此也是与阶级密切相关的——人性，相信文化；他们还相信法制与宪政，相信秩序与自由之间的平衡，相

---

① 班贝格（1823－1899）出生于犹太银行家家庭，是德意志帝国建国时期自由派最重要的代表人物之一。他参与了帝国银行的建立，被视为 1871 年货币改革（Münzreform）的倡导者和德意志马克的奠基人。

② 转引自 Wehler，2008c：p. 337。

③ *Das Gründungsprogramm der Nationalliberalen Partei*，全文链接见参考文献列表。

信工作与家庭，相信民族，相信世俗的现代性——虽然不能说是反宗教的，但至少是反教权的，相信市场和经济自由，相信国家不应插手干预经济，相信发展与改革而非革命或倒退。自由派主张的是中间立场，反对极端主义。①

因此，在这个意义上，“自由主义”是一场广泛的运动，是一种高度综合性的价值和标准体系，它所涉及的范围远远超出各个自由主义党派各自演绎出来的政治主张，也因此远远超越了这些党派之间的矛盾与争议。

在议会与政府的关系上，各自由主义党派的政治观点也是一致的，即无论左翼还是右翼都没有一个明晰的议会制度要求，在这个制度中，主要的内阁成员（部长）必须在形式上与议会的信任挂钩；国家与人民、政府与议会之间的二元性这个德意志传统仍然占主导地位；左右两翼都希望在这个框架内加强议会相对于政府的地位与作用。

分裂后的进步党中的右翼也并不反对与俾斯麦合作，他们认为，只有与“非自由派”俾斯麦合作才有可能实现自由派的目标。因此在组织上，民族自由党的左翼与进步党的右翼之间长期存在合作关系，两个党团的合并始终是自由党人讨论的话题。北德意志联邦和后来的帝国议会中还有独立于上述两个党团之外的自由党人，党团的原则始终很宽松。在贸易政策上，这两个党团之间并无明显的意见分歧。因此，本书将它们视作一个行为体进行考察。在下文中，议会党团统称为“自由党”，在其他地方统称为“自由派”，因为其中还可能包括保守党的左翼以及支持自由主义的独立议员等。这里又一次体现出了德意志帝国的政党作为政治行为体的模糊性，而正是这种模糊性削弱了自由派作为行为体的行动能力。

总而言之，自由派在加强议会权力方面拥有清晰的政治理念，并将之作为自己的主要政治话题，而在具体的政治主张和政治行为中，自由派把帝国的财政独立性和预算批准权直接与议会权力相关联。本书在有关关税一般意义的章节就曾强调了关税收入对帝国财政具有重要意义。对帝国而言，充足的关税收入意味着更高的财政自主权，而另一方面，由于德意志帝国在议会民主方面的局限，对财政预算的批准权几乎是帝国议会对帝国政府的唯一牵制，是民主产生的帝国议会的最主要权力。自由派始终高举扩大议会民主权力的旗帜，并因预算问题与俾斯麦发生过激烈冲突。因此，鉴于关税所具有

① 参见 Nipperdey，1990：pp. 316 – 317；Mann，2009：pp. 417 – 418；Görtemaker，1986：pp. 224 – 225。

的政治意义，自由派无疑是德意志帝国以关税问题为核心的贸易政策网络中的重要行为体。

（三）保守派[①]

在相当长的时间里，保守派都没有建立正式的政党。起初，一些有保守主义政治主张的个人构建起一些政治圈子，然后扩展成政治团体，在各地的议会中的党团以各自领导人的名字命名。保守派的成员主要是易北河以东地区的容克地主、农户、新教神职人员、中高层政府公职人员、军官以及那些认为自己与执政者有关联的社会阶层。由于他们主要来自普鲁士，所以对于德意志帝国除普鲁士以外地区的态度是“冷淡的保留态度，乃至明确的拒绝”[②]。

但无论保守派是否愿意，他们都不得不面对德意志帝国统一将带来的挑战，因为统一显然是难以阻挡的趋势。单纯由个人领导、依靠个人资金运作的“名人政治”式的团体在财力和人员规模上都非常有限，显然无力驾驭因统一而骤然拓展的政治工作，因此保守派不得不建立独立的政治组织。

俾斯麦与自由派的接近导致了保守派的分裂。旧保守派反对北德意志联邦，认为这会损害普鲁士的传统，但对新保守派而言，与北德意志联邦所带来的国民经济变化相比，这是无足轻重的。1867 年，自由保守党（die Freikonservative Partei）正是在这个背景下成立的，其成员主要是外交官、工业家和银行家。哈尔加腾直言，他们与民族自由党的区别几乎只在于他们“大资本家大地主的封建色彩太重”（zumagnatisch-feudal），因而无法成为自由派[③]。他们支持俾斯麦的内政外交政策，以及建立一个统一的德意志经济区的“民族”目标，许多保守党成员在俾斯麦政府中担任公职。

其余那些松散的保守主义党派仍然以德意志保守党的名义存在，坚持保守派原则。德意志保守党在普鲁士众议院中势力强大，1867 年在 432 个席位中占据 125 席，1870 年占 114 席。但它并没有特定的政党领导人，只是一些松散的保守派政治团体的组合。

无论以何种形式存在，保守派始终不变的核心价值观和基本立场是：主张专制而非多数派执政；拒绝议会制，或者说，拒绝以平等主义、自然法和

---

① 本章节的事实与信息均可参见：Nipperdey，1990：pp. 331 - 333；Görtemaker，1986：pp. 219 - 226；Böhme，1974：pp. 260 - 262；Craig，1985：p. 66。除了需要特别说明之处，文中不再逐一说明引用来源。

② Görtemaker，1986：p. 219，转引自 Wolfgang Treue。

③ Hallgarten，1963：p. 159.

理性为基础构建国家与社会（保守主义者辩称，这些对现代性的不现实的幻想具有破坏性的后果，因为它们放任利己主义，并过于强调个人的作用）；对新事物抱有不信任感；维护帝国体制、精英阶层和等级制度，主张用这种成熟、普遍的秩序来应对毫无节制的个人主义，维护宗法制（Patriarchalismus）并以此来反对资本主义市场经济占据统治地位，维护传统与宗教，认为这是约束与道德所根植的土壤；强调联邦制，即普鲁士的特殊地位。以上就是保守派的元政治（Metapolitik），它演变为一种“非此即彼”式的反自由主义基本模式，成为保守派政治实践背后的哲学理念。

德国保守派得以在立宪制的现代国家立足，是基于斯塔尔（Friedrich Julius Stahl）的哲学。他们在议会制国家的框架体系内维护帝国、政府、农业精英的优势地位，防止教会、军队、贵族、邦国和农业的过度自由化发展，主张将过往融入现代，或是将必然出现的新事物添加进已有的、被维护的旧事物中，以此来避免过往与当下的割裂。

在德意志帝国建立初期，保守派势力的分布实际上是地区性的，主要是易北河以东、普鲁士地区的党派。在上述地区以外，只有在萨克森和两个梅克伦堡地区存在势力较强的保守党派。其他地区往往只有思想意识及社会政策方面的保守党派，它们或是与中央党结盟的天主教党派，或是为反对普鲁士而组建起来的党派组织，或是在民族自由党这个大党的麾下找到了自己的一席之地。德意志帝国时期，几乎在全国各地都有以“保守派”自居的党派，但在易北河以西地区，它们普遍弱小而分散。

1866/1867 年后，由于普鲁士和北德意志联邦在宪政和选举制度上的进步，保守派在政治上被边缘化了，他们不同意俾斯麦“革命性的、路径保守的权力主张”（revolutionäre wegkonservative Machtbehauptung）①，与当时的主流势力保持了距离。在保守派看来，俾斯麦与对立者——自由派的协作是一种“变节”，而德意志帝国的统一方式也违背了保守派的原则。他们认为对民族自由党的妥协与容忍意味着削弱保守派的势力。虽然出于普鲁士的权力骄傲，为了国家和政府的存续，保守派愿意容忍俾斯麦与自由派合作的现状，但从长远来看，保守派并不愿意为了俾斯麦的实用主义政策而放弃自己的原则。

保守派将保持普鲁士的特殊性置于国家统一之上，因此保守派的妥协是

① 转引自 Nipperdey，1990：p. 332。

有限的，即只是基于特定的政治话题，部分地支持俾斯麦的政治理念，与民族自由党在特定情况下组建“政治卡特尔”。由于政治理念上的根本差异，这种联合具有像卡特尔那样“临时约定”的性质，而不是长期、稳固的联盟。

保守派始终是精英政党，它的竞选成果依靠的是各地“贵族士绅”的名望，以及党派在行政管理上为政府提供协助。该党并没有变身为“全民党”的迫切愿望。

这里来观察一下 1871 年德意志帝国建国前后保守派在议会中的席位情况。1871 年，在德意志帝国议会的 382 个席位中，德意志保守党占 57 席，德意志帝国党（即普鲁士的“自由保守党”）占 37 席；然而在 1874 年的选举中，德意志保守党大败，在总共 397 个席位中仅占 22 席，得票率从 14.1% 降至 6.9%，帝国党从 37 席缩水至 33 席。相应的，在普鲁士众议院的总共 432 个席位中，1867 年德意志保守党占据 125 席，自由保守党 48 席；1870 年则分别为 114 席和 49 席。可以看出，自由保守党的支持率相对比较稳定，而德意志保守党支持率的大幅缩水，一方面是由于其固守普鲁士至上原则，刻意与帝国政府保持距离，另一方面是由于其组织上的松散导致了政治上的弱势。

由此，可以这样认为，在德意志帝国建国初期，虽然保守派仍然延续传统，较多地在政府中参与行政管理，但建国初期，俾斯麦更多依靠自由派实现和巩固帝国统一，保守派在政治上发挥的作用是有限的，或者至少说，他们相对于自由派在政治影响力上处于弱势。在本书所考察的贸易政策这个政策领域，保守派在帝国建国之初发挥的作用就更为有限。

（四）中央党

在 1848/1849 年的法兰克福国民大会中，除了政治团体之外，还成立了天主教联合会（Katholischer Verein）。1852 年起，普鲁士众议院中有 54 名议员联合组建了天主教党团（Katholische Fraktion）。1861 年，48 名议员建立了一个新的政治团体，并将之命名为“中央党”，因为他们在议会中的座位位于会议厅的中央。1862 年 5 月，中央党公布了纲领草案，明确这个新政党是天主教的、反对革命的、跨普鲁士的－民族的（transpreußisch-nationale Orientierung）政党。[①]

中央党在这份纲领草案中称：既要实现普鲁士的权力和利益，也要满足

① Görtemaker, 1986: pp. 219－221.

全体德意志人民的需要，完成民族的使命。“而要完成这个使命，德意志所有地区必须和睦相处，紧密团结，这需要对（北德意志）联邦进行改革，建立一个中央政权，不允许某些地区为了实现相互之间更紧密的联合而使联邦分崩离析，使民族分裂。”[①] 从中可以看出，中央党是“大德意志方案”的坚定拥护者。这当然与奥地利哈布斯堡王朝是老牌的天主教领军势力有关，大、小德意志之争也意味着天主教与福音新教的领导权之争。

各地的天主教党派在民族政治立场上存在很大的差异，主要有三种不同立场。第一种，支持普鲁士，支持德国统一，持这一立场的天主教政治力量主要集中在德国北部；第二种，对带有明显普鲁士色彩的民族国家心存疑虑，与此保持距离；第三种，主张民粹主义，反对普鲁士，主要集中在德国南部的巴登、巴伐利亚和符腾堡。因立场不同，再加上“宪法冲突”的原因，中央党内部的保守派和自由派决裂，天主教党团分崩离析。因此 1866 年至 1870 年间，普鲁士众议院与北德意志帝国议会中都没有天主教党团或具有类似性质的党团。[②]

在上述这些持不同观点和政见的派别中，主张与普鲁士保持距离、强调联邦制的力量逐步占据上风，并在 1870/1871 年普法战争中正式组织起来。1870 年 10 月，跨地区的中央党正式成立，并颁布了《索埃斯特纲领》[③]。中央党的凝聚力在之后的文化斗争[④]中进一步得到加强。

因此有历史学家认为，1870 年重建的中央党可以算作一个全新的政党，并主要是为了应对俾斯麦和自由派发起的文化斗争，因此中央党既不是过去的天主教政治派别在统一后的德意志帝国中的自然延续，也不是小德意志方案的反对者所组建的政党。但尼佩戴认为，这种观点有失偏颇：中央党与原先的天主教党派之间当然存在某种延续和传承关系，而且也与文化斗争之前

---

① Görtemaker，1986：p. 220.

② 参见：Nipperdey，1990，p. 340；Wehler，2008c：pp. 346 – 347。

③ Soester Programm，全文链接见参考文献列表。

④ 即 Kulturkampf，指俾斯麦在 19 世纪 70 年代针对天主教会的行动。主张“教皇至上”论的越山派（the Ultramontane Party）在 1870 年梵蒂冈第一次会议上大获全胜，“教宗无误”论（papal infallibility）在这此会议上获得通过。由于德国天主教徒存有不同意见，使国家首次卷入教会事务。此外，鉴于天主教徒在 1866 年普奥战争前支持“大德意志方案”，俾斯麦发动了一场文化斗争。1871 年至 1876 年间，俾斯麦通过一系列法律来削弱天主教徒在德国的影响力。1878 年 2 月，主张“教皇至上”论的庇护九世（Pius IX.）逝世，红衣主教 Pecci 当选教皇，称利奥十三世（Leo XIII.），他力求使天主教适应资本主义制度的需要。俾斯麦顺势结束了文化斗争。参见 Nipperdey，1990：p. 364ff.。

的历史情况有关，即与1871年之前“隐性的文化斗争”有关。19世纪50年代天主教会重新提出的“教皇至上”论始终是天主教政党的思想基础。1866年至1870年，北德意志联邦的帝国议会中没有天主教党团，这并不能说明天主教政治党派已经没落，这只是它们经历的一个暂时性危机。①

另外，19世纪六七十年代，自由派在政界的影响力越来越大，自由主义价值观也日益深入人心，如穷人对社会道德和职业道德的认同，各层级的政府机构、官员、学者越来越倾向于为这种更理性的、带有资产阶级-福音新教色彩的价值观代言。这种思想意识和社会状况的变化不可避免地引发反对浪潮。在这种浪潮中，中央党以“反对党”的角色获得不少选民的认同，而且因其宗教政党的根本特性，中央党选民群体的覆盖面比其他政党要广得多。比如斯佩尔博在有关德国天主教政党的著作中揭示：因跨地区的中央党1870年才成立，在1871年的选举中为中央党投票的选民中，很多杜塞尔多夫的天主教选民曾在1867年的北德意志联邦议会选举中普遍投票给左翼政党。他们并非支持左翼的政治观点，而是反对柏林和当地的新教政府。而在巴登，中央党成立之前，自由主义的经济法律使得老一代中产阶级和反对市场经济的天主教徒纷纷投票给当地的一个反对商业自由和迁徙自由的天主教反自由主义政党。②

在这里值得再次强调的是，中央党吸引了相当数量的自由经济反对者。在贸易政策和关税问题上，中央党与保守派的立场比较接近。这为1878/1879年的政治转折埋下了伏笔。

从中央党的纲领可以看出，作为天主教政党，它立足于利益和阶级之间的平衡与调和，其中包括有关农业、中产阶级以及工人的政策（社会政策）。上述原则的背后是基于自然法的和谐社会理想。天主教中央党实际上用一种中庸而实用主义的方式联合了在宪政和社会政策上立场不同的人，并以灵活的自然法哲学为依托。中央党是一个“宪政党”，它坚持自由主义的基本权利和法治国家原则，主张保护少数民族，坚持宪政分权，但在纲领中并没有体现出限制保守主义以及扩张民主议会制的企图。③

学界的大多数观点认为，1878/1879年德意志帝国从自由到保守的政治

① Nipperdey, 1990: p. 338.

② Sperber, 1984: pp. 156-157.

③ Nipperdey, 1990: pp. 338-339.

转向与中央党有关，即在贸易政策转向以及与此直接相关的关税和财政改革中，中央党起了重要的推动作用。但对中央党而言，这并不意味着向右转，即转而倾向保守派和政府。中央党始终是一个反对党，它拥有影响力，而非权力，而它本身也愿意处于这个地位。[①] 在这个意义上，中央党的重要性在于它使议会中无法出现绝对多数派。因此，中央党对于比如1878/1879年贸易政策的大转向有着很重要的意义，但是在德意志帝国贸易政策的政策网络中，中央党并非一个主动实施行为的行为体，因此在下文针对贸易政策保护主义转变这个阶段的分析中，会提及中央党的影响力，但并不包含中央党作为行为体的具体章节。

三　建国初期的经济利益团体[②]

随着工业化的迅速推进和政治上的变迁，19世纪德意志地区经济利益团体的整体状况变化十分迅速。虽然本文着重研究的时间段是德意志帝国建国之后，但并不能抛开经济利益团体在建国前的发展状况。因为首先，作为行为体，一个经济利益团体组建时的背景和初衷通常决定了它的基本价值观，虽然其表层的利益诉求可能会不断发生变化，但由基本价值观所决定的基本利益诉求往往上升到原则性的高度，具有很强的延续性。其次，德意志帝国建国时的19世纪70年代，经济利益团体迅速地整合与融合，这些整合与融合后的团体，它们的宗旨和诉求是建立在之前各团体的宗旨和诉求基础之上的，为了获得更深入的理解，有必要对之前的利益团体进行分类和观察。这个部分将对建国前德意志地区经济利益团体的发展过程进行一些梳理，并以此为基础分析建国初期经济利益团体作为贸易政策领域的政治行为体所具有的特性。

乌尔曼（Hans-Peter Ullmann）提出，在德国工业团体诞生的过程中，有许多政治和经济要素共同发生作用，其中有三方面尤为重要，而且它们各自包含一对相互对立的特性，即普鲁士的/非普鲁士的、官僚制的/议会制的、

---

① Nipperdey，1990：p. 340.

② 有关相关时期德意志地区主要经济利益团体的信息可参见本文附录I“19世纪中期至一战前德意志地区主要经济利益组织”。在本部分中，梳理的思路和主要观点参见Ullmann，1980，pp. 300 –323。数据与事实来源于Ullmann，1980：pp. 300 –323；Ullmann，1990：pp. 95 –115；Fischer，1972b：pp. 194 –213；Bueck，1902；Borchardt，1972；Borchardt，1985；Botzenhart，1997；Böhme，1974：pp. 359 –360；Wienfort，2008。

重工业的/加工工业的。这 6 种特性的组合构成了工业团体的两条具有典型性的发展线索：普鲁士 - 官僚 - 重工业的、非普鲁士 - 议会 - 加工工业的。而在时间轴上，按政治线索划分，19 世纪俾斯麦时代结束之前德意志的历史可分为 3 个阶段，即 1848 年革命之前；1848 年革命之后至 1870 年德意志帝国建国之前；1871 年德意志帝国建国至 1890 年俾斯麦卸任。本文将参照上述两条发展线索，对第一、第二个时间阶段和第三阶段早期德意志地区经济利益团体的发展情况进行梳理。

在第一个阶段中，伴随着等级制法人机构（ständisch-korporative Gründungen）的瓦解，德意志地区出现了早期的工商业利益代表机构。代表工商业利益的团体主要包括两类：第一类是公法性质的、由国家机构组建的经济利益代表团体（staatlich-bürokratische Gründungen），主要以各地的地方商会为代表；第二类是自由结社性质的、非官方的经济利益代表团体（staatsfrei assoziative Gründungen，以下简称自由经济利益团体）。

德意志地区的商会源自法国大革命后出现的商会（Conseils de commerce）及生产、制造、手工业商会（Chambres consultatives de manufactures, fabriques, artset métiers）。自由经济利益团体则是随着工商业的蓬勃发展而出现的，与公法机构不同的是，这些新的团体是自发组建的，并没有被官方赋予辅助政府的职能和义务，代言和争取经济界利益是它们的全部目的。因此开始时，这些自由团体只是谋求在不受国家监管的领域活动，但逐渐地，它们也开始进入公共政策领域，从自己的利益出发影响政治决策。由此，商会和自由经济利益团体逐步成为工商业与国家行政管理体系之间的两条重要纽带。

19 世纪 30 年代起，普鲁士官方在新设经济利益团体时越来越明显地倾向于采用商会这种形式。但普鲁士商会在随后的融合和扩张过程中也越来越多地以上述法国商会形式为范本，并没有将普鲁士的工商业自治传统发扬光大。普鲁士的商会于是发展成为以合作（korporativ）为宗旨的公法机构。商会逐步从政府机构“具有评估和信息功能的附属品”发展成为地区经济利益的代言人，商会与政府之间也因此开始出现冲突。但另一方面，作为公法机构，商会终究以协助国家的经济管理为目的，因此无法为经济单位提供足够的自治空间。

而德意志中部与南部的邦国虽然曾在莱茵联盟时期深受法国影响，但并没有建立起发达的商会体系。由于经济发展起步较晚，这些地区经济秩序的自由化色彩也相对较弱，同业公会具有重要地位。因此，这些地区的邦国政府也没有迫切地感到必须去设立像商会这样的利益代表机构（但 1842 年起，巴伐利亚也设立了商会）。

与后来的阶段相比，1848 年前德意志地区的自由经济利益团体的发展只是刚刚起步，经济利益的代表还是以公法性质的商会为主，它们为政府和经济界都带来利益。商会不断为管理部门提供准确的信息，受托执行任务，并联系工商业界与政府监管部门；而对工商业界而言，商会是一个影响政治决策过程的常设窗口，并因此能确保为工商业界的利益的组织和代表提供权威性的协助。在这个意义上，工商业界组建自由团体便显得有些多余了，而这甚至也在一定程度上阻碍了工商业界利益的自由联合。

在第二阶段中，1848 年革命为工商业团体的跨地域活动创造了条件。1848 年革命后出现的国民大会、帝国政府和帝国官僚机构（虽然它们实际上并未发挥实质性的作用）为经济利益团体构建了一个宪政框架内的统一的影响对象。如在本章第一节中曾提及的"保护祖国劳动全德意志联合会"，作为一个全国性的联合会，它几乎将所有支持保护性关税的工业行业都纳入麾下。①

但随后，1848 年革命的失败和政治上的倒退对早期经济利益团体产生了长期、持续的影响，推动全德意志范围利益联合的动力不复存在。"保护祖国劳动全德意志联合会"也随着革命的失败而解散，在组织结构上退化为非正式的、个人性质的联系。可以说，这个联合会代表了工业化早期独立于行政体系之外的自由经济利益代表团体发展的巅峰，但也成为绝唱。

19 世纪五六十年代，各邦国加强促进公法性质的利益代表机构的发展。革命的失败在一段时期内抑制了工商业资产阶级自由结社的热情。再者，除了 1857 ~ 1859 年，德意志地区的经济景气情况都很好，经济的繁荣使经济界没有迫切的意愿组建利益代表团体，以此表达诉求、解决问题。在这段所谓的"德意志帝国建国时期"（Reichsgründungszeit），德意志地区经济利益团体的发展呈分化趋势，在普鲁士以外地区，商会迅速发展；在普鲁士，重工业领导了自由经济利益团体的组建。

从 19 世纪 50 年代起，在德意志中部和南部地区，随着工商业的持续发展，经济秩序也开始逐步走向自由化，并随之出现建立公法性质的利益代表机构——商会的需求。1848 年至 1870 年间，在中南部地区至少新设了 39 个

---

① 亦参见 Nipperdey，1990：p. 602。

商会。[①] 随着商会的发展，国家对经济的影响逐步加大。

在跨地区的组织形式上，也逐步出现工商业界的利益由公法机构进行代表的趋势。自1860年起，普鲁士商业大会（der Preußische Handelstag）作为普鲁士各地商会的顶层组织（Dachorganisation）开始在其所辖范围内协调各地的商会。1861年，德意志商业大会开始运行，这一机构自我定义为“全德意志工商业的喉舌”（Organ des gesamtendeutschen Handels- und Fabrikantenstandes）。值得注意的是，19世纪60年代德意志民族统一运动重新兴起，关税联盟也加入了欧洲自由贸易体系，但这些并没有能够促进全德层面的、非官方利益组织的发展。

“商业大会”是“半官方的”和“自由的”（非官方的）组织元素的典型结合体：它体现出的是公法机构的非官方－协会式的联合（staatsfrei-assoziativer Zusammenschluß öffentlich-rechtlicher Institutionen）。这形成了一种两级式的分工，即面对政府，商会在各自的辖区中代表经济界利益，而商业大会则更多地致力于经济界在经济政策方面具有普遍意义的利益诉求。

建国时期的这种利益代表机制的问题在于，商会是常设机构，但“商业大会”却只是定期开会。随着关税同盟内部经济的不断发展，地区间经济联系越来越密切，经济活动常常跨越商会辖区的边界和邦国的边界，但缺乏德意志层面的政府和议会性质的影响对象。这种经济关联越来越密切，但政治上仍然分裂的局面无疑有利于在经济和政治上最强的邦国——普鲁士。德意志商业大会及德意志国民经济学家大会[②]都逐步变成普鲁士的、自由贸易原则下的关税同盟政策和贸易政策的代言人。

“非官方经济利益团体的弱小”与“工商界利益越来越趋向由公法机构代表”这两个事实互为因果，持续地抑制了非官方利益团体的发展。而且建国时期，有关“大德意志方案还是小德意志方案”的争论成为主要的政治话题，影响了经济诉求的表达。再有，1857～1859年的经济危机过去后，随着经济繁荣，热心利益组织的、主张贸易保护主义的工业行业缺乏进一步结社的动力。例如，德国工业联合会（Verein für deutsche Industrie）曾试图组织、代表南部德国纺织业者的利益，但很快夭折。[③] 而德尔布吕克等自由贸易的

---

① Ullmann, 1980: p. 307.

② 见第二章“19世纪60年代普鲁士的贸易政策”小节中的相关脚注。

③ Hentschel, 1980: pp. 63－64.

倡导者们在普鲁士大权在握，经济繁荣以及德意志商业大会和德意志国民经济学家大会的支持使他们顺风顺水。

这一时期普鲁士发达的商会体系在三方面产生了长期影响。第一，普鲁士在 1848 年后形成的商会形式普及到整个德意志关税同盟和后来的德意志帝国，虽然从未有过统一的法律规定；第二，在后来德意志帝国发达的非官方利益团体体系中，商会仍然是其中最低的一层，代表了工业界的利益，这导致了公法性质的商会和非官方利益团体在组织上和人员上的关联和交错；第三，商会这一形式也被工商业之外的行业沿用，例如普鲁士农业商会、帝国统一的手工业商会等。公法性质的商会为经济界提供了施加政治影响的渠道和实现政治意图的手段，这使经济界越来越倾向于在国家层面寻找恰当的影响对象和对话伙伴来表达自己的诉求。

普鲁士的商会体制传播到中部和南部邦国，甚至在这些地区压制了非官方团体的发展。而此时在普鲁士却出现了新的趋势，普鲁士的重工业企业开始逐步退出商会体系，建立自己的专业协会。不同于 1848 年前，这一发展趋势在很大程度上是出于经济而非政治原因。最主要的原因是，不同地域和行业的工业化进程并不协调一致。

19 世纪 50 年代之前，即在德国的工业化早期，工业化进程首先开始于那些原本经济较为发达的地区，如莱茵河沿岸，以及萨克森、波西米亚、石勒苏益格地区。19 世纪中期，鲁尔区的崛起改变了上述局面。莱茵兰 - 威斯特法伦地区逐步成为领军者，与原本经济发达的萨克森地区之间的差距越来越小，而德国中南部地区的工业则始终不发达。在工业化发展的地区差异越来越大的同时，不同产业之间的差异也逐步显现。随着铁路建设的发展，投资性物品的生产行业超越了消费品生产行业，尤其是纺织业，成为经济发展中的领军行业。受原料和生产条件影响，新兴的重工业领域的领军行业集中于莱茵兰 - 威斯特法伦地区，而加工行业则主要分布于德国中南部地区。这种地域和行业发展的双重不均衡对经济利益团体的发展产生了决定性的影响。19 世纪 60 至 70 年代，普鲁士的煤钢产业在新兴的工业协会中获得了主导性的地位。

莱茵兰 - 威斯特法伦地区的企业逐步疏离商会，这与商会这种利益代表形式的三大弊端有关。

首先，商会始终是以个人成员为基础的，到帝国建国时，鲁尔地区的矿业企业和股份公司因为企业主并非个人而始终被排除在外。由于商会无法直接代表大型的煤钢企业的利益，这些企业开始自发组建利益联合体。

其次，重工业企业与商会其他成员之间的利益出现越来越明显的分化和对立。商会的义务和作用在于协调形成本地区工商业企业主的共同利益，并在本地区的政府那里为这些利益代言。一旦成员间无法形成一致的利益诉求，商会的作用便大大受限。而专业协会突破了这种局限，它们不受地域限制，专门服务于特定行业。因此专业协会成为商会之外的一种利益代表的补充形式，但它们与商会之间并非竞争与对立关系。

最后，1850 年颁布的宪法文件使普鲁士像中南部的邦国一样成为君主立宪制国家，这使经济界获得了第二条影响政治决策的路径——议会。相比立足于面向政府代表经济利益的商会，专业协会所选择的这条影响渠道要好用得多。与商会相比，非官方的专业协会相对于政府也拥有更高的独立性。当然政府始终是这些团体的重要对话伙伴，这与德意志地区深厚的商会传统有相当的关联。

第三个阶段是本书重点关注的时期，即自 19 世纪 70 年代起，德国工商界除商会之外的利益代表的组织化程度开始不断提高。

统一的德意志民族国家的建立，帝国管理体系和帝国议会的诞生促使各团体的影响对象和影响渠道趋于集中，而经济的发展使利益出现专业分化。因此，德国出现了纵横交织的矩阵式利益团体体系。

这一体系有两个特点：第一，不同行业间存在差异，如煤钢产业的利益团体具有高度组织性和巨大影响力，而加工产业的利益组织则相对薄弱；第二，不同地区间存在差异，如在普鲁士，各种利益团体构建起一个密切联系的网络，尤其是在莱茵兰－威斯特法伦地区，而在帝国的中南部地区，利益团体之间的关系则相对松散。

这些特点反映出经济发展差异和产业结构的差异。而帝国的宪法以及不同邦国之间的政治地位的不同又进一步加剧了这种利益团体形态上的差异。直至 19 世纪末，普鲁士的重工业始终拥有不容辩驳的强势地位。普鲁士的重工业界决定了帝国有关利益团体的政策，压制了非普鲁士地区的、加工工业界的不同利益，并将逐步遍及整个帝国的利益团体体系“普鲁士化”。此外，由于利益团体影响力的大小取决于是否能接触到政治决策者，因此特别的院外政治联盟应运而生。

1871 年至 1873 年，影响经济利益团体发展的因素是统一的德意志帝国的建国以及相应的内政和经济政策调整，而 1873 年之后，由于经济下行，经济景气情况成为影响经济利益团体发展的最重要因素。自 1873 年起，各种不同的经济利益团体构建起层级式的、相互嵌套的联合体。这种利益团体的联合体覆盖了日益广泛的经济领域，它一方面确保了重工业在其中的影响力，同时也吸纳了其他经济领域作为盟友。这种变化趋势，正意味着在本书所研究的时间段内，德意志帝国贸易政策网络的重要改变，本书将在下面章节具体展开，在这里只对利益团体的整体形态进行描述。

这个利益团体联合体的最下端是单个的重工业企业，它们数量不多，但拥有足够大的规模和经济重要性，因而能够直接地，或雇用院外说客向柏林传达自己的利益诉求。利益团体的第一层是鲁尔地区的各个商会，它们自 1870 年起就逐步受工业界控制，与普鲁士政府各部建立起了长期的、官方的联系。

较商会更上一级的是专业协会，矿业协会（Bergbauverein）于 1858 年成立，1871 年又诞生了后来被普遍称为“长名协会”（Langnamverein）的莱茵兰和威斯特法伦共同经济利益保护协会（Verein zur Wahrung der gemeinsamen wirtschaftlichen Interessen in Rheinland und Westfalen）①。长名协会的成立推动了煤钢工业界建立跨地区的全国性利益团体。

在普鲁士以外地区，以及在加工业领域，经济利益和权力的集中程度远远不如普鲁士的煤钢行业。因为这些地区虽然经济发展情况较好，但以加工行业的中小企业为主，它们数量众多但在地域上比较分散，而且在产业链上所处位置各不相同，因而利益分化严重。再加上中小企业难以拿出充足的资金用于组建非官方的利益团体，因而这些地区仍然主要由官方的商会来代表企业的经济利益。

帝国宪法保障了普鲁士相对于其他邦国的独大地位，这也保障了鲁尔地区工业界的利益在经济界的绝对优势地位，为它们构建了表达和实现利益诉求、对政治决策施加影响的通道。

非普鲁士地区的企业却很难找到上述影响通道，它们既没有经由商会的影响通道，也缺乏与政治精英及帝国各部的直接联系，而是通过它们所在的邦国施加政治影响，这条道路既漫长又不可靠。可以说这些企业无论在地理上，还是在政治影响力上都远离帝国的权力核心。但通过与所在邦国议会以

---

① 直至魏玛共和国覆灭，长名协会始终是最具影响力的地区性企业协会，虽然它也跨行业联合了其他经济利益，但始终由重工业界领导。

及帝国议会的自由主义党派建立联系，它们在一定程度上弥补了政治影响力的不足。随着加工工业界各利益团体的建立，这种联系逐步变得越来越密切。

那些在重工业界领导下的专业协会当然也与党派建立了密切联系，但它们凭借强大的政治地位与影响力，更倾向于与政府直接合作，注重与政治决策者的个人接触，从而对行政措施、联邦参议院和帝国议会的前期讨论，以及政策的实施直接施加影响。

德意志帝国工业界经济利益代表的整体构架以及经济利益体和经济利益代表团体的主要政治影响途径见图 2.4。

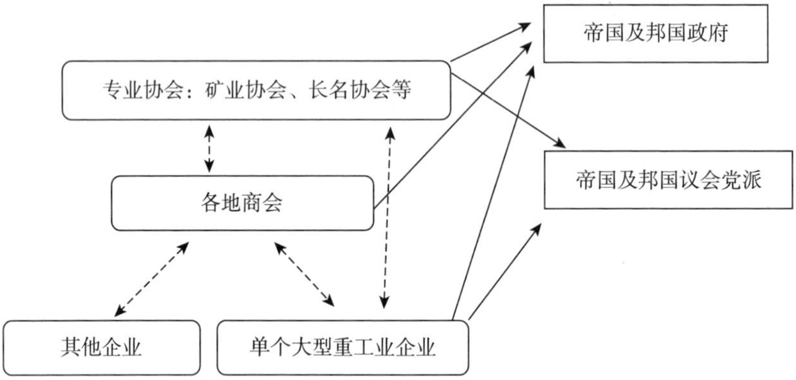

图 2.4　19 世纪 70 年代初德意志帝国工业界经济利益代表体系及主要政治影响途径

资料来源：作者自制。

在这一时期的农业领域，利益代表组织的发展滞后于工业。1848 年之前，德意志地区的农业利益主要由类似商会的公法性质、由国家组建或资助的利益团体进行组织和代表。1848/1849 年革命时期出现了西里西亚地区的农村协会（Rustikalvereine）这样具有极端民主运动性质的组织，直接代表农民利益，成立仅两个月，就有 20 万人加入约 200 个地方协会，但 1849 年即宣告解散。此外，1948 年 11 月“德意志农业协会会员代表大会”（Kongreß von Abgeordneten deutscher landwirtschaftlicher Vereine）召开，试图在全德意志层面代表农业利益，发挥政治影响力。与此同时，各地大地产所有者也开始组建协会，致力于维护封建权利。上述这些非国家性质的协会与之前的农业协会有很大的不同，它们不是由公务员，而主要是由大中型农户自己运营管理。随着旧的农业法规被彻底废除，在这些自由农民协会中出现了现代化的利益代表行为。朔勒默（Burghard von Schorlemer-Alst）于1862年组建的“威斯特伐利亚农民协会”（Westfälischer Bauernverein）就是这场自由农民利益组织运动中的典型，尤其在德意志西部和南部天主教地区被认为是成功范例。这类非国家农民组织的成员主要是信奉天主教的大中型农户，而佃户、小农户和天主教徒加入组织的比例不高，这类组织最关注的领域是基督教社会政策。可以看出，在帝国成立之前，农业利益的组织虽然已经起步，并形成了公法/国家资助和非国家自由组织两条发展线索，但其组织性仍然薄弱，在政治上的影响力也十分有限，而在贸易政策领域所发挥的作用更是微乎其微，因此这一章节所讨论的经济利益团体仅指工业界的利益团体。

本节最后，对经济利益团体在发展成为政治行为体过程中和成为政治行为体之后所具有的一些重要特性做一个总结。

第一，在德意志地区，商会这种公法机构有着悠久的历史和深远的影响，是连接经济与国家的传统纽带，为经济界预留了施加政治影响的渠道，提供了实现政治意图的手段，也长期在经贸政策的制定和实施领域为国家提供支持。

在后来德意志帝国发达的非官方利益团体体系中，商会仍然是其中最低的一层。这导致了公法性质的商会和非官方利益团体在组织上和人员上的关联和交错。

第二，经济界始终谋求利益的组织与表达，但德意志地区经济融合与政治分裂的不对称发展影响了经济界利益的传达，抑制了除商会外的非官方经济利益团体的形成和发展。

第三，上述局面加强了普鲁士的强势地位。在工业化进程中，地域和行业发展的双重不均衡性得以叠加，普鲁士的重工业，尤其是煤钢产业，获得并长期保持了不容辩驳的强势地位，压制了非普鲁士地区的、其他行业的不同利益，并逐步使整个帝国的利益团体体系“普鲁士化”。

第四，在政治影响途径方面，作为公法机构的商会立足于政府，而专业团体更多立足于议会，因其相对于政府有更高的独立性。因此，从经济界的政治影响方式来说，早在19世纪50年代就确立了政府与议会这两个影响对象，并形成了施加影响的行为主体。70年代中后期，重工业界领导下的大型利益团体凭借强大的政治地位与影响力开辟出更进一步的渠道，与政治决策者直接接触，从而对政策的形成和实施直接施加影响（见图2.4）。

还有必要强调的是，利益团体的发展壮大以及它们在院外政治中发挥的作用对利益团体与党派之间的关系造成了持续性的影响。一方面，利益团体逐步政治化，而另一方面，党派又逐步经济化，它们在代表利益时出现交叉重叠，因而在政治影响力上出现竞争。

由于各党派难以形成统一的意见，而利益团体的利益传达又是相对分散的，这就使帝国政府处于仲裁调停者的有利地位，也就是说党派和利益团体在利益代表上的纷争加强了帝国政府的地位。利益团体便借机加强与政府的合作，进一步削弱了政党对政府的影响力。利益团体以党派缺乏专业知识为由谋求将党派排除在经济政策的决策程序之外，而与政府直接合作。而这反过来又进一步加剧了党派内部的冲突，派系斗争和分裂又使议会更难形成多数派意见。

可以说，在19世纪70年代的德意志帝国，利益集团对本来就不成熟的政党政治形成了干扰，而且俾斯麦在一定程度上利用甚至促进了这种干扰，以加强帝国政府——在当时特定的政治构架中即他本人的政治影响力。

第四节 德意志帝国建国初期的贸易政策网络

1871年建国之后，由于不再有关税同盟时期的成员国一票否决制，德意志帝国得以更加明确地推行自由贸易政策。① 建国后的德意志帝国转向单边自由贸易政策，即进一步把关税降至贸易协定所规定的标准之下，并且不要求对方给予相应的政策回报。例如，1870年的《关税税率修订法》主动将生铁的关税从每吨15马克降至10马克，而在1873年对税率进行修订②后完全取消了生铁关税。1877年1月1日，德国单方面取消了钢铁制品和机械产品的关税。早在1865年1月1日，德国就已停止对面粉（Mühlenfabrikate）和粮食征收关税。因此，德国的农业和重工业在本土市场上不得不完全不受保护地面对全球竞争，它几乎变成了一个自由贸易国家，而且可能是欧洲大陆主要国家中最自由的。1875年，德国制造品的平均关税为4%～6%，而法国为12%～15%。③

---

① Lehrfreund，1921：p. 65.

② 1870年与1873年的两份法律分别为“Gesetz, betreffend die Abänderung des Vereins-Zolltarifs vom 17. 05. 1870”、“Gesetz, betreffend die Abänderung des Vereins-Zolltarifs vom 07. 07. 1873”，见 http://www. obrembalski. de/cgi-bin/Rechtssetzung/suche. pl? suche = Zolltarif。

③ 参见波斯坦，2003：p. 38。

表 2.1 德意志关税同盟及德意志帝国冶金商品的进口关税数据

单位：马克/千公斤

	1845 年	1865 年	1870 年	1873 年	1875 年
生铁	20	15	5	0	0
铁条	90 ~ 180	50 ~ 70	35 ~ 70	20	0
盘条	180 ~ 240	70 ~ 150	50 ~ 70	20	0
粗铸铁商品	60	24	24	20	0
粗铁商品	360	80 ~ 160	80	50	0
精铁商品	600 ~ 3000	240 ~ 600	240 ~ 600	240 ~ 600	240 ~ 600

资料来源：阿什利：《现代关税史：德国 - 美国 - 法国》，第 3 版（伦敦，1920 年），第 40 页。①

表 2.2 1875 年欧洲主要国家制造品平均关税水平 *

单位：%

奥匈帝国	15 ~ 20	俄国	15 ~ 20
比利时	9 ~ 10	西班牙	15 ~ 20
丹麦	15 ~ 20	瑞典	3 ~ 5
法国	12 ~ 15	瑞士	4 ~ 6
德国	4 ~ 6	荷兰	3 ~ 5
意大利	8 ~ 10	联合王国	0
挪威	2 ~ 4	欧洲大陆 **	9 ~ 12
葡萄牙	20 ~ 25	欧洲 **	6 ~ 8

注：* 可能的关税平均水平，但不是极值范围；** 加权平均，根据 1869 年至 1871 年的进口价值计算。②

如前文所述，德意志帝国建国初期虽然延续了普鲁士在关税同盟中所推行的自由贸易政策，但随着帝国建国所带来的巨大政治变化，贸易政策的制定机制和制定背景也发生了变化。在这里，将基于这些变化以及上文中对各行为体的界定和分析，对它们在建国初期贸易政策制定过程中的角色与作用做一个综述。

由于德意志帝国议会党派政治性较弱，议员也没有代表其所在的党派或党团利益的义务，因此他们常常在议会中直接为自己或其所在阶层的利益代言。此外，这一时期，德意志经济利益团体虽然还很松散，但已经开始通过

① 波斯坦等，2003：p. 38。
② 波斯坦等，2003：p. 39。

院外渠道向议会传达自己的利益诉求，而它们施加影响的对象也并非党派，而更多是议员个人。这意味着，若要更深入地分析这一时期德意志帝国制定出自由贸易政策的背景和机制，就要除党派之外，再更进一步地观察 1871 年德意志帝国议会各主要党团的席位及职业构成情况，也就是帝国议会议员的来源和背景。①

1871 年的帝国议会延续了 1848 年法兰克福国民大会的资产阶级 - 自由主义传统，尤其体现在民族自由党和进步党党团——前者共有 120 名议员，是帝国议会中最大的党团。在这两个党团中，大学教授占约 10%（与法兰克福国民大会中的比例几乎完全相同）。约四分之一的议员是律师及法官，他们也是这两个党团中占比最大的职业群体。约 20% 的民族自由党党团成员和 15% 的进步党党团成员是政府官员。总体而言，这两个党团的议员中，超过一半的议员拥有法律背景，这一比例超过其他所有党团。工厂主、商人和银行家的比例约为 10%，较 1848 年有所上升，也超过 1871 年议会中的所有其他党团。值得注意的是，大地产主（Großgrundbesitzer）在民族自由党党团中所占比例相当高，超过 20%，他们中除了农业生产者，也包括拥有大宗地产的工厂主和国家官员。

大地产主是保守党中的最大群体，这就不足为奇了。他们在保守党党团的 54 名议员中占三分之二，几乎全部来自普鲁士，其中约有一半是拥有大地产的高级官员。而拥有法律背景的议员只占三分之一，他们几乎全部是中高级官员。在政治上处于保守党和民族自由党之间的帝国党（即普鲁士的自由保守党）的议员的社会构成情况与保守党相似，但拥有资产阶级 - 法学背景的议员比例更高一些。

中央党是第一届帝国议会中的第二大党，党团议员构成与上述党派类似：约五分之二的议员拥有法律背景，职业为律师、法官或国家官员。总共 58 名议员中有 16 位是大地产主。天主教神职人员约占党团议员总数的五分之一。

其余小党团和派别的情况也并无特别之处。只有几位无党团的独立议员值得一提。其中一位是社会民主人士倍倍尔（August Ferdinand Bebel），他是独立从业的手工艺人，后来成为小企业主，1867 年便进入北德意志联邦的帝国议会。他与另外三位农民是仅有的来自国家下层的代表。

① 参见 Maschke，1965：pp. 235 - 237。

德意志帝国建国后虽然延续了此前的民族自由主义政治导向，但帝国的建立重新加强了普鲁士德国的保守主义色彩。[①] 1871 年的帝国议会仍然几乎完全由德国原来的传统领导阶层组成。尤其是原来的封建贵族仍然具有领导力，因为 1871 年帝国议会中 40% 的议员是贵族，这个比例是 1848 年国民大会中的两倍多。尤其在普鲁士的农业省份，民众在表达政治意愿方面几乎仍然完全失声。保守党党团几乎完全由贵族主导，54 名议员中有 45 人是贵族，而自由保守党党团的 38 位议员中也有 30 人是贵族，中央党党团中有三分之一是德国的天主教贵族。贵族和大地产者的重合度很高。

除贵族外，资产阶级名人是 1871 年帝国议会中的另一个主要群体，他们主要是有法律背景的人士和政府官员。与法兰克福国民大会相比，企业家的比例略有上升，为 8%，农业生产者的比例为 27.7%。虽然在这一时期，工业化的发展势头极为迅猛，但第一届帝国议会仍然由工业化之前的传统社会精英所主导。选民的变化（工业化导致的人口变化）并没有在当选议员的社会来源上表现出来。[②] 当然这种现象是暂时的。

直到 1870 年，才有一批工业资产阶级的代表[③]得以冲破当时选举制度的瓶颈，进入普鲁士和北德意志联邦的帝国议会，并为 1871/1872 年的经济繁荣创造了法律条件。经济界人士通过建立利益团体来创造实现经济政策诉求的工具，他们开始在帝国议会中作为议员为这些经济利益代言[④]。通过一系列立法，“国家”逐步演变为只为大家创造相当的生存与竞争条件，而这些生存与竞争条件的前提由企业家在“民族”经济（而非“国民”经济）的范畴内确定。[⑤] 普鲁士的农业贵族曾竭力反对上述法律，但他们最终与工业界达成妥协。

在德意志帝国建国时的帝国议会中，除了党派中新兴的“国民经济代表人物”（volkswirtschaftliche Vertreter），还有从个人角度出发有意推进德国经

---

① Böhme，1974：p. 305.

② Zunkely，1962：p. 189.

③ 原文中列举的是 Mulvany、Harkort、Waldthausen、Haniel、Hammacher，Hohenlohe-Ujest、Pless、Renard、Hansemann、Bennigsen、Braun、Miquel。

④ 例如 1858 年，Hammacher 在多特蒙德发起创建了“矿业利益协会”（Verein für die bergbaulichen Interessen）。作为民族自由党成员，他于 1871 年首次进入帝国议会，1877 年再次当选，并在 1878 年以及之后各届均进入帝国议会。具体信息见帝国议会议员数据库，链接：http://www.reichstag-abgeordnetendatenbank.de。

⑤ Böhme，1974：p. 284.

济和政治统一的工业家。[1] 此外，在帝国及普鲁士的议会中还能看到柏林金融界的利益代表，股份有限公司通常成为金融界利益的代言人[2]。上述这些议员大多属于民族自由党，他们及其背后的工业及金融利益均认为俾斯麦通过德尔布吕克实施的经济政策有利可图，例如铁路建设一方面意味着大量的工业品订单，另一方面意味着大额的信贷需求。因此，他们支持普鲁士主导下的统一，毫无保留地与俾斯麦合作，并同时谋求获得政府订单。由于民族自由党为经济利益在政治立场上做出妥协，自此以后，政治上的自由主义主要由进步党来代表。进步党议员大部分是记者、低级官员和医生。

在建立统一的德意志帝国的过程中，俾斯麦选择与自由派合作，是因为自由派支持以“小德意志方案”统一德国。来自南部邦国和普鲁士的民族自由派力量首先在北德联邦议会中构建起俾斯麦所需要的议会多数。而在德意志帝国的建国初期，俾斯麦必须依靠同盟者与分裂势力继续斗争。一方面，在帝国议会，以及在巴伐利亚、符腾堡和巴登等邦国，自由派的支持率均超过一半，在议会中形成绝对多数；另一方面，自由派支持俾斯麦于 1871 年发起的针对天主教及中央党的文化斗争。

但帝国建立后，俾斯麦无意支持自由派进一步加强联邦制和加强议会权力的要求。为此，俾斯麦在构建帝国的行政体系时再次强调了他 1862 年以及 1866/1867 年在宪政上的主张：不设联邦部长，不允许民意代表机构干涉军队预算。帝国首相，更重要的是普鲁士首相及外交部长，独自对皇帝及上帝负责，没有与之平行的同事，无需对帝国议会负责，在对外政策上完全不受议会制约；在内政上，议会只在预算权和法案通过方面对其施加很有限的制约。军队所具有的特殊地位巩固了保守的、皇权至上的权力构架。在俾斯麦看来，自由主义只应在经济领域生根发芽。而且，由军需支撑的市场需求及贵族的主导地位也制约了自由主义的真正繁荣。[3] 尽管自由主义的全面繁荣受到限制，但俾斯麦在经济上施行的自由主义政策以及统一的民族国家的建立还是在很大程度上满足了自由派在这一时期的主要愿望，使得他们放下

① 原文中列举的是工业家 Reichenmann、von Unruh、Lent 以及莱茵地区工业界的代表人物 Hammacher。

② 因为当时股份有限公司大量涌现，银行成为它们重要的资金来源，而银行也介入公司的管理。这方面内容可参见下文有关经济环境变化及经济利益团体行为的章节。参见：Böhme，1974：pp. 260－261。

③ Böhme，1974：p. 305.

了进一步实现政治民主的迫切诉求，俾斯麦也因此得以保留帝国在政治上的保守性。

在关税问题上，截至建国初期，德国工业界更倾向于征收保护性关税，并在 1866 年后加大了游说的力度。而农业界则希望降低关税，因为一方面，他们希望降低进口铁质农具、农用机械以及饲料的成本；另一方面，他们不希望因为其他国家征收对等的保护性关税而影响到德国农产品的出口。工业界由于希望进一步在国内推进经济政策的自由化，比如通过立法放松对股份有限公司的限制，因而在自由贸易方面，即在降低关税税率问题上做出了妥协。

在这种妥协下，低关税税率得以推广。但由于利益的分化，对于逐步降低的关税税率，各个经济分支及各个地区的具体意见各不相同。波莫在其著作中详细描述了各地商会为辖区内贸易、重工业、纺织工业等各经济分支提出的有关降低、取消以及提高关税的各种请愿（Petition），并列出了相关档案编号，这里不再一一详述。[①] 可以看出，在政治层面，各地商会是经济界表达利益诉求主要的正式途径。

克尔普曾描述了在普法战争后，普鲁士非军事专员（Zivilkommisar）曾就占领阿尔萨斯 - 洛林问题咨询商会，商会于是牵头向工业界征询意见并进行了信息的汇总，呈报给普鲁士政府。最终普鲁士商贸部驳回了报告中的部分内容，但也认可了部分观点。[②] 阿尔萨斯 - 洛林问题虽然与本书研究的贸易政策问题并无直接关联，但从中可以看出，商会作为经济利益团体在国家经济政策制定过程中所具有的作用和影响力。

当时经济利益集团在帝国议会中的影响力较弱，因为首先，资产阶级 1870/1871 年才首次突破普选制瓶颈开始进入议会体系；其次，经济界的利益体当时组织性还不强（参见利益团体作为行为体的章节），有一些议员只是代表个人背后的经济利益，影响力较弱；最后，在建国后的繁荣时期，工业界利润情况良好并谋求企业设立及融资等方面的进一步自由化，因而与农业界在经贸自由方面达成妥协。这意味着经济界的各方利益在这个时期在经济界内部自行达成了妥协，所以对外表达诉求的意愿并不强烈。因此，在 1871 年的贸易政策网络中，经济界是松散和薄弱的，其中，商会是组织性较好的一个通道，与网络中其他行为体的联系较为正式和稳定，但因为当时经

---

① Böhme，1974：p. 287.

② Kolb，1973：pp. 362 - 363.

济界各方面的利益体还不具备成熟的组织意识，无法形成一种有力的“集体请愿”式的诉求表达，而且商会本身具有“地区性利益代表”和“公法性”这两个特征，因此商会在经济利益代表方面虽然有基础性意义，但也有很大的局限性，它在政策网络中主要发挥的是“提供信息”的作用。

根据本书在第一章给出的定义，“政策网络”这个概念中的“网络”是指在政策制定的过程中包含了许多来自政府和社会不同层面及职能领域的公共和私人部门的行为体。由于经济界在这一时期已经可以被视为网络中的“行为体”，所以可以认为在19世纪60年代开始的自由贸易时期，关税同盟以及其后成立的德意志帝国在贸易政策领域已经形成了“政策网络”。就“功能”而言，这一时期，政策的具体制定更多由政府（俾斯麦）承担。经济界主要通过商会这个中介平台为政府提供信息，对政策的形成产生了一定的影响，并在政策的实施过程中开展一定程度的合作。而议会党派无疑在政策合法化的过程中发挥了作用。因此，这一时期的贸易政策网络可以用图2.5进行概括和示意。

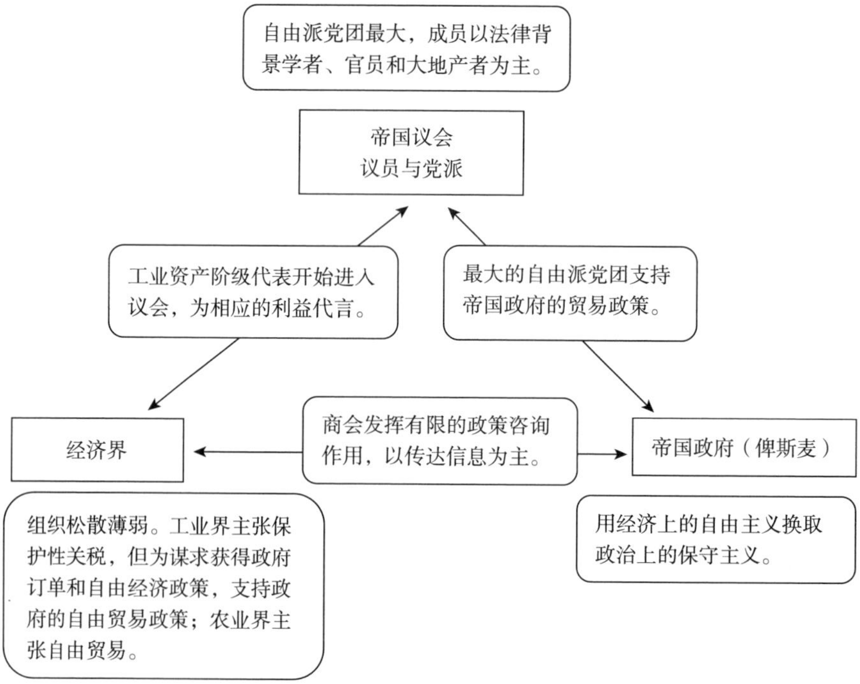

图2.5　德意志帝国成立之初的贸易政策网络

资料来源：作者自制。

第三章

贸易政策的保护主义转变

19 世纪 70 年代中期，德意志帝国的贸易政策开始逐渐转向，在短短几年时间里从贸易自由主义转变为贸易保护主义。1879 年，帝国议会通过法案，对工农业产品的关税进行全面改革，从而开启了一个新的贸易保护主义时期。从德意志关税同盟到德意志帝国，德意志各邦已经在贸易自由化的道路上行走了数十年，1879 年的这个法案无疑代表了一个重大转折。这一章就将对贸易政策保护主义转变的具体过程展开分析。

第一节　与贸易政策相关的环境变化

德意志帝国的贸易政策之所以在这一时期发生如此大的转向，与外界环境的巨大变化有密切的关系，包括较为直接的经贸环境的变化，也包括较为间接的国际关系环境的变化。在这样的背景下，帝国内部与贸易政策相关的各行为体的利益诉求和权力关系也相应地发生变化。正是这样一系列的变化与互动推动了贸易政策的重大转向。

在阐述环境变化之前，需要说明一点：国际关系、经济景气和外贸情况是具有普遍意义的外部环境，也就是说，是各个行为体均身处的外部环境，而且这几方面的环境相对比较宏观，也比较复杂，所以这里用一个专门的小节对它们进行综合描述。德意志帝国的国内环境在很大程度上是由这些行为体通过各自的行为相互构建的，因此将在具体研究各行为体时描述它们各自所面对的国内环境。

一　经济与对外贸易环境

随着工业化的迅速推进，交通的便利性大大提高，国际贸易和跨国投资迅速发展，全球的经济网络越来越紧密。到 19 世纪 70 年代，工业资本主义演变成名副其实的世界经济，所以地球也从一个地理概念转变成持续运作的动态实体。从现在起，世界的历史不再仅仅是各地历史的简单组合，而演变成为真正的世界历史。①

基于这样一种越来越紧密的联系，国际贸易在国民经济中的重要性日益增加。在这样一种世界性经济中，各个组成部分紧密依赖，只要牵动一个部分，其他所有部分都一定会受到牵连，经济繁荣及萧条的快速传播就是典型表现。基于世界经济的紧密联系和相互依赖，一个国家或地区的经济贸易政策越来越多地受到环境的影响和牵制。因此这里在分析 1871 年至 1879 年间德国经济与外贸情况的变化时，已将其置于世界经济的大背景中进行观察。

（一）经济景气情况的变化

19 世纪 70 年代，德国经济景气情况可谓大起大落。建国初期的异常繁荣和 1873 年之后的持续低迷形成鲜明对比，1875 年之后的农业危机又进一步加剧了经济萧条。由于农业危机主要与国际贸易有关，所以将在有关德意志帝国外贸环境变化的章节展开。

1. “建国繁荣”与经济过热

1871 年至 1873 年间，德国经济蓬勃发展，进而出现经济过热，而这也成为 1873 年至 1879 年历时 7 年经济衰退的前奏。

一般而言，较大的战争会对生产和消费产生巨大影响。战争期间，由于劳动力不足、交通受阻等原因，生产受到严重抑制，这导致新增投资下降以及商品供应短缺。而一旦战争结束，需求出现井喷式增长，企业也摆脱了战争的压力，生产积极性高涨，从而实现战后特有的经济繁荣。②

在德意志地区，虽然经济在拿破仑战争后也迅速复苏，但在之后的数十年中政局始终不甚明朗，企业信心不足，因此德意志地区并没有出现持续性的经济高速增长。而色当战役后，德意志帝国建国已成定局，这仿佛为境内企业注入强心剂，乐观情绪蔓延，股价亦纷纷上涨。1870 年普法战争结束之后，只有极少数声音提醒人们不要被胜利冲昏了头脑。③ 实际上，普法战争的胜利的确就像一把双刃剑，给德国带来的并不只有胜利后的繁荣和喜悦。

---

① 参见霍布斯鲍姆，2014a：pp. 54－70。

② Sombart，1909：p. 91.

③ Nitzsche，1904：p. 348.

首先，在工业产能方面，德国吞并了阿尔萨斯和洛林地区，这里云煌矿和钾盐储量丰富，纺织工业非常发达，有很好的资源条件和经济基础。但阿尔萨斯和洛林地区的纺织工业也直接造成了德国纺织业的产能过剩，并对德国其他地区的纺织业造成冲击，尤其是南德的棉纺织业。[①]

吞并了阿尔萨斯和洛林之后，德国的纱锭数量增加了56%，机械织布机的数量增加了88%，棉布印花机的数量增加了100%，产能的迅猛增长导致过剩。建国后大量投资涌入工业，大型纺织厂的设立又进一步加剧了这种情况。但是，德国纺织业的成本却始终高于英国。[②] 1873年后，由于经济下行，销售受阻，企业纷纷破产，德国的纺织业重新大力要求开征保护性关税。尤其是在南德，棉纺厂强烈要求将海外竞争挡在国门之外，以缓解企业在国内市场上的压力。[③]

其次，影响更为重大的是：法国支付的战争赔款使大量货币流入德国，为战争后本来就有可能过度增长的经济火上浇油。

自1871年《法兰克福和约》签订至1873年年中，德国获得了约7亿马克银币，这超过了德国银币总量的40%，而德国的贵金属总量增加了约8.3亿马克银币。借助国际信贷，法国在1873年5月就付清了战争赔款。[④] 据普鲁士财政部长坎普豪森称，截至1873年5月20日，法国已支付战争赔款1395545946.7塔勒。在扣除了为阿尔萨斯-洛林的铁路支付的0.867亿塔勒和作为储备的4亿塔勒后，还剩余9.95亿塔勒可供随时使用。[⑤] 这意味着，在短时间内有大量资金流入德国。

将近一半（46.4%）的战争赔款流入各邦国以及被用于偿还战争贷款，帝国政府把剩余资金用于支付战争赔偿（15.1%）及鳏寡家庭和伤残人士的抚恤金（13.8%）、建造阿尔萨斯-洛林地区的铁路（9.8%），以及建造防御工事（7.8%）。帝国军队获得了赔款总额的2.9%，另有2.7%的赔款被用于帝国的行政开支。剩余的部分被作为柏林帝国议会大楼的预留建设资金和养老金开支。[⑥] 这意味着大多数赔款资金进入了市场，从供给和需求两方

---

① Craig，1985：pp. 81-82.

② Böhme，1974：p. 357.

③ 参见：Craig，1985：p. 82；Gollwitzer，1974；Krzymowski，1961。

④ Craig，1985：p. 81.

⑤ Böhme，1974：p. 325.

⑥ Walter，2011：p. 119.

面同时刺激经济增长。

德意志帝国始于1871年的货币改革又向市场注入7.62亿马克[①]，这进一步增加了市场上的货币流通量。[②] 1871年至1873年，无担保纸币的流通量增加了31.29%，货币存量增加了51.54%。[③]

在流动性过剩的前提下，投机风潮几乎难以避免，尤其是在当时的德意志帝国。一方面，由于国债被迅速清偿或减记（1871年北德联邦的战争债务为2200亿塔勒，1872年底仅剩120亿塔勒），另外，由于伤残基金、防务修建基金等（总额约8亿马克）纷纷投资德国国内的低风险证券，因此德国可供投资的价格收益相对稳定的证券大幅减少。由此，德国国内投资者的投机热情高涨，而后便有大量投资者因此遭受重创。[④]

另一方面，这一时期出台的促进经济自由化的法律，简化了股份有限公司的设立。[⑤] 刚刚结束的战争大大破坏了德国的铁路网，有大量的设备需要在短期内维修或购置，而且在德国的北部和南部，以及曾经被法国占领的地区，涌现出大量新建铁路项目。因此，机械制造、工具制造和其他与铁路相关的行业订单量暴增。这些需求引发了重工业的扩张和利润增长，也引起了公众的注意。人们从一个行业的飞速扩张和增长看到了整个工业界，乃至整体国民经济的增长潜力，而且人们普遍认为，规模是成功的关键。这种投资的热情进一步推动了股市的迅速扩张。1871年至1873年间新设的股份公司至少有928家，资本总额达27.8亿马克。而1851年至1870年年中，在工业领先的普鲁士，新设的股份公司仅295家，资本总额24亿马克，其中72%与铁路有关，11%与煤炭冶金有关。[⑥]

与此同时，银行业的发展也异常蓬勃，不仅数量迅速增加——1871年至1873年间新成立的银行达41家，而且很快成为资本市场和证券市场上重要的行为体。许多实体产业的业主乐观地认为，一旦在资金上遇到困难，银行

---

① 德意志帝国成立后，各邦国流通的有塔勒、盾、克鲁泽和格罗申等不同货币单位，为避免复杂兑换，提高经济的效率和稳定性，帝国于1871年启动货币改革，发行金本位货币——马克。普鲁士塔勒与马克的换算比例为1塔勒兑换3马克。1876年，最后一个邦国巴伐利亚完成货币转换。

② Craig，1985：p. 81.

③ Böhme，1974：p. 325.

④ 参见：Gutsche，1986；Nitzsche，1904：p. 350。

⑤ 相关法律描述参见 Baltzer，2007：p. 11。

⑥ Walter，2011：p. 121.

一定会伸出援手。[①]

在流动性过剩的背景下，19 世纪 70 年代中期，德意志帝国的大量黄金流向法国和英国。1875 年 7 月 7 日，德意志帝国银行的黄金储备量为 4.95 亿马克，而 1879 年的平均储量降至 2.2 亿马克，货币的黄金担保率从 1876 年的平均 41.9% 降至 1879 年的 32.9%[②]。虽然这种现象在很大程度上是由金融原因造成的，但德国工业界把国际收支失衡完全归咎于自由贸易政策，认为如果开征保护性关税就可以改善国际收支情况，避免因黄金储备流失而造成货币贬值，因此他们最早提出引入保护性关税的口号便是“保卫受威胁的黄金货币！”（Zur Verteidigung der bedrohten Goldwährung!）。[③]

普法战争后德意志帝国因国际收支平衡而导致的货币和资本市场的失衡也对其他国家造成了影响。德国向奥地利、俄国和美国大量放贷，促进了这些国家经济的发展，使它们很快成长为德国的竞争对手，尤其是在农业领域。因此这种失衡不仅引发国际经济波动，而且对德国的外贸环境产生重大影响（参见下文相关章节）。[④]

由此可以看出，1871 年至 1872 年，刚刚建立的德意志帝国虽然表面上经济异常繁荣，但实际上，产能过剩、流动性过剩和过度投机已经为经济危机和国际收支的进一步恶化埋下了祸根。

2. 始于 1873 年的经济危机及之后的长期低迷

自 1873 年起，世界经济的特征便是空前的骚动和商业不景气。[⑤] 这种情况一直延续至 19 世纪 90 年代。是否应当将这场始于 1873 年，迁延十多年的普遍的世界性经济低迷定义为“经济危机”或“大萧条”，学界始终存在争议[⑥]。鉴于 1873 年美国和欧洲股市的狂跌和大量公司破产，本书根据学界较为主流的观点，将 19 世纪 70 年代上半期剧烈的经济震荡称为“经济危机”，将随后延续至 19 世纪 90 年代的不景气称为“经济低迷”。

如果要深入分析 19 世纪后期德意志帝国的经济形势，就有必要分别考察始于 1873 年的经济危机和随后延续至 19 世纪 90 年代的经济低迷的原因。

---

① Craig，1985：pp. 81 – 82.

② Bopp，1954：p. 187.

③ 参见 Helfferich，1898：pp. 328 – 380。

④ Craig，1985：pp. 81 – 82.

⑤ 霍布斯鲍姆，2014b：p. 37。

⑥ 参见 Burhop，2011：pp. 79 – 80；霍布斯鲍姆，2014b：p. 38。

这场经济危机和经济低迷是世界性的、普遍性的。在考察德国的情况时应当先构建以下几点认识作为观察的基础：首先，虽然危机最初并非爆发于德国，但如上文所述，这一时期世界经济联系越来越密切，不同地区的经济关联度越来越高，因此德国很快受到波及；其次，作为在世界经济中已经具有相当地位的经济体，引发这场世界经济危机以及经济低迷的普遍性原因在很大程度上也适用于德国；再次，除了上述普遍性原因，德国还有其自身的特殊性，上文所述帝国建国初期的经济过热便是重要的特殊原因。

这场危机并非没有先兆。1872 年，美国新建铁路线的增长速度开始放慢，铁路股票行市开始下跌，车辆订货减少，金属和金属制品的价格也开始下跌。经济危机在产能过剩中开始酝酿。

真正的危机风暴始于投机活动活跃的维也纳①。1873 年 5 月 5 日，危机从奥匈帝国部分银行的止付开始，5 月 9 日全面爆发，维也纳证券交易所陷入极度混乱，股市狂跌，因而被称为“黑色星期五”。接踵而来的是企业大批破产，信用瘫痪，有价证券交易停止。1873 年 3 月 31 日至同年 10 月 28 日，奥地利股票总市值从 27.14 亿莱茵盾缩减至 15.46 亿莱茵盾，相当于缩水 43%。②

维也纳交易所的危机很快波及欧洲的其他交易所。欧洲各国停止了对美国的资本输出，同时，美国纽约一系列为铁路提供资金的银行也停止了对铁路公司和工业界的拨款。1873 年 9 月 18 日，随着拥有北太平洋铁路公司大量债券的杰伊 - 库克金融公司的破产，以美国为主要震源的世界经济危机终于爆发了。

维也纳交易所的危机也迅速地波及德国③。这是因为在 19 世纪 70 年代初的繁荣时期里，德国是欧洲证券的主要交易场所，而铁路和房地产的证券

---

① 普奥战争之后，奥匈帝国建立，奥地利的投资扩张异常迅猛：1867 年至 1873 年间，铁路企业数量增加了 185%，工业和建筑企业数量增加 970%，股份公司数量增加 305%。国家慷慨地发放特许经营权，匈牙利良好的农业收成和来自德国的资金流入加剧了经济的过热增长。见 Walter，2011：pp. 122 - 123。

② Walter，2011：p. 123。

③ Craig 指出，德国经济危机的爆发还有另一个导火索：1873 年 2 月 7 日，爱德华·拉斯克（Eduard Lasker）在帝国议会做了一个长达 3 小时的讲话，揭露了所谓的“施特劳斯贝格体系”（Strousberg-System），他指出这个体系通过欺诈，不择手段地吸食小投资者的利益。而帝国的高层官员和公职人员——包括长期担任俾斯麦顾问的赫尔曼·瓦格纳（Hermann Wagener）——在发包铁路专营权时中饱私囊，纵容违法行为。（原注 III 30：Gordon R. Mork）拉斯克的指责引发了公众的怀疑和不安，人们大量抛售手中的股票，德国的经济景气急转直下。见 Craig，1985：pp. 83 - 84。

投资尤其富有投机性。因此，较之奥地利和美国，德国的危机有过之而无不及。比如，德国铁路投资的收益率一再下跌：1870 年，柏林 - 波茨坦铁路的股息为 20%，1872 年降为 8%，1873 年又降为 4%。除了铁路本身，直接受到影响的是煤钢产业。由汉泽曼（Hansemann）和格里洛（Grillo）创建的多特蒙德联盟（Dortmunder Union，煤钢联盟 Hütten- und Zechenverbund）的股价水平 1873 年保持在 83 点，1876 年却大幅下滑到 5 点。对重工业公司的股息派发进行的一项调查显示，只有卢森堡矿业公司（Luxemburger Bergwerks-AG）支付了 10% 的股息。其他的 55 家上市公司都没有支付。[①]

在德国，1873 年银行业和股市的危机导致了信贷短缺，并进一步引发了严重的销售和生产危机。它们始于 1874 年，并在 1876/1877 年达到高峰。在前几年的牛市中，重工业用投机赚取的资金，抱着销售继续上升的信心大量投资，扩大产能。但实际上，1873 年后销售陷入低迷，工业界因而陷入供大于求的局面。1873 年至 1879 年铁的消费量从人均 68.5 公斤降至 49.9 公斤，但 1872 年至 1878 年，铁的产量却从 190 万吨增长至 220 万吨。其结果便是，1873 年至 1878 年铁的价格大幅下降了 50% ~60%。1877 年，德国重工业基本以成本价销售，霍茹夫（Chorzow，即 Königshütte）、谢米亚诺维采（Siemianowitz，即 Laurahütte）的钢厂以及机车生产厂的产品售价甚至低于固定成本 5% 至 10%。1873 年由大幅扩张的煤钢工业和各个地区（包括首都柏林）与之相关联的银行共同构建起来的产业体系面临巨大的问题。1875 年，19 世纪 70 年代初在柏林交易所内发行股票的 95 家新设银行已经有五分之二倒闭。[②]

爆发于 1873 年的经济危机是 19 世纪资本主义危机史上最严重的一次。就 1873 ~1874 年的经济震荡而言，根本性原因就在于经济过热、产能过剩。而随后一直绵延至 19 世纪 90 年代的经济低迷的原因则要复杂一些。

观察数据可以发现，经济低迷的问题并不在于生产。1870 年至 1890 年间，在 5 个主要产铁国家中，铁的产量增加了不止 1 倍（由 1100 万吨增加到 2300 万吨），钢产量增加了 20 倍（由 50 万吨增加到 1100 万吨），国际贸易也大幅增长。因此，这一时期经济低迷的问题在于利润[③]。

---

① 参见：Böhme，1967：p. 222；Fremdling，1977：pp. 583 - 604。

② Böhme，1974：pp. 354 - 355.

③ 农业是利润下降最大的受害者，但由于农业问题与国际贸易密切相关，将统一放到下文有关国际贸易的章节展开。

而利润低下的直接原因可以总结为通货紧缩、产能过剩以及成本过高这三个方面。首先，就整体而言，19 世纪堪称通货紧缩的世纪，而其中通缩最严重的时期便是 1873 年至 1896 年。在这段时期，英国物价下跌了 40%。1871 年 5 月至 1894 年 8 月间，世界市场上铁的价格下跌了 50%。[①] 通货紧缩无疑是有损收益率的。其次，当时由于新技术的发展，工业产能不断增长，但大众消费市场却拓展缓慢，因此无法大幅增加销售，出现产能过剩。再次，商业成本，如工资等无法在短时间内像物价那样快速跌落。而且经历过度扩张后，工厂主们普遍有沉重的固定资产负担，更何况随着技术的快速发展，这些固定资产还有巨大的迭代更新压力。因此，工业企业的利润情况就更加堪忧。

在某些情况下，通缩和产能过剩之间存在因果关联，但长期的通货紧缩显然不能单纯用产能过剩来解释。市场供需是富有弹性的，如果是单纯的供过于求，在当时自由市场经济的背景下，市场不可能在如此长的时间区段内听任价格下跌、利润缩减而不做出调整，所以必须考虑货币方面的原因。

1871 年至 1895 年，德国货币量的增幅与实际社会产出相当，1895 年后，货币量的增幅大大超过社会产出。1871 年至 1895 年间，德国货币流通速度基本保持稳定，而 1895 年后出现小幅下降。因此，1871 年至 1895 年，德国物价停滞，而 1895 年之后出现平均 1.5% 的通胀。但是，如果剔除 19 世纪 70 年代初期由于法国战争赔款流入而造成的货币增长，就可以用货币增长过缓来解释 1874 年至 1895 年间的物价下跌。

1873 年至 1896 年间，世界黄金总量增加相对较低，而实体经济增长量却非常大，即货币量的增幅低于商品产出的增幅，而与此同时，包括德国在内的许多国家都开始引入货币的金本位制度。从一般意义上说，在以黄金和贵金属为货币基础的时代，贵金属量在很大程度上决定了货币量。因此，这也在一定意义上解释了这一时期的物价下跌。[②]

其实这一时期世界白银产量大幅增加，如果同时采用以黄金和白银为基础的贵金属本位制，就可以通过货币膨胀来刺激物价上涨，但当时核心资本主义国家的银行业、大企业和政府并无意放弃金本位制，因为这“对他们而

---

① 霍布斯鲍姆，2014b：pp. 38 - 41。

② Burhop，2011：pp. 79 - 80.

言已成为必须奉行的金科玉律”。[①] 德意志帝国建立后启动的货币改革同样专注于建立金本位制，在伦敦国际市场出售白银以购入黄金。[②]

在德国，这次危机又与70年代初开始的长期农业危机互相交织在一起，从而使危机更加严重。[③] 在这样的背景下，德意志帝国的主要工农业团体纷纷提出，应当设法不许外国竞争对手进入，以此将“生产过剩”减少到最低限度。即通过缩减供应来保证价格，通过限制海外产品竞争来保证利润。这样，“至少在商品贸易上，‘大萧条’结束了漫长的经济自由主义时期。19世纪70年代晚期，德国和意大利的保护性关税首开其端，自此成为国际经济的一部分”。[④]

（二）对外贸易环境的变化

19世纪40年代末至50年代，加利福尼亚和澳大利亚相继发现金矿。由于贵金属的增加，几乎所有生产领域的价格都出现上升，这深入而广泛地促进了国民经济的强劲增长。随着美国西部的开发，环太平洋经济圈开始构建，配合运输业的迅猛发展，人员、资金和货物在世界范围的流动大大增加。因此，从1850年开始的周期性经济繁荣的最重要的特点是世界贸易急剧扩大，19世纪50年代世界贸易的年平均增长额比之前的20年提高了2倍。世界市场迅速融合、扩大。[⑤]

如前文所述，这一时期的国际经济联系日趋紧密，因此，必须以全球性的视角来观察德国外贸环境的变化，即通过考察几个主要国家的外贸发展状况和贸易政策变化来分析其对德国对外贸易可能存在的影响。

1. 美俄贸易政策的变化对帝国对外贸易的影响

鉴于日趋紧密的国际经济联系，有必要在更广阔的背景中进一步考察欧洲自由贸易运动的经济前提。

（1）美国贸易政策及其影响

19世纪60年代，美国开始征收保护性关税，引入莫里尔税则（Morrill

---

① 霍布斯鲍姆，2014b：pp. 41－42。

② Bopp，1954：p. 186.

③ 由于农业危机主要源于谷物进口的大幅增长，与国际贸易关联更大，因此我们将在下一节结合德国对外贸易情况的变化就农业危机进行阐述。相关内容亦参见：Kiesewetter，1988；Kiesewetter，1989；Haushofer，1972。

④ 霍布斯鲍姆，2014b：p. 42。

⑤ 参见 Nitzsche，1904：pp. 352－353；霍布斯鲍姆，2014a：pp. 56－79；Huwart 等，2014：pp. 29－31。

Tariff）。这一举措出台的初衷是：内战期间（1861～1865）北方的联邦政府为了补贴代价高昂的战争，提高了包括关税在内的各种财政税收[①]。然而南北战争结束之后，保护美国工业的意识形态开始在政府内外占据主导地位，虽然各种临时性的国内税迅速降低，但关税不仅没有被恢复到战前水平，反而继续攀高，原本阶段性的贸易保护主义政策现在被逐渐制度化了，而且其主要目的从提高财政收入转变为保护本国产业。

南北战争不仅带来了美国南部地区经济关系的全面重建，而且使政治权力的天平倾向了北部工业家，加强了贸易保护联盟的实力。汉密尔顿的“幼稚工业论”在美国得到广泛认可，并真正成为贸易保护联盟的思想武器。尽管后来随着美国制造业的发展，也逐渐产生了拓展国际市场的需要，但当时美国正值大规模的西部开发运动和欧洲的移民浪潮，保护广阔而巨大的国内市场显然比开拓国际市场要重要得多。[②]

1860年后，欧洲国家之间纷纷签订贸易协定，1859年至1875年，法国的平均关税税负从18.7%降至5.9%，英国从8.9%降至0.9%，而美国的关税税负却从17.6%飙升至38.5%。此后直至一战爆发，美国的关税税负始终保持在20%至30%之间。[③] 其实在美国，直到1933年以前，无论关于自由贸易和贸易保护的争论有多么激烈，贸易保护主义者往往占据上风，贸易保护政策也因此成为这段时间内的主流。[④]

美国的贸易保护主义迫使越来越多的英国企业放弃美国市场，受影响最严重的是纺织和钢铁工业。这些英国企业重新转向欧洲市场，给欧洲其他国家——包括德国——的企业带来竞争压力。

（2）俄国贸易政策及其影响

1867年，俄国在贸易方面由低关税自由贸易政策转变为征收高关税的保护性贸易政策。同美国的关税政策一样，俄国的关税政策也与西欧国家的高

---

① 1862年和1864年，美国国会两次提高关税，扭转了始于1834年的低关税状况。1861年，美国的免关税目录中有182项商品，1862年减少至99项，而到南北战争结束时，除了国内制造业不得不进口的必需原材料之外，几乎所有商品都被征收关税。南北战争最后一年，平均关税税率升至47%。美国海关的关税收入则从1861年的3960万美元上升至1864年的1.023亿美元。参见李巍，2009：p.174。

② 李巍，2009：pp.174－175。南北战争前美国农业的资本主义转型与之后的农业快速发展密切相关，相关内容可参见Clark，1994。

③ Burhop，2011：pp.107－109.

④ 褚浩，2009：pp.40－41。

速经济扩张有关，而且由于俄国本身具有巨大的自然生产力，保护性关税实施后不久，俄国便形成了强大的工业生产力。美俄两国的最终目标都是：所有工业原料和辅料实现完全自给自足，在生产和消费上都摆脱对其他国家的依赖，成为完全独立的世界强国。当然，最终两国都未能实现这个目标。①

1870 年前，俄国的这种贸易保护主义并未对德意志地区的工业（当时主要在萨克森地区）带来明显的影响，因为当时德意志地区工业产品的主要销售市场在国内。但 1870 年后，随着德俄铁路的扩建，德国工业和银行在俄国越来越活跃②。此后，俄国的关税政策便日渐成为德国商人和银行家进军俄国市场的障碍，而关税政策也逐渐成为两国争端中的热点问题。1873 年经济危机爆发，俄国亦受到影响。③ 为了偿付 19 世纪 50 年代至 70 年代初期大规模建设铁路时欠下的外债，俄国急需实现国际收支盈余，而其外贸状况却不容乐观：1866 年至 1875 年，俄国的出口从 2. 12 亿卢布增至 3. 82 亿卢布，但进口从 1. 96 亿卢布增至 5. 31 亿卢布，从贸易顺差转变为逆差。为此，俄国除了大力在斯拉夫国家开拓市场，实行出口补贴外，还大幅提高了关税壁垒。俄国要求自 1877 年 1 月 1 日起所有关税用金币支付，按照当时卢布纸币与黄金的兑换价格，这相当于将关税税负整体提高了 33%。此外，俄国从 1877 年起逐步提高了多项工业品、原材料和食品的关税，并分别于 1880 年和 1884 年将关税税率整体提高了 10% 和 20%。④ 而且，俄国当时的舆论普遍认为，是德国经济界在俄国活跃的商业行为将经济危机输出至俄国，因此俄奉行亲法贸易政策，并利用法国的资金来降低国内负债。这进一步加剧了俄德在经贸上的摩擦和对立。

面对俄国的这些举措，俾斯麦修正了外交策略，随后开始在贸易政策上做出回应，实施抵抗性关税计划（Kampfzollprogramm）。这也促使德国工业界转变了在贸易政策上的态度，从属于德意志钢铁工业协会的西里西亚工业界开始接受中央协会所主张的保护性关税计划。关于这方面的内容，本书将在这一章的之后几节中具体展开。⑤

---

① Nitzsche，1904：pp. 352 – 353.

② 1869 年，圣彼得堡国际商业银行（St. Peterburger Internationale Handelsbank）成立；1871 年，里加商业银行（Rigaer Kommerzbank）成立；1873 年，俄国中央土地信贷银行（Russische Central Bodenkredit）成立。

③ Böhme，1974：p. 444.

④ Lehrfreund，1912：pp. 66 – 69.

⑤ Böhme，1974：p. 444.

2. 19 世纪中后期的农业发展与萧条

19 世纪 70 年代出现了弥漫整个欧洲的农业萧条。对于欧洲大陆来说，1870 年农产品产量的增长明显放慢，1870 年至 1874 年间和 1888 年至 1892 年间，农业生产每年仅增长 0.6%，而人口每年增长 0.8%，换言之，居民人均生产每年下降 0.2%，而前几十年每年增长 0.3% ~0.4%。[①]

德国、比利时和法国进口的谷物（含面粉）从 1862 年至 1866 年每年的 100 万吨增加到 1867 年至 1871 年每年的 270 万吨、1876 年至 1880 年每年的 660 万吨。在 1862 年至 1866 年间，粮食的进口量是这些国家国内总产量的 3%，在 1876 年至 1880 年间，这一数字上升至 20%。由于这些国家并未出现异常的消费增长，因此谷物快速涌入这一事实本身就在很大程度上说明了其本国农业总产出的严重减少。[②]

有关美俄谷物涌入欧洲的原因，瓦尔特就美国和俄国农业总结了下面几个影响因素[③]：美国的粮食耕种面积显著增加；美国的粮食种植成本更低、劳动生产率也更高；美国增加的人口只能消费掉一部分增加的粮食产量，而且随着肉类消费的增加，美国人均年粮食消费量从 19 世纪 50 年代的 185 公斤减少至 70 年代的 160 公斤，这意味着每年粮食消耗总量减少 300 万吨；铁路建设蓬勃发展，陆地与海运成本大大降低（据计算，1871 年至 1879 年，从芝加哥到利物浦的货运成本降低了约三分之一[④]）；美国地租较低，折合到每吨小麦产出约为 10 马克，而德国则高达 28 马克；俄国劳动力价格非常低廉，农民长期在最低生活水准线上挣扎。

此外，1866 年至 1872 年间欧洲大陆取消关税保护也是导致域外谷物大量进口的重要原因。在欧洲大陆的贸易自由化进程中，相较于工业品，农业领域的关税裁撤更为彻底（关税同盟从 1965 年起取消了粮食进口税），因为自由贸易者与保护主义者在农产品问题上没有明显分歧。[⑤]

进口谷物的涌入首先对农民造成影响，因为较低的进口价格导致了国内谷物及其他农产品价格的普遍下降。另一方面，必须注意到：谷物在农民对外出售的农业商品中的份额远远大于谷物在农业总产出中的份额。谷物价格

---

① 波斯坦等，2003：pp. 42 - 43。

② 波斯坦等，2003：pp. 42 - 43。

③ Walter，2011：p. 126.

④ Burhop，2011：p. 109.

⑤ 参见：波斯坦等，2003：p. 44；Finckenstein，1960。

的下降压制了几乎所有欧洲大陆国家农民的收入，使他们的生活水平停滞不前，甚至下降。

农民生活水平的下降对农业部门及其他部门均有重要影响，因为农业部门在当时具有相对重要的地位，农业人口占欧洲大陆总人口的60%。农民生活水平的下降影响了其对工业产品的整体需求和在建筑领域的需求。[①]

具体观察德国的农业，和其他欧洲大陆国家一样，19世纪60年代之后，德国谷物的进口大量增加。1861年至1870年，德国共进口谷物76万吨，1873至1877年进口130万吨。传统上，德国谷物出口量大于进口量，但现在情况出现了反转，1873年至1877年德国谷物年出口量仅为89万吨。在引入贸易保护主义政策的前夕（1877年至1879年），德国谷物的平均年进口量达307万吨。如果将面粉计算在内（以等量谷物计），则德国谷物的年进口量为380万吨，为国内总产量的20%～22%，而1861年至1870年间，这一数据仅为4%～5%。[②]

从1850年至1856年到1858年至1864年，德国的农业增加值，即农业部门的净产值每年增长2.5%，但1858年至1864年到1874至1880年，农业增加值每年下降0.4%。[③] 对德国农业界而言，1875年底是一个重要的转折——粮食价格出现暴跌。

表3.1 1872年至1878年德国小麦与黑麦价格

年份	小麦	黑麦
1872	238马克/吨	163马克/吨
1875	193马克/吨	151马克/吨
1878	194马克/吨	132马克/吨

资料来源：Landwirtschaftliche Jbb. 1878, VII, Supplementheft S. 292。[④]

正是在1876年，德国的小麦进出口从出超转变为入超，到1882年，德国已经成为真正的粮食进口国。产自美国和俄国的粮食成为普鲁士农业的强大竞争对手。面对美国新兴的大规模生产型农业，以及俄国优越的种植条件，普鲁士传统农业毫无竞争优势。易北河以东的农业生产者很快就丢掉了

① 波斯坦等，2003：pp. 42－43。
② 波斯坦等，2003：pp. 52－53。
③ 波斯坦等，2003：pp. 52－53。
④ Böhme，1974：p. 398.

最重要的出口市场——英国，甚至连柏林和德国西部地区这些国内市场也受到了威胁①。

虽然开始时德国各地区农民的利益并不一致，相比易北河以东的大型农业企业，德国南部的小型农业企业在应对竞争时要灵活得多；而德国北部的畜牧业则有赖于进口饲料，提高粮食的进口关税将会增加他们的成本。② 但粮食价格的下跌最终导致地租的下跌。而在建国之初的经济快速增长时期，易北河以东地区的土地经投机炒作，价格一度很高。这意味着，这一地区的土地所有人没有能力像时任普鲁士农业部长所建议的那样，通过大量投资对耕种方式进行工业化改造，或是转而生产经营“高附加值的消费品”。③

这触动了容克阶层的根本利益。在他们看来，走出危机的唯一出路就是保护“民族劳动”，用“关税”来抵御来自海外的低价竞争，保证德国农产品在德国本地市场的销量和价格。④ 而农民由于实际收入受到严重影响，也改变了对自由贸易的看法。土地所有者及农民由此成为反对自由贸易的重要政治力量。

二　国际关系环境的变化

有德国学者指出，关税政策虽然属于经济政策，但由于它涉及对外贸易及贸易保护问题，因此它与对外政策之间亦存在直接联系。就德意志帝国的具体状况而言，对工业产品征收保护性关税几乎直接针对英国，对农业产品征收的保护性关税则是针对俄国。⑤ 而且，如前文所述，从德意志关税同盟时期开始，关税就具有重要的财政意义。因此，作为帝国财政收入，尤其是帝国军事预算的重要来源，关税与帝国的国际关系环境和对外政策存在相当的关联。

这个小节将考察从1871年建国到19世纪70年代末这段时期内，德意志帝国所面对的国际关系的变化⑥。

德国的统一，即德意志帝国的成立，改变了欧洲的格局，对德国、法

① Böhme，1974：p. 399.

② Burhop，2011：p. 109.

③ 参见 Henning，1988：pp. 113 - 114。

④ 参见 Machtan，1980：pp. 102 - 103。

⑤ Hardach，1965：p. 142.

⑥ 本小节内容亦可参见：Hentschel，1980；Hilgruber，1992。

国、英国、奥匈帝国、俄国这“欧洲五大国”（europäische Pentachie）之间的关系造成了重大影响。

（一）“三皇同盟”

鉴于普法战争与《法兰克福和约》[①]，如果首先把德国与法国之间的关系确定为对立关系，那么就很容易以此为基础梳理德国与其他三国之间的关系。俾斯麦的目标是，不与这三个国家中的任何一个形成直接对立，以防止它们与法国结盟。这便是1873年订立“三皇同盟”（das Drei-Kaiser-Abkommen）的初衷，即法国被孤立，而德国可以避免在奥匈帝国和俄国之间做出非此即彼的选择。

在时机上，俾斯麦抓住了普法战争后法国实行共和制度并被实行君主制的俄奥两国所嫌弃的有利条件，竭力利用君主的纽带把俄奥两国团结到自己周围，组建了三皇同盟，这也就是所谓的“保守势力的联合”。[②]

1873年10月22日，德意志帝国皇帝威廉一世、奥匈帝国皇帝弗朗茨·约瑟夫一世及俄国沙皇亚历山大二世在维也纳美泉宫签订了“三皇协定”。[③]

“三皇协定”的目的是巩固欧洲的和平局势，即“保卫欧洲和平，无论威胁来自何方，如有必要，将使用武力”。它是俾斯麦的结盟政策的基石，但这不是一个有保证性意义的协定，实质上只是三个缔约国以此表达了相互间保持紧密联系的意愿。[④]

在俾斯麦看来，“三皇协定”的优点在于，它以很小的外交代价避免德国被孤立。而且俾斯麦以此实现了他的重要外交目标——孤立法国，且德国无须在奥匈帝国和俄国之间做出非此即彼的选择。[⑤] 但实际上，“三皇协定”根本不可能令德意志帝国，或者更确切地说，令俾斯麦高枕无忧。

---

① 全称为：《德意志帝国与法国之间的和平条约》（Friedens-Vertrag zwischen dem Deutschen Reich und Frankreich）。1871年5月10日，俾斯麦和毛奇等代表德国，法弗尔等代表法国在美因河畔法兰克福签订条约，结束了普法战争。条约主要内容为：（1）法国割让阿尔萨斯（贝尔福地区除外）和洛林东部包括梅斯要塞给德国；（2）上述地区居民可以选择法国国籍并保留不动产；（3）法国赔款50亿法郎，分3年付清，赔款付清前德军留驻巴黎和法国北部诸省。和约的全文链接见参考文献列表。

② 泰勒，1987：p. 159。

③ 这一协定的基础其实是1873年6月6日俄国与奥匈帝国皇帝签订的军事公约——《美泉宫公约》（Schönbrunner Konvention），威廉一世于1873年10月22日加入该公约。

④ Ullrich，1999：p. 77.

⑤ Craig，1985：p. 103.

（二）“德法开战危机”

普法战争后，俾斯麦认为法国处境艰难，他的理由有两点，一是普法战争后《法兰克福和约》中有关战争赔款和割让阿尔萨斯、洛林地区的条款为法国带来很大的经济负担；二是1871年后法国国内的政治局面阻碍了法国在军事和外交上的重新崛起①。

俾斯麦对法国国内政局不稳感到很满意，他认为德国应当袖手旁观②。威廉一世曾对法国的无政府主义局面表示担忧，怕共和派思潮会传染到德国，但俾斯麦则不以为然，他认为，法国的虚弱有助于维持欧洲的和平，而共和派在巴黎公社革命中所建立的政权正有利于保持法国的虚弱和欧洲的和平。俾斯麦在发往巴黎的一份函件中如此表述“我们的需求”：“如果不去干预法国，并且，若法国不愿维持德法和平的话，应避免法国找到盟友。只要法国没有盟友，那么对我们而言，法国就并不危险，而且只要欧洲的几大君主团结一致，那么他们也无须惧怕共和国。而法兰西共和国则相反，它很难找到一个君主制的盟友来对付我们。”③

然而，普法战争后，法国“并没有扮演德国为其所设计好的角色”，换言之，法国并没有像德国所预期的那样成为一个弱国。截至1873年，法国迅速付清了所有对德国的战争赔款，甚至在一定程度上导致了德国的经济过热和随后的经济衰退。1873年3月，麦克马洪（Patrice de MacMahon）元帅取代梯也尔（Adolphe Thiers）成为政府首脑。麦克马洪政府所建立的政权恰恰是俾斯麦最不乐见的，它保皇、非暴力，致力于重振军事力量。当然，因为波旁王朝的后人尚博尔伯爵（Graf von Chambord）乐于安逸的生活，并不愿称帝为亨利五世，复辟未果。但另有两个原因令德国感到不安，一是法国对梵蒂冈的态度暧昧，这使得致力于文化斗争的德国深感不悦；二是1873年3月法国宣布扩军，将每个步兵团下属3个营增至4个，而毛奇（Helmuth von Moltke）又进一步高估了法国的扩军数量（他误以为法国增加的144个营意味着增加144000名步兵），因此他主张对法国发起预防性战争。俾斯麦虽然并不主张对法国发起战争，但他主张对法国施加压力，正如他在

① 法国在普法战争中战败后，巴黎发生革命，成立巴黎公社，梯也尔政府甚至求助德军镇压革命。

② 他的这种立场引发了他与德国驻法大使哈瑞·阿尼姆（Graf Harry Arnim）之间的冲突，因为阿尼姆希望德国帮助法皇复辟，而俾斯麦则希望法国混乱的政治局面长期延续。

③ Craig，1985：pp. 104－105.

1875 年对威廉一世所言，必须“让对手确信，我们随时都对他的进攻有所准备”。[①]

路德维希在《俾斯麦》一书中这样描述德意志帝国当时所处的国际环境：“在 1875 年春天，后来将在 1915 年结盟的英、法、俄三国已有了初步的意图，关于教会的争论（即‘文化斗争’）只不过是个借口而已，弗兰茨·约瑟夫（Franz Joseph I.）、维克多·埃马努埃尔（Vittorio Emanuele II.）、利奥波德二世（Leopold Louis Philippe Marie Victor）都站在天主教一边，戈尔查科夫[②]盯上了巴尔干，想与法兰西建立一种默契关系；英国因为正与德国有矛盾，也想靠近俄国，俾斯麦的政策遇到了挑战，似乎他就要承受失败的结局了，他怎么办呢？”[③]

于是，在俾斯麦的授意下，1875 年 4 月 8 日，亲德意志帝国政府的《邮报》（*Post*）刊载了出版人罗斯勒（Constantin Rößler）名为《战争是否迫在眉睫？》（*Ist Krieg in Sicht*？）的文章。在后来的几周内，该报又刊载了俾斯麦的一系列文章，这些文章的核心意思均为法国正在加强军备，这对德国而言意味着战争的威胁。由于《邮报》的亲政府性质，这些文章被认为代表了德意志帝国政府的观点，因此引起欧洲强国的警惕。

对于这场战争，德国不能期望俄国会保持中立。因此《邮报》的这些文章的目的在于放出探测气球，从而使德国对如果德法之间出现冲突各大国将做出什么样的反应做出判断。

测试的结果表明，一旦德法开战，俄国与英国将站在法国一边，于是俾斯麦设法平息了危机。[④] 对此，俾斯麦解释说：“如果让人以为法兰西是为了生存而战，这样就会使我们陷于不义的境地，而且如果这样草率举兵，就正中了英国的下怀，成为他们大唱人道主义论调的借口，又会使俄国从两个皇

---

① Craig，1985：p. 105.

② 即俄国外交大臣亚历山大·米哈伊洛维奇·戈尔查科夫（Alexander Michailowitsch Gortschakow）。

③ 鲁特维克，2003：p. 378。

④ “罗马、伦敦以及各地的外交家们，他们因为怨恨俾斯麦，都不约而同地向俄国皇帝靠拢。戈尔查科夫于是在巴尔干问题上向英国做了让步，然后他就陪同俄国皇帝去了柏林。俾斯麦很热情和气地接待了他，最后还把自己的辞职书给戈尔查科夫看。辞职书中说，他因为身体有病，国事不必非由他操持，再说现在国际环境也很安宁。俾斯麦对俄国皇帝也这么说，后者其实也不愿打仗。俄国相信了俾斯麦的说辞，危机平息了。”（鲁特维克，2003：p. 379）

帝间的个人感情考虑出发，做出不明智的举动，影响两国的交往，因为这时候俄国已经疑心我们，说事情已经到了这种地步我们却不加制止，是否有别的企图?”①

可以看出，俾斯麦从这次“德法开战危机”（Krieg-in-Sicht-Krise）中得出的结论是，德国必须继续实施平衡外交政策，或者施行诸如领土补偿及在外交支持下的预防性战争等对外政策；任何扩大领土或加强帝国权力的举措对新成立的德意志帝国而言都意味着难以估量的外交风险。因此，在外交上持低调保守的态度，并通过外交手段孤立法国，这样才能避免德国两线作战。②

（三）巴尔干危机和柏林会议

1876年至1878年的巴尔干危机③破坏了德、俄、奥之间的三皇合作。俾斯麦不希望因直接干涉巴尔干事务而冒险，竭力避免各国以任何借口发动任何形式的战争，因而表现出对巴尔干和近东地区毫无兴趣。正是出于这样的初衷，1875年夏，俾斯麦断然拒绝了沙俄寻求德意志协助它在该地区扩大势力的愿望，而仅恪守友好的中立态度，这虽然并未违反两年前“三皇同盟”的约定，但已让沙俄感到恼怒。因为在1866年至1870年普鲁士发起的一系列战争中，俄国始终给予了全力支持。

为了对《圣斯特凡诺条约》（Frieden von San Stefano）做出回应，防止英俄这两个位于欧洲两翼的国家在世界范围内爆发冲突，以及俄奥两国在欧洲大陆的军事交锋，俾斯麦力图息事宁人。他将英、奥、俄等国代表召集到

---

① 鲁特维克，2003：p. 379。

② Stone，2010：p. 385。

③ 亦称“近东危机”：随着奥斯曼帝国的衰落，巴尔干地区东正教徒聚居的省份民族运动兴起。1875年8月，黑塞哥维那爆发叛乱，接着波斯尼亚和保加利亚也爆发了叛乱。奥斯曼帝国的血腥镇压导致东正教徒逃往黑山和塞尔维亚。1876年6月，这两个公国对奥斯曼帝国宣战。同年秋天，他们的军队被击败。然而，作为黑山和塞尔维亚的同盟，俄国在首先确定奥匈帝国保持中立——奥匈帝国在1877年1月签署的《布达佩斯协定》（Budapester Vertrag）中表明了中立立场——的情况下，于1877年4月13日向巴尔干地区派兵。高加索和巴尔干地区都爆发了冲突；奥斯曼帝国军队在这两条战线上全面溃败。1878年3月，苏丹被迫于1878年3月签署了《圣斯特凡诺和约》（Frieden von San Stefano）。对奥斯曼帝国而言，这意味着几乎完全丢失了在欧洲的领土，而俄国则掌握了对巴尔干半岛的控制权，并获得了进入地中海的口岸。俄国此举引发了其他几个大国的不安。奥匈帝国担心会丧失在巴尔干半岛的影响力，因为无论是俄国称霸还是在巴尔干出现统一的国家，都将削弱奥匈帝国在这一地区的影响力。英国则担心这会影响到它与奥斯曼帝国的贸易关系，并且认为当前的状况打破了克里米亚战争（1853－1856年）后巴尔干地区的势力均衡。因此英国在马耳他驻扎了军队，并将军舰驶入马尔马拉海。奥匈帝国则将部队开至俄国边境，并进入战备状态。见 Stürmer，1994：pp. 197－198。

柏林，希望以“诚挚的中间人”[①] 的身份调停俄奥及俄英关系。

德国、奥匈帝国、法国、英国、意大利和俄国等欧洲列强以及奥斯曼帝国于 1878 年 6 月 13 日至 7 月 13 日在柏林召开会议，以重新建立东南欧的和平秩序，史称“柏林会议”（Berliner Kongress），会议签署了《柏林协定》（Berliner Vertrag），它几乎完全推翻了《圣斯特凡诺和约》[②]。虽然客观来看，俄国获得了不通过战争所能获得的最大收益，但其仍然将《柏林协定》视为自己的失利：俄国对东南欧秩序的构想没有能够实现，也没能获得渴望已久的直通地中海的口岸。奥匈帝国与俄国在巴尔干地区的势力竞争加剧，这成为一战前欧洲政治局势中的一种常态。泛斯拉夫主义出版人卡特科夫（Michail Nikiforowitsch Katkow）旗下的报纸愤怒地称，造成当前局面的责任应归咎于俄国驻伦敦大使舒瓦洛夫（Pjotr Schuwalow）及俾斯麦。[③]

总体而言，柏林会议对德意志帝国是一个巨大的成就，因为各大国通过到访柏林在事实上承认了德国的大国地位。而且俾斯麦还表明了，他并不想利用德国的强国地位进行扩张，德意志帝国已心满意足。施德尔（Schieder）认为，俾斯麦在柏林会议上施展的外交手段成功实现了他 1877 年 6 月在《基辛根笔录》（Kissinger Diktat）中所提出的理想状态，“并非……要夺取某个国家，而是要实现一种整体性的政治局面，即除法国外的所有国家都需要我们，而它们之间又不可能结成反对我们的联盟”。[④]

柏林会议虽然保住了欧洲的和平，却损害了德俄之间的关系。在随后的时期里，德俄关系恶化。沙皇亚历山大二世于 1879 年 8 月致信他的舅舅——

---

① 原文为 ehrlicher Makler，该词源自俾斯麦 1878 年的一次讲话：“Aus der Rede des Fürsten Bismarck über die orientalische Frage”, Volksblatt - Eine Wochenzeitschrift mit Bildern, Jahrgang 1878, Nr. 9, pp. 66 - 68。

② 按照《柏林协定》，将建立一个从属于奥斯曼宗主权的保加利亚公国（面积：6.4 万平方公里），而不是一个纳入俄国影响范围的大保加利亚（面积：16.4 万平方公里）。保加利亚公国的疆域只包含原来奥斯曼帝国的多瑙省（即多瑙河下游和巴尔干山脉之间的地域），其西南部只包括索菲亚到里拉山脉之间的盆地。色雷斯北部低地和巴尔干地区的罗多彼山脉以南地区仍为奥斯曼帝国内部的东鲁米利亚的一个自治省。（《柏林协定》第 13 - 22 条）。俄国的占领期从两年缩短至 9 个月（第 22 条）。黑山（第 26 - 33 条）、塞尔维亚（第 34 - 44 条）和罗马尼亚（第 43 - 51 条）的主权得到充分确认。但罗马尼亚必须将比萨拉比亚南部地区割让给俄国，以弥补俄国的损失。作为补偿，罗马尼亚将得到包括重要黑海港口康斯坦察在内的多布罗加北部地区。俄国还获得了高加索地区的领土（阿尔达汉、巴统和卡尔斯）。《柏林协定》原文见：Deutsches Reichsgesetzblatt Band 1878, Nr. 31, pp. 307 - 345。

③ Stürmer, 1994: p. 199.

④ Schieder, 2007: p. 66.

德皇威廉一世，责怪俾斯麦的行为。俄国宣布退出“三皇协议”。①

隆普勒在《奥地利史》一书中坦言，对奥匈帝国而言，柏林会议是一个巨大的成就，在随后的若干年中，帝国的南部边境不再受到威胁，而帝国在巴尔干地区的政治和经济利益也得到了保障。奥匈帝国之所以能不战而胜，获得如此巨大的利益，首先是因为它获得了那些希望遏制俄国“巴尔干帝国主义”（russischen Balkanimperialismus）的欧洲国家的支持，其次是获得了原本始终不愿伸出援手的德意志帝国的帮助。“诚挚的中间人”俾斯麦在重新建立巴尔干地区秩序中所发挥的作用，使他与俄国之间形成了难以修复的对立关系。②

1879 年，在匈牙利首相安德拉什（Gyula Andrássy）的努力下，奥匈帝国与德意志帝国在柏林签署了一份“德奥双边联盟”（Zweibund）协定③。可以说这份协议完全是德奥两国联合针对俄国的防御协议。在随后的几年中，意大利、塞尔维亚和罗马尼亚也加入联盟，从而构建起一个防御体系，使巴尔干地区的局势实现了较为长久的平静。

俾斯麦缔结这一双边联盟的目的是，让俄国意识到其已经被孤立，希望它重新拉近与德意志帝国的关系。因为俾斯麦始终相信，如果法国向德国开战，只有奥匈帝国有望保持中立，因此他急切地希望构建一个有利于德国的防御体系。当然，俾斯麦也清楚，如果没有俄国的支持，法国是不会贸然向德国开战的。④

总而言之，在这段时期里，成立不久的德意志帝国处于地缘政治的巨大张力之中，不断感受到来自周边国家的威胁，这使得俾斯麦始终急切地想要获得充足的军事预算，以加强军备。但在另一方面，德意志帝国与周边其他国家的关系还没有紧张到会直接影响其贸易政策。这就是说，德意志帝国不会仅仅出于外交原因对其他国家进行贸易制裁，或是仅仅由于外交原因而不敢改变自己的贸易政策。所以，正如本小节开头所言，国际关系作为环境，

---

① Schieder，2007：pp. 17 – 23.

② Rumpler，1996：p. 450.

③ 即德国与奥匈帝国于 1879 年 10 月 7 日签署的结成双边联盟的秘密防御协议“The Dual Alliance Between Austria-Hungary and Germany”。这份协议于 1888 年 2 月 3 日公开。双边联盟的协议规定：一旦受到俄国或俄国支持下的其他军事力量的攻击，德奥将共同应战；而在其他任何情况下，两国均基于对于另一方的善意而保持中立。协议期限为 5 年，到期后若无异议则自动延长 3 年。协议原文链接见参考文献列表。

④ 参见 Rumpler，1996。

对帝国贸易政策网络中的行为体的直接影响只停留在财政层面上。当然，从财政层面出发，这又进一步涉及议会的预算决策权及宪政民主问题。

第二节 向保护主义转变的贸易政策网络

这一小节将对德意志帝国贸易政策网络从自由主义向保护主义转变的整个过程进行描述和分析。在第一部分中，将首先对贸易政策网络的变化过程做一个综述，随后在第二部分逐一对网络中的行为体进行分析，观察他们为何以及如何推动了政策网络的变化，从而导致贸易政策的转变。

一 贸易政策网络的转变过程

如前文所述，1871 年的帝国议会仍然几乎完全由德国原来的传统领导阶层组成。大约 40% 的议员是贵族，而且贵族和大地产者的人员重合度很高。虽然在当时的德意志帝国，工业化已经进入迅猛发展阶段，但第一届帝国议会仍然由工业化之前的传统社会精英所主导。当选议员的社会来源并没有反映出工业化所导致的社会精英和选民这两个群体的结构变化。

自 1871 年建国起，德尔布吕克就在德意志帝国坚定地推动自由贸易，并以彻底取消德国的关税为目标。他获得了北部和东北部地区大地产主、商业资产阶级以及坚定支持自由贸易的学者们的支持，后者为推动自由贸易提供了强大的舆论支持。

1872 年 5 月 28 日，当帝国议会开始讨论关税税率时，议会中支持自由贸易的农业者已结成了自由经济委员会（Freiewirtschaftliche Commission）。委员会的领导人物均为保守派，包括彼恩鲍姆（Karl Birnbaum）、威尔曼斯（Karl Wilmanns）、贝尔（Carl von Behr）以及新成立的农业理事会（Landwirtschaftsrat）[①] 主席维德尔（Friedrich von Wedell-Malchow）。自由经济委员

---

① 该组织 1872 年成立于柏林，是一个由各邦国农业商会代表组成的同业协会，并得到各邦国政府的承认。它致力于体察德意志帝国农业界的整体利益，并在帝国的立法和行政管理层面表达农业界的利益。它可以在议会及政府的要求下提交评估报告，也可以自发地向帝国首相及帝国议会提出请愿或申诉。组织的活动经费由各地农业商会分摊。代表名额依照联邦参议员议席分配比例在各邦国进行分配。“农业理事会”每年召开一次大会，设有一个由 9 名成员组成的常务委员会。见 Meyers Großes Konversations-Lexikon，http://www.zeno.org/Meyers－1905/A/Landwirtschaftsrat。可以看出“农业理事会”实际上是各地农业商会的联合组织，类似于工商业界的德意志商业大会（Deutscher Handelstag）。

会在经济政策上的目标是全面降低铁制品关税。他们不仅联合了大多数民族自由党议员，而且还获得了温德霍斯特（Ludwig Windthorst）、弗兰肯斯泰恩（Georg Arbogast von und zu Franckenstein）以及凯特勒主教（Wilhelm Emmanuel Freiherr von Ketteler）等部分中央党议员的支持。

1873 年，有关取消关税的决议在帝国议会获得通过，而且一系列延续自由主义原则的立法都获得了帝国议会的支持。当时帝国议会议员中著名的自由主义倡导者包括班贝格、拉斯科尔（Eduard Lasker）及布劳恩（Karl Braun）。[①]

但是保守派的自由贸易阵营并没能取得彻底的胜利。南德棉纺工业以及莱茵、鲁尔、奥德河和萨尔河沿岸重工业界的代表们成功地实现了一个重要的妥协，虽然他们未能避免关税的大幅降低以及生铁和纯碱的关税被取消，但全面取消关税的日期被推迟至 1877 年 1 月 1 日。这意味着，对马口铁、农业机械、棉纺织机械和涡轮机仍将继续征收关税。[②]

1873 年的这个“推迟而非立即取消关税”的相对性成就也反映出帝国议会中经济界力量有所加强，并首次表明了德国的重工业和与之相关联的银行在帝国政治决策中所具有的重要性，而正是由此开始，这种重要性日益增加。卡尔多夫（Wilhelm von Kardorff）、莫尔（Robert von Mohl）、米切尔（Johannes von Miquel）、汉马赫（Friedrich Hammacher）、史都姆（Carl Ferdinand Stumm）和瓦恩布勒（Karl von Varnbüler）成为帝国议会中经济界的代表人物。[③] 他们在推动贸易政策网络的转变过程中发挥了重要作用。下文有关经济利益团体的章节将就此做更详细的展开。

如上文所述，1873 年之后，德国经济开始面临各种问题和挑战。在自由贸易条件下，来自美国和俄国的粮食凭借低廉的生产和运输成本对德国本地产品造成巨大竞争威胁；而德国的工业界亦在始于 1873 年的经济萧条中陷入低迷，德国工业品受到英国产品的竞争挑战。德国农业界和工业界的上述变化相互间并没有明显的因果关联，却几乎同时发生。

在这样的情况下，农业界、大地产主和工业界都开始要求用保护性关税来取代自由贸易。有关保护性关税和自由贸易的争论在所有党团蔓延，除了

---

① Böhme，1974：pp. 309 – 310.

② Böhme，1974：p. 311.

③ Böhme，1974：p. 359.

有9名成员的社会民主主义党团意见始终一致。在1874年的议会党团中就已经成立了主张转向保护性关税政策的跨党团组织——自由国民经济联盟(die Freie Volkswirtschaftliche Vereinigung)[①]。

自1874年起，帝国军队预算、财政税收改革、铁路国有化等问题引发了俾斯麦与自由派之间的冲突[②]。低迷的经济景气状况迟迟没有改善，无论是德尔布吕克、班贝格还是布劳恩都未能找到迅速提振经济的良方。1875年底，反对自由贸易的声音越来越响亮，尤其是在有关税保护传统的南德地区。[③]

1875年底，在帝国议会有关关税税率的辩论以及与之相伴的新闻舆论斗争中，各方的利益冲突达到了第一个高峰。支持保护性关税的阵营不断扩大，埃森、赖兴巴赫、哈勒、施威德尼茨－瓦尔登堡、布雷斯劳、奥芬巴赫、吉森、卢森堡、巴伐利亚、慕尼黑的商会以及西德地区的毛纺织厂和小型钢厂、南德地区的纺织工业界、铸造协会（Eisengießereiverein）和长名协会成员以及烧碱生产商都加入到支持保护性关税的阵营中来。[④]

但是，纵使以国家和社会需要为理由，并大力鼓吹经济民族主义，议会中主张贸易保护主义的经济界代表人物卡尔多夫、巴勒施特雷姆（Franz von Ballestrem）和洛维（Wilhelm Loewe）仍然没能敌得过主张自由贸易的班贝格和布劳恩，前者所提出的有关保留关税的提案未能通过。[⑤] 1875年，贸易政策的保护主义转向还差一点火候。

不过，俾斯麦在贸易政策问题上的态度已经有了明显转变。1875年10月，俾斯麦就拒绝与意大利签订贸易协定，虽然德尔布吕克已经开启了与意大利的谈判。而在德奥就新的贸易协定开始谈判之前，俾斯麦就已经开始提高对法国国家补贴商品的进口关税。1876年4月中旬，德尔布吕克向各邦国政府提出建议，制定有关税收和关税的修订法案，以进一步扩大自由贸易体系，而对于就法国的出口补贴采取措施一事，显得勉为其难。在这个状况下，俾斯麦与新成立的几大经济利益团体的代表进行了沟通，尤其是横跨政

---

① Lambi, 1963: p. 207.

② 有关俾斯麦与帝国议会的冲突，本书将在有关各政治行为体具体行为的章节详细展开。可参见 Böhme, 1974: pp. 380－381。

③ Böhme, 1974: p. 359.

④ Böhme, 1974: p. 374.

⑤ Böhme, 1974: p. 377.

商两届的保守派代表人物卡尔多夫。几天后，解除德尔布吕克职务的申请被批准。1876 年 6 月 1 日，德尔布吕克因“健康原因”离职。

虽然保护性关税直到 3 年之后才得以全面推行，但 1876 年是贸易政策转变过程中一个极为重要的节点。德尔布吕克是主张自由贸易的标志性人物，他的离职不仅意味着自由贸易理念在德意志帝国的式微，也意味着俾斯麦与自由派之间的裂痕已经到了难以弥合的地步。[①]

德尔布吕克的继任者霍夫曼（Karl Hofmann）出生于达姆施塔特，并非普鲁士人。与此同时，随着德尔布吕克的离职，贸易政策被纳入外交部的管辖范围。由此，南部主张保护性关税的势力进一步靠近帝国的权力核心；而俾斯麦有意在帝国中引入非普鲁士力量，在一定程度上降低了坎普豪森（Ludolf Camphausen）[②] 等普鲁士自由派掌权者的势力。[③]

其实发生于1878/1879 年的权力格局变动早在 1876 年初就已奠定了基础。参与创建自由保守党/帝国党的卡尔多夫于 1876 年创建了德意志工业家促进及保护民族劳动中央协会（Centralverband deutscher Industrieller zur Beförderung und Wahrung nationaler Arbeit，以下简称中央协会）。同年，税收与经济改革者联合会（Vereinigung der Steuer- und Wirtschaftsreformer，以下简称改革者联合会）成立，不少保守党议员是该组织成员，该组织促进了帝国议会中农业界利益的组织和联合。经济领域的内政矛盾促进了俾斯麦与教会及宗教势力的和解。保守派、中央党、中央协会、改革者联合会、德国商业大会构建起新的议会多数派力量。[④]

1877 年 4 月，德意志帝国与奥匈帝国的贸易谈判在维也纳启动。德方的目标是，以 1868 年的贸易协定为基础，互相给予全面优惠待遇（Reziprozität der Zugeständnisse），即双方给予对方相同的关税待遇。由于奥地利的关税水平高于德国，而这种较高的关税水平是奥地利和匈牙利于 1867 年签订的组建奥匈帝国的《奥匈协定》（Der Österreichisch-Ungarische Ausgleich）中就已约定的，所以在与德国的谈判中，奥地利方面基本没有下调关税的谈判余

---

① Böhme，1974：p. 412.

② 坎普豪森，自由派代表人物之一，1873 年 11 月至 1878 年 3 月任普鲁士国务部副主席（Vize-präsident des preußischen Staatsministeriums）。

③ Böhme，1974：pp. 413 – 414.

④ Böhme，1974：p. 412.

地。[①] 而德意志帝国的议会拒绝一切有违自由贸易原则的决议，因此德国亦不可能提高对奥关税，使两者持平。所以，德奥两国在关税问题上从一开始就缺乏谈判基础，破裂是必然的。

有意思的是，德奥贸易谈判的破裂令几乎所有人都感到欣喜。自由贸易者视之为自由贸易政策的又一次胜利，而主张保护性关税的人则认为这能提醒德国人重新审视自己的贸易政策，并有可能推动德国贸易政策的转变。

谈判破裂后，巴伐利亚、符腾堡、萨克森和巴登等邦国纷纷强调，不愿与奥匈帝国在利益上抱团，如果德国对奥地利加征关税，它们不会有任何阻挠。这对从来力主自由贸易的巴登而言，是重大的转变。关税问题成为德国各界议论的热点，“开征及提高关税”也不再是“不能讨论”的话题。此事在普鲁士和帝国政府中引发的反应当然更为激烈。为了确定关税税率，在经济界开展“官方调查”（Enquête）的必要性也越来越广泛地得到认可。[②]

保护性关税逐步成为一个核心问题。经济界加紧向议会渗透。弗赖塔格（Gustav Freytag）曾把帝国议会称为“关税和交通业的代表大会”，言下之意，帝国议会中逐步充斥经济利益的代言人。[③]

正是在内政、外交和贸易政策矛盾重重、争执不休之时，1877 年 1 月，帝国议会进行了选举。新成立的两大利益团体中央协会和改革者联合会首次介入选举过程。[④]

虽然选举的结果并未尽如所愿，但这两大利益团体所做的努力还是值得的。中央协会高层进行了重组，最主要的保护性关税支持者在理事会（Ausschuss）中占据了主导地位，机车生产商施瓦茨考普夫（Louis Schwartzkopf）进入主席团，哈斯勒（Theodor von Haßler）担纲第二任主席[⑤]；改革者联合会中的保守派重新联合。这一届的帝国议会选举结果表明：赫尔多夫（Helldorff）领导下的保守派势力再次得到加强，自由保守党保住了原来的地位（38 位议员），而自由派开始失势，并且分裂为左右两翼，迄今为止自由派在帝国议会中的主导性地位首次被撼动。[⑥]

---

① Menger，1887：pp. 275 – 343.

② 参见：Hassler，1962：pp. 223 – 233；Böhme，1974：pp. 461 – 464；Menger，1887：pp. 275 – 343。

③ Böhme，1974：p. 446.

④ Böhme，1974：p. 446.

⑤ Bueck，1902：p. 170.

⑥ 参见：Görtemaker，1986：p. 225；Böhme，1974：p. 505。

在1878年议会解散后的重新选举中，虽然自由派再次获得相对多数，但它所向披靡的趋势被逆转。经济利益代表群体、支持国家权力至上的群体以及国家安全至上的群体得以联合起来挑战自由派，而前者代表了大工业家、大农业生产者的利益，即中央协会、改革者联合会以及俾斯麦的经济改革计划在开征保护性关税方面的目标。重新选举后的议席分配情况如下：保守派的议席数量有明显上升，保守党59席（1877年：40席），自由保守党57席（38席）；民族自由党的议席缩水至99席（128席），进步党26席（35席）。然而可以看出，自由派议席虽然有明显减少，但并没有出现颠覆性的失败。中央党（从99席到93席）及社民党（从9席到12席）的议席数量没有明显变化。另有波兰人党团（Polen）14席，少数民族（Partikularisten）14席，人民党（Volksparteiler）3席（4席），以及7名独立议员。①

民族自由党的损失主要在老普鲁士地区和南德地区。在这些地区，工厂主和农业生产者取代民族自由党获得领导地位。1878年，共有35名支持保护性关税的议员进入帝国议会（1877年：19人），而24位银行家和商人中有一半是“中央协会”的代表。在397名议员中，有117人是封建地主（Rittergutsbesitzer），158人是高级官员；有163人属于贵族阶层，232人属于资产阶级；其中受过高等教育的有157人（大多为法学专业）。因此，1878年选出的这届议会具有“利益关联的名人政治议会”的色彩（Zug zum interessengebundenen Honoratiorenparlament）。

重新选举后，自由派议席总数为125席，保守派为106席，势均力敌，因此天主教中央党成为构建多数派的关键②。

在1878年的议会选举后，有204名主张征收保护性关税的议员汇聚在当时由瓦恩布勒领导的自由国民经济联盟旗下（这个联盟因此也被称为“204联盟”）。③ 从人数来看，这个主张贸易保护主义的团体在议会中占据了多数席位。而该团体成员在几个大党派中的分布情况非常符合各党团议员的社会来源以及各党派所代表的特定利益。

在民族自由党党团中，法律工作者与官员占据了大部分，商人、工厂主

---

① 参见：Statistisches Jahrbuch，1880：pp. 140－141；Görtemaker，1986：p. 225。

② 中央党在经济政策上的观点与保守派一致，但在“社会主义者非常法”一事上与俾斯麦存在分歧。“非常法”最终于1878年10月18日凭借保守党、自由保守党和民族自由党的支持获得通过。

③ Böhme，1974：p. 506.

和银行家占27.6%，远远超过13.6%的整体水平。[①] 但这些经济界代表在保护性关税问题上的立场并不一致，而且民族自由党在总体上仍始终以自由主义为旗帜，因此在该党团中，只有27.5%的议员加入了主张关税保护的"204联盟"，这个比例在各主要党团中是最低的。在保守党党团中，"204联盟"成员的比例高达61%，在自由保守党党团中为69%，中央党党团为93.5%。[②]

1878年10月，39名自由保守党、36名保守党、27名民族自由党和87名中央党议员联名向帝国政府提交了要求调整帝国贸易政策的呈文，俾斯麦顺势就此做出了第一次公开表态，明确表示他将"全面调整贸易政策"，而且已经开始着手前期工作。[③] 从提交呈文的议员的党派构成可以看出，帝国议会中的各政党已经在贸易政策问题上分化出不同的利益群体：大地产主（保守党）、大工业主（自由保守党、右翼自由党）、贸易界（民族自由党）、小资产阶级（进步党）都支持关税保护，与俾斯麦意见一致。因此，1878年的选举在根本上是忠于帝国最高权力的派系的胜利。中央协会和改革者联合会这两个经济利益团体在竞选过程中为支持其经济利益主张的候选人提供支持，无论他们是来自保守党、自由保守党还是右翼自由党，事实证明，他们的努力是有回报的。[④]

1878年帝国议会选战正酣时，联邦参议院任命了中立的调查委员会，就钢铁、棉、麻产业展开官方调查（Enquête）。委员会的人员构成完全符合经济界的愿望。由于做了周密的前期安排，中央协会几乎完全控制了调查。史都姆、塞罗（Albert Serlo）和施洛尔（Gustav von Schlör）按照中央协会所制定的原则设计了调查问卷，钢铁业调查的"经营盈亏"这项数据采用的是德意志钢铁工业协会汇总的整体数据。那些主张自由贸易的小型钢铁企业代表的意见并没有被纳入报告。纺织业的调查同样完全被中央协会所操控。[⑤]

为了使贸易政策和关税的改革计划最终能得以通过和实施，俾斯麦又着手组建了若干委员会，就不同行业的经济政策为参议院提供咨询。当然，这

---

① Zunkel, 1962: p. 189.
② Maschke, 1965: pp. 235 – 236.
③ Böhme, 1974: p. 508.
④ Böhme, 1974: p. 510.
⑤ Böhme, 1974: p. 515.

些委员会的人员构成也是由中央协会和改革者联合会一手安排的。[①]

1878年10月俾斯麦与瓦恩布勒的信件往来显示，俾斯麦计划改变贸易政策，对关税税率进行调整。1878年12月15日，俾斯麦给联邦参议院写了一封公开信，并以此引导了舆论。此后不久，俾斯麦便组建了关税委员会，为联邦参议院提供咨询，并任命瓦恩布勒为委员会主任。[②] 1879年1月3日，以瓦恩布勒为首的委员会成立，并启动审核工作。而中央协会所制定的关税税率草案成为上述委员会的工作文件。

1879年7月12日，1878年选出的帝国议会以217票赞成、117票反对通过了政府有关重新起征保护性关税的提案，而该提案正是由中央协会拟定的。德意志帝国的贸易政策终于实现了这个具有深远影响的重大转向。[③] 马什科（Erich Maschke）指出，通过保护性关税政策，可以看出德国议会制度对不断进展的工业化所做出的重大反应。它显示出企业家是如何全力以赴的。在最初的几届帝国议会中，担任议员的是独立的企业家，鉴于他们的经济状况，政治活动对他们而言是可有可无的。随着担任议员的越来越多是在工业界或在经济利益团体中担任高层领导职务的雇佣工人，他们就必须按照工业界的设想在议会中为工业界的利益代言。[④] 例如，在1878年的帝国议会选举中，首次有两位职业经济利益集团代表人伦屈（Hermann Rentzsch）和施内甘斯（Carl August Schneegans）[⑤] 当选议员。这实际上说明经济界利益代表的组织化程度提高了，当然它也与工业界的集中化发展、企业的所有权与经营权分离有关，与社会的组织化程度提高有关。[⑥]

贸易政策转向的过程反映出的是德意志帝国贸易政策制定机制，即“政策网络”的变化。从整体上来看，最显而易见的是经济界利益团体的迅速崛起；它们明确地参与到政策的制定与执行过程中，不仅通过各种手段向议会进行渗透，而且与政府建立起直接联系，参与到立法和政策制定的前期工作中。

---

① Böhme, 1974: pp. 521－522.

② 参见 Bueck, 1902: pp. 185－186。

③ Maschke, 1965: pp. 235－236.

④ Maschke, 1965: p. 238.

⑤ 波莫称这位议员名叫 Schneeganz，来自 Mühlhausen，但在议员档案数据库中没有找到此人，只有一个来自阿尔萨斯－洛林的 Carl August Schneegans，主张该地区的自治。参见：德意志帝国议会议员数据库：http://www.reichstag-abgeordnetendatenbank.de。

⑥ Böhme, 1974: p. 506.

值得注意的是，由于经济利益团体向议会的渗透，议会成为“经济利益代表”和“政党政治”这两重政治行为体系的交叠之处，于是出现了一些让人迷惑的现象，例如某些个人在代表经济利益时背离了其所属党派的原则性主张。最明显的是主张贸易保护主义的“204 联盟”跨越了党派的界限，渗透进了几乎所有主要党派。可见，议会可以成为经济利益团体在“政策网络”中发挥政治影响力的一个平台，某些个人也可能同时处在“经济利益代表”和“政党政治”这两重行为体系之中。所以在分析时必须把这两重行为体系区别开来，才能构建清晰明确的政治行为体，从而厘清行为的具体动因。

这种双重行为体系交叠的复杂情况与德意志帝国政党本身的特点有关，在某种意义上，经济利益团体与党派在组织性以及与之相关的政治影响力上构成了竞争。而俾斯麦所信奉的“现实政治”也在一定程度上鼓励了“经济利益”与“政治原则”的竞争与交织。这些问题都与政治行为体的特性密切相关，因此下文将着重对相关政治行为体在转变中所扮演的角色、所发挥的作用进行分析。在分析的过程中，将分别立足于每一个不同的行为体，以它们的视角来观察环境的变化，从而更准确地分析它们的利益诉求和行为决策。

二 各相关行为体在政策转变中的角色与作用

（一）自由派

本书在第二章介绍德意志帝国主要党派时已经总结过，成立于 1861 年的德意志进步党在建党之初就已明确，党派的基本主张是民主、平权、政教分离以及实现民族统一。虽然在“宪法冲突”之后，民族自由党从中分裂出来，选择与俾斯麦妥协，并在统一和帝国建国的进程中为其提供助力，但即便是认可先实现“统一”再实现“自由”的民族自由党也从未背弃自由主义的基本主张。在分析自由派的行为时，始终应考虑到自由主义这个基调。

值得注意的是，帝国议会中也有不少自由派议员为特定的经济利益代言，因此在对自由派的行为进行具体分析之前，须先行厘清其中的身份重叠问题。根据本书所运用的组织行为学理论，被组织的是行为，而非具体的个体。所有特定个体都只是部分地参与某一个有组织的行为系统，且同时被部分地纳入其他多个不同的行为系统。也就是说，某个人很有可能凭借其在不同时间的不同行为，既是组织的成员又是组织的环境。[①] 因此在分析行为体的行为时，应把议会党派与经济界利益代表这两重身份进行划分，因为它们属于两个不同的行为系统，这样就能清晰地说明行为的动因。具体而言，本小节仅涉及将自由派作为纯粹的政治党派进行分析。那些自由派议员作为经济利益代表及作为经济利益团体成员的行为，本书将在下文针对经济利益团体的章节进行考察。

建国后自由派所面对的最直接的环境变化无疑就是德国的统一；第二是俾斯麦发动的针对天主教势力的文化斗争；第三是始于1873年的经济危机和之后持续的经济低迷；第四是民众政治参与度不断提高而造成的自由主义危机。[②] 这些环境变化对自由派造成的影响包括以下几个方面。

第一，“统一”提升了自由派政党的政治地位。“统一”一度是自由派最迫切的政治目标，也是自由派与俾斯麦合作的基础，是支持自由派走到政治前台的核心政治主题。统一的德意志帝国的成立对于自由派政党而言是巨大的政治成就，理所当然地提高了党派的政治地位，为党派带来更多的政治资源。统一后自由派在帝国议会选举中的表现也印证了这一点。

在1871年第一届帝国议会选举中，由于帝国统一与自由派的政治理想相吻合，而帝国建立前后的经济繁荣也有利于自由主义经济政策的立足与发展，因此，自由派在这次大选中可谓大获全胜。在总共382个席位中，民族自由党获得125席，而包括进步党在内的各种以“自由”为名的党派团体的议员，以及自称“自由派”的独立议员共获76席，所有自由派议员的数量总和达201席，超过帝国议会全部议员数量的一半。1874年，由于保守派摇摇欲坠，又得不到俾斯麦政府的支持，因此民族自由党和进步党吸收了保守派中的自由主义者，在帝国议会中分别占据了39.0%和12.3%的议席。在帝国议会总共397个席位中，全部自由派的议席总数达207席。在实行三级选举制度的普鲁士以及其他大多数中等大小的邦国中，1873年和1876年地方议会选举中自由派所占席位比重也与帝国议会相当。[③] 从议会席位看，在

---

① 参见Pfeffer，2003。

② 至于国际关系方面的环境变化，如前文所述，俾斯麦在帝国的外交和军事政策领域大权独揽，议会几乎完全被排除在外，因此国际关系环境的变化即便对议会党派在贸易政策网络中的行为存在间接的影响，这种影响也是首先作用于俾斯麦，而后再传递到议会党派，因此这部分内容放在后面有关俾斯麦行为的章节专门讨论。

③ 选举数据均出自：Nipperdey，2009：pp. 321－322；Görtemaker，1986：p. 225。

这段时期，自由派可谓达到了政治影响力的巅峰。

不过自由派的根基其实并不稳固，这表现在以下四个方面：第一，由于自由派内部存在诸多政治分歧，在不少政治话题上意见并不统一，所以占据多数席位并不一定意味着自由派在政治上拥有稳固的强势地位；第二，由于德意志帝国中“名人政治”的传统根深蒂固，因此选民投票给自由派并不一定意味着对自由主义理想的支持，而很有可能只是为了支持本地的某位名流；第三，同样出于“名人政治”的传统，这些受过教育的自由派名流只在社会精英群体中传播自己的思想，他们并没想到要在普通民众中开展政治组织工作，也不热心开展政治宣传，因此自由派并没有真正意义上的政党组织；第四，自由派信奉自由主义的世界观，而这是一种相对较为开放和松散的理念。与之相比，中央党、社民党和保守派显然更容易在天主教信众、社会民主主义旗帜下的工人运动以及容克等传统精英群体中形成和保持各自稳定、忠实的支持群体。①

自由派的这些问题是隐性的，但也是根本性的，它们虽然并不是导致1878/1879 年政治转折的直接诱因，却是深层的基础性原因，所以在考察自由派时应始终留意这些问题的存在。

第二，19 世纪 60 年代，自由派领导了统一运动的浪潮，在民众中引起了广泛的支持和共鸣，但一旦德意志帝国统一大业完成了，自由派便丧失了自己最主要的政治话题。由于这一时期德意志帝国的政党普遍缺乏组织性和动员力，一旦丧失政治话题便失去了相当一部分凝聚力。不少原本聚集在自由派麾下的个人和团体因各自感兴趣的新的政治话题而转向其他党派。

第三，随着帝国越来越稳固，帝国政府威望越来越高，俾斯麦与自由派合作的意愿逐步消退。

在建立统一的德意志帝国的过程中，俾斯麦选择与自由派合作，是因为自由派支持以“小德意志方案”统一德国，而来自南部邦国和普鲁士的民族自由派力量首先在北德意志帝国议会中构建起俾斯麦所需要的议会多数。而在德意志帝国的建国初期，俾斯麦必须依靠自由派作为盟友与分裂势力继续斗争。一方面，在帝国议会，以及在巴伐利亚、符腾堡和巴登等邦国，自由派的支持率均超过一半，在议会中形成绝对多数；另一方面，自由派支持俾斯麦主张的文化斗争。

---

① 参见 Nipperdey，2009：pp. 321 – 322。

德意志帝国成立后，自由派与俾斯麦的合作取得了很多成果：通过立法，在全国范围破除了地方专制，为自由经济和人口迁徙自由构建起框架条件；构建起法治国家，建立并发展帝国行政管理体系；针对文化斗争出台了一系列法律。但是随着这些成果的取得，自由派完成了自己“实现德国统一”这个历史使命，并因此而逐步丧失了对俾斯麦的吸引力。①

俾斯麦的保守本质本来就与自由主义价值观之间存在深层矛盾，他与自由派的合作无非是出于实用主义的“现实政治”原则。当合作的迫切性和必要性逐步消失，俾斯麦必然与自由派渐行渐远。

第四，从表面来看，文化斗争是新成立的德意志帝国中的政教地位之争。从更深层次来看，它一方面是俾斯麦对分裂势力的进一步打击和肃清，是德意志统一运动的后续；另一方面，它也是教会权威与资产阶级－自由主义理性之间的一次缠斗。

对于自由派而言，文化斗争一方面推广了自由主义价值观，另一方面也具有非常现实的战略意义。文化斗争使俾斯麦脱离了右派，避免了他和与自由派势力相当的保守派－天主教势力合作，将俾斯麦拴在自由派这一边，也将包括左翼在内的自由派团结在一起。② 但是，当19世纪70年代末文化斗争终于结束后，自由派便失去了这种政治红利。

第五，1873年起德意志帝国的经济低迷，人们越来越多地将责任归咎于以自由市场经济为导向的经济政策。虽然德国的自由主义其实并不完全是自由市场经济和“曼彻斯特主义”③ 的代言人，但自由党“辅助执政”的党派地位使其难以避免地成了民众发泄不满和反对派进行政治攻击的靶子。随着“关税保护”这个话题的兴起，越来越多的利益团体要求国家保护和国家干预。

在经济低迷时期，人们将更多的注意力集中于自己切身的经济利益。因此，经济低迷也使得各城市、各邦国，以及城市中产阶级内部的利益出现分化。中产阶级本身包含了上层和下层、企业家与手工业者、资本家与政府官员，他们可分为小资产阶级、知识分子、小市民等不同阶层，并可进一步细

① 参见：Winkler，2014：pp. 215－216；Burhop，2011：p. 23－24；Craig，1985：p. 67。

② Nipperdey，1990：pp. 318－319.

③ “曼彻斯特自由主义”源于19世纪30年代英国的“反《谷物法》同盟”。它不仅使英国政府废除了《谷物法》，并且论证了自由贸易和尽可能避免国家干预的自由经济的经济与社会意义。休谟（David Hume）、斯密（Adam Smith）及塞伊（Jean-Baptiste Say）的著作为其构建了理论基础。

分为拥有各种不同生活方式的群体。随着利益的分化，这些不同阶层和不同群体因利益取向不同而出现越来越多的差异，这使得传统自由主义的具有同质性的社会基础分崩离析。其中受影响最大的是民族自由党的传统支持群体。①

第六，建国之初，俾斯麦就在帝国议会选举中推行了普选制。虽然普选制没有像俾斯麦所期待地那样有利于保守派②，但的确打击了自由派。普选制大大提高了民众的政治化程度以及政治参与度，党派获得了游说、鼓动和团结选民的可能，但自由党从中的获益远远不如其他党派。如上文所述，自由党缺乏稳固的支持者群体，在民众中的群众基础和号召力远不如天主教中央党和后来崛起的社会民主党。自由党在刚刚兴起时是以反对党的面目出现的，因而拥有清晰的政治立场，但如今它成为与政府合作，辅佐执政的党派，那么它便失去了作为反对党的政治便利，无法利用民众对政府的各种不满来作为自己的政治话题并以此积累政治资本，反而成为反中央集权、反世俗主义和反自由市场经济的反对者们的标靶。

几乎在欧洲所有地区，民主的发展和民众对政治的广泛参与都导致了自由主义的危机。而在德意志帝国，这场危机到来得特别早，因为在德意志帝国特殊的君主立宪制政体中，自由派根本未曾真正获得执政的机会，也因此无法在民众中构建和巩固自己的政治根基。③

以上这些影响使自由派在建国后不得不面对两方面问题：第一，失去了“民族统一”这个核心政治话题，加之经济低迷造成利益分化，以及其他党派的竞争，自由派在民众中的政治号召力下降；第二，与俾斯麦的权力平衡发生了变化，俾斯麦对合作关系的依赖度下降，向自由主义妥协的意愿减弱，逐步停止了发展民主宪政的步伐，自由派正逐步失去自己的政治影响力。

面对这样的状况，自由派在总体上选择了，或者更确切地说，坚持了一个既有的战略方向：在“统一”之后实现“自由”，就是进一步完善德意志帝国的民主宪政建设，实现帝国内部深层的“建国”④。这个战略方向从原

---

① Nipperdey，1990：pp. 324 – 325.

② 俾斯麦推行普选制主要是为了迎合民意，并且运用了一系列手段来限制议会的权力，但他坚定地相信民众对王朝的忠心，并因此相信普选制是有利于保守派的，原话参见俾斯麦，2006：pp. 292 – 293。

③ Nipperdey，1990：pp. 323 – 324.

④ Nipperdey，1990：p. 317.

则上看无疑是正确的。因为自由派由此构建了“统一”之后的下一个核心政治话题。而且，进一步的“自由”意味着改善德意志帝国的宪政民主，意味着加强议会权力，当然也就意味着改善在议会中占据多数的自由派相对于俾斯麦的权力地位。

然而自由派中的不同派别选择的战略并不相同。民族自由党，也就是自由派中的中右翼首选与俾斯麦合作，也就是选择提高与俾斯麦之间的协同程度。他们希望在统一的德意志民族国家中加强法治国家和宪政国家的制度和机构建设，并尽可能地使其具有自由主义色彩。他们也希望拥有更大的政治权力，为此，他们希望逐步加强议会的地位和权力，进一步加强宪政，逐步消除德意志帝国的专制国家色彩。也就是说，民族自由党希望通过提高与俾斯麦这个制约性力量的协同性来逐步改变环境，从而改善自身的处境，并最终提高组织的自主性。而以进步党为主的自由派左翼则主张直接提出自己的政治诉求，即直接寻求改变政治环境，以改善自由派的政治地位。由于进步党在 1867 年的宪法危机之后就已经把自己放在反对党的位置，所以他们可谓延续了一贯的政治战略。自由派中右翼与左翼在战略选择上的差异最终导致了自由派的分裂。

这里来看自由派的具体行为①。在合作前行的过程中，俾斯麦与自由派之间的摩擦和冲突主要表现在帝国政府与议会的权力分配上②。

1874 年，军事预算问题引发了俾斯麦与自由派之间的首次矛盾冲突。自由派占多数的帝国议会否决了俾斯麦提出的《永久军事预算案》，因为“这将使帝国议会唯一实质性的权力基础成为泡影”。虽然同年 4 月，迫于舆论的压力，并鉴于文化斗争的形势，帝国议会与俾斯麦达成妥协，通过了《七年军事预算案》(Septennat)③。但这场冲突带来了两个影响深远的后果，第

① 本书在这部分基本没有涉及自由派在经济贸易政策（比如关税）领域的立场和具体行为。因为本书并非以贸易政策本身为研究对象，而是研究输出这种政策的机制——政策网络，因此本研究的重点是推动或导致网络发生变化的各种因素，因为它们导致了变化，所以它们肯定不是稳定的、延续性的常态。而自由派在经济贸易政策领域的立场和行为恰恰是稳定而有延续性的，因此它们至少不是本书研究的重点。

② 此处有关“军事预算”和“铁路计划”引发冲突的事实描述参见 Böhme，1974：pp. 380－381。

③ 俾斯麦于 1874 年首次提出为期七年（1875～1881）的军事预算法案，规定把常备军从 36.7 万人增加到 40.2 万人，军费开支从原来的 27084 万马克增加到 31893 万马克。1874 年 4 月该法案在帝国议会获得通过。1880 年和 1887 年，俾斯麦又先后提出第二个和第三个《七年军事预算案》，均在帝国议会获得通过。

一，帝国议会放弃了部分预算权；第二，正面而直接的冲突使自由派与俾斯麦之间的矛盾公开化。

俾斯麦的“铁路计划”也引发了类似的冲突。该计划包含两个内容，一是设立一个统一的帝国铁路局，二是实行铁路国有化。俾斯麦的这个计划得到了德意志商业大会、农业理事会和德意志钢铁工业协会等经济利益团体的支持，但在帝国层面遭到了自由派的反对。自由派虽然支持设立“帝国铁路局”，但他们认为铁路国有化将增加帝国层面的财政收入，有助于俾斯麦实现“帝国预算独立”，而这将侵蚀议会的预算权，并削弱自由派的力量。即使在普鲁士，以亚琛巴赫（Heinrich Achenbach）、坎普豪森、德尔布吕克为代表的自由派也激烈反对俾斯麦的计划，因为他们认为铁路国有化违背了他们所主张的自由竞争的原则。

原则上说，自由派应该有机会在摩擦和冲突中不断加强自己的地位，钳制政府，扩大议会的权力。但正如本书在之前的章节中所描述和分析的，鉴于 1871 年后的国际局势和德意志帝国的对外政策，以军事预算为议题扩大议会的权力，这显然不合时宜，也很难实现。自由派无法无视对外政策的需要和战争的威胁而做出违背俾斯麦意愿的决定，因为这关系到国家的安全。为了维护统一的德意志帝国，无论是国内舆论还是自由派的基本立场，都不允许他们这么做。在这样的背景下，自由派在 1874 年做出了重大让步，帝国议会通过了《七年军事预算案》，在议会与政府的权力分配问题上，这普遍被认为是议会的“重大失利”。从这件事中可以看出，在帝国建立初期，即在自由派与俾斯麦合作的黄金时期，自由派没有能够找到机会扩大议会的权力。相反，俾斯麦凭借对外政策的话题，以国家安全为说辞，并借助舆论，将自己的权能扩张到除对外政策之外的内政领域，从而不断稳固自己的地位。

在俾斯麦大权独揽的帝国官僚专制政体中采取妥协政策，这意味着自由派在自由主义目标和现实之间陷入两难的境地。“与俾斯麦合作还是成为反对党”，这个曾在 1867 年面对过一次的抉择，如今又一次在民族自由党内部引发分歧。但没人想要推翻俾斯麦，自由派只是希望对他施加一些影响，或者通过某种意义上的政治分工赢得一些可以施加影响的政治领域，但俾斯麦却没有表现出做进一步妥协的意愿。

在两难纠结中，自由派内部的分化日益严重①。

首先，属于左翼自由派的进步党与民族自由党之间的矛盾变得更加明显和尖锐。自由派的妥协，尤其是《七年军事预算案》的通过，越来越清晰地表明，在德意志帝国充分实现宪政是不现实的。进步党的失望逐步累积，而且他们将这种失望的情绪诉诸对民族自由党的指责。1875 年霍夫贝克（Leopold von Hoverbeck）去世后，“曼彻斯特主义”的忠实拥护者里希特（Eugen Richter）成为进步党领袖。他将“纯粹的自由主义”原则置于现实之上，将进步党及其党团的政治主张置于各种合作关系之上，使进步党变身为反对党。帝国议会选举的得票情况也反映出自由派内部的矛盾和分裂。

其次，民族自由党内部也出现越来越明显的分歧。党内右翼越来越倾向于迎合政府的保守主义，鉴于民众逐步政治化，而自由派的支持率却日益下滑，他们开始怀疑自由派最初的宪政理想②。而与俾斯麦的合作，以及俾斯麦对自由派的尊重又使他们安于现状，希望保住自己辅佐执政的地位。在民族自由党内的右翼看来，进步党正逐步走向“帝国的对立面”。而“民族自由党”的左翼在与俾斯麦的合作中从未放弃宪政要求，坚持“整体自由主义”（Gesamtliberalismus）理想，并与进步党保持良好关系。当然在民族自由党内占据多数的仍是以贝尼希森（Rudolf von Bennigsen）为核心的中间派。他们认为，保持民族自由党的统一才是实现整体宪政的首要任务，只有一个强大的、兼容并蓄的党才能成为执政党，而政党执政正是实现宪政民主的目标。不过，尽管存在这些分歧，民族自由党在 1875 年至 1879 年间仍保持了统一，并未分裂。

与俾斯麦妥协所带来的上述两个层面的分化无论是否在组织形式上表现出来，自由派内部的裂痕已难以弥合。而且，自由派原先用于应对这种内部分化的两大手段均已不再有效。③

---

① 部分可参见 Nipperdey，1990：pp. 324 - 325。

② Nipperdey 认为，民族自由党因此陷入一种“受困心态”（Belagerungsmentalität）。他们原先以为自己是唯一能真正代表理性、成熟的民众的合法政党，如今这种信念动摇了，而原来将不支持自由主义的民众视为反动或反革命分子的说辞也变得站不住脚。至少党派的右翼开始怀疑民主主义者和广大民众。他们开始抨击普选制，开始倾向于重新强调强势国家的作用，因为只有强势的国家才能保障个人自由不受反自由主义者的侵害。见 Gneist，1872：Vorwort。虽然这种思潮并非民族自由党中的主流，但它冲淡了该党的改革热情，动摇了该党进一步推进宪政的决心。

③ Nipperdey，1990：pp. 324 - 325.

自由派的第一项手段是就“共同利益”（Gemeinwohl）形成共识。自由派过去总是用共同利益为标准来评判和衡量各种利益，而且也能够就所谓的共同利益形成共识。但是如果某一种或几种利益给自己贴上了道德的标签，自称事关共同利益，那就会增加平衡和评判的难度。例如，那些支持自由贸易的人并非以维护出口行业或消费者利益为理由，而是高举“自由”这个道德旗帜。他们认为保护性关税是反市场、反自由、反民主的，是“畸形之物”，是在为官僚、专政的干预型国家添砖加瓦。一旦上升到这样的道德高度，在相互冲突的利益之间便很难达成平衡和妥协。

自由派原先用于实现团结的另一项手段是“政治”这个概念。自由派将“政治”，即理念冲突、民族冲突、宪法冲突和教会冲突，置于所有的“特殊利益”之上，因此自由派政党以政治为原则团结在一起。但是，政治的经济化加剧了自由派的困境，纯粹的政治团结无法再弥合党派内部的利益冲突。

从表面来看，自由派作为一个大的政治派系，民族自由党作为一个大党，内部存在不同派系是很自然的，它们分别代表了不同的经济和社会利益。但是鉴于自由派在行为上的两难纠结以及最终难以调和的内部矛盾，就不得不更深层地来观察这个问题。自由派的复杂性其实在于：从“组织”作为行为体的定义出发，自由派这一“组织”存在模糊性和不稳定性。或者更明确地说，德意志帝国建国后，自由派从原本较为明确的一个“组织”分化成为若干个“组织”。对于自由派的矛盾、分裂和逐步失势，可以用组织行为理论再做一个整体性的梳理与解释。

第一，组织是团体与利益的联合体，它们都各自希望通过与其他个体的相互作用从集合体中获益，它们各自有自己的偏好与目标。因此组织之所以能出现和存续，是因为它能为其成员团体带来额外的利益。就自由派来看，在建国的过程中，团结在“自由主义”的旗帜下，高举“民族统一”的大旗，的确为众多信奉自由主义的“名人政治”团体带来了很大的政治红利，比如得以与俾斯麦合作，比如赢得民众的支持。但是建国之后，当俾斯麦的合作意愿和民众的支持都不再是无条件的红利，甚至成为难以重现的过往时，“自由派”这个组织本身存续的基础就受到了质疑。因为如果“自由派”作为组织已经无法为其成员带来额外的利益，那么它就丧失了成为一个“组织”的前提。这也就解释了为什么自由派无法构建统一的战略来应对因环境变化而不得不面对的制约和依赖关系。也解释了为什么自由派作为“一个行为体”最终走向分裂和衰落。

第二，前文理论部分曾阐明，对力图通过政治机制实现组织利益的战略家而言，更为重要的是了解政治决策者所面临的压力和利益，以及他如何实现自己的最终目标。而在政治舞台上活动时，组织不得不考虑更广阔的社会现实，而不仅仅是自身的利益。因为“社会现实”正是“政治决策者”所身处的环境。显然，左翼自由派并没有站在全局性的角度来观察德意志帝国的政治态势，而只是一味强调自己的自由主义立场。因此不可能与俾斯麦构建合作关系，即不可能通过俾斯麦这个政治决策者实现组织的利益——对党派而言当然主要是政治利益，即参与执政并获得相应的政治权力和影响力。

第三，组织是团体与利益的联合体，也就是说“自由派”是若干不同派别的联合体，但这些成员组织在认知环境时是单独进行的。对于环境存在不同的认知及判断，导致它们选择不同的战略。

从政策网络的角度来分析议会政党与俾斯麦之间的相对权力关系，在帝国议会中形成多数几乎是牵制俾斯麦的唯一可能，也是与其进行政治谈判或政治博弈唯一有效的筹码，而自由派没有能够保住这一点。因此，分裂几乎必然地导致了自由派的失势。

总而言之，自由派中的不同派别选择了不同的战略来应对环境和自身处境的变化。民族自由党希望通过提高与俾斯麦这个制约性力量的协同性来逐步改变环境，最终提高组织的自主性。而以进步党为主体的左翼则主张直接提出自己的政治诉求，即直接寻求改变政治环境，以改善自由派的政治地位。但这两种战略却并不成功，因为它们没有能够首先解决环境变化后组织存续的合法性问题，没有考虑到协调对象作为政治决策者所具有的特殊性，没有客观认识政策网络中的权力关系。而且，战略选择上的差异加快了自由派的分裂。可以说，自由派的行为以一种不利于该行为体自身的方式推动了贸易政策网络的变化。

（二）保守派

本书在第二章已经提及，1866/1867年后保守派在政治上被边缘化，他们没有参与俾斯麦主导的统一运动，与当时的主流势力保持了距离。俾斯麦与自由派的接近导致了保守派的分裂。1867年，自由保守党成立，他们支持俾斯麦的内政外交政策，并有许多成员在俾斯麦政府中担任公职。其余那些松散的保守主义党派仍然以德意志保守党的名义存在，但该党并没有特定的政党领导人，只是一些松散的保守派政治团体的组合。

建国后，保守党面对的变化主要有两方面。

第一，由于刻意与帝国政府保持距离，德意志保守党在 1874 年的选举中大败，在帝国议会中的议员席位从 1871 年 382 席中的 57 席缩水至 397 席中的 22 席，当然，自由保守党由于始终唯俾斯麦马首是瞻，席位保持稳定，从 37 席降至 33 席。[①] 这意味着保守派的政治影响力急剧下降。鉴于俾斯麦与自由派合作，保守派如果一味迎合俾斯麦，将意味着放弃保守主义的基本立场。对一个党派而言，究竟是追求政治影响力还是坚持自己的核心价值观和基本立场，这个两难问题却也是关乎党派生死存亡的关键问题。

第二，本书在有关外贸环境变化的章节中已经详细阐述：1875 年底德国粮食价格开始暴跌，对德国农业界而言是一个巨大转折。面对美国新兴的大规模生产型农业，以及俄国广袤肥沃的耕地和低廉的农业成本，普鲁士传统农业毫无竞争优势。易北河以东的农业生产者很快就失去了英国这个最重要的出口市场，国内市场也受到威胁。虽然开始时德国农民的利益并不一致，但粮食价格的下跌最终导致地租的下跌，易北河以东地区受打击最甚，容克阶层的根本利益因此受到触动。在容克阶层看来，走出危机的唯一出路就是保护“民族劳动”，用关税来抵御来自海外的低价竞争，以保证德国农产品在德国本地市场的销量和价格。而农民由于实际收入受到严重影响，因此改变了对自由贸易的看法。土地所有者及农民由此成为反对自由贸易的重要政治力量。[②]

这意味着，保守派有了“反自由贸易”这个新的政治议题。更有利的是，这个议题并不是由个别政治精英提出的，而是源自保守派所立足的基本社会阶层和社会群体的切实诉求。俾斯麦在本质上从来都是容克阶层的一员，因此这一诉求也容易获得他的共情。“反自由贸易”是一个非常实际的政治诉求，并非虚无的哲学原则，而当这个议题披上民族主义的外衣，又非常契合统一后的政治语境和俾斯麦的政治立场。所以说，“反对自由贸易”这个话题对保守派而言是极好的政治资源，而保守派也很好地对其进行了利用。

虽然建国前后，相对于俾斯麦与自由派之间的密切合作关系，保守派仿佛被排挤到了帝国政治的边缘，但普鲁士地方行政部门与保守派容克之间的

---

① Görtemaker，1986：p. 225.

② 参见：Böhme，1974：p. 399；Burhop，2011：p. 109。

“天然”联系仍然具有重要意义。而且在联邦议会及普鲁士地方议会的保守派议员中也不乏俾斯麦的支持者、以执政为要务的人以及实用主义者，他们与陈旧、保守的“反自由主义”保持着距离。1872/1873 年，普鲁士众议院中超过三分之一的保守派议员组建了一个新保守主义党团（neue konservative Fraktion）。1876 年，保守派重新组建了德意志保守党（下文中若不做特别说明，保守党即指 1876 年新成立的德意志保守党），为首的是三位容克政治家。[①]

保守党明确自己的建党基础是：德国已经建立了统一的民族国家——德意志帝国；帝国建立起了新的政治和社会秩序，但带有俾斯麦的保守主义的烙印；党派立足于大地主和大农业生产者的利益。如前文已经提及，就在建党的同年，保守党通过“税收与经济改革者联合会”在帝国议会中将农业界的利益组织起来。就建党而言，最具决定意义的是，保守派接过了德意志帝国民族主义的大旗，并很快成为代表这一思想的先锋。他们回归原本已经过时的原则和思想，强调农业利益，并视之为通往民粹主义的新路线。除了政治实用主义的出发点，建党者显然也看到了旧保守党的没落，看到了俾斯麦在政策上因受到民族自由党的影响而较为左倾，他们希望保守党能对此发挥一定的制衡作用。

保守党的建党非常成功，以至于原来的保守派人士纷纷加入。当然，保守党建党之后，原先的内部分歧不可能一蹴而就得以弥合，新政党中仍然存在派系问题，但保守派的政治号召力无疑大大增强。

保守派持反资本主义、反自由主义立场并对中央党抱有同情，这曾对保守党与俾斯麦之间的关系产生负面影响，因为俾斯麦强调党派对政府的忠诚，而当时政府正与自由派合作，反对自由主义和资本主义即意味着反对政府。但作为一个奉行“现实政治”的政治家，当保守派恰当地提升了自己的政治影响力，并能迎合自己的政治主张时，俾斯麦便开始考虑转变合作对象。

在 1878 年帝国议会选举产生的 397 个议席中，保守党的议席数回升至 59 席，德意志帝国党更是大幅上升至 57 席，得票率创历史新高。因此 1878 年起，在帝国议会中，保守党便能与中央党或民族自由党一起形成相对多数。在普鲁士众议院中，保守党自 1879 年起成为最大的政党。[②]

---

① 即 Wilhelm von Rauchhaupt、Friedrich Wilhelm von Limburg-Styrum 以及 Otto von Helldorff-Bedra。此处及下文有关保守党重新建党的内容均可参见 Nipperdey，1990：pp. 333－334。

② Görtemaker，1986：p. 225.

可以看出，面对建国后的变化，保守派顺势而为，一方面扛起了民族主义大旗，响应了民族统一运动成功后的政治和文化气氛，另一方面明确了其所代表的利益群体，在经济不景气和贸易困境中为它们代言，由此成功地改善了自己的政治地位，并成为帝国贸易政策向保护主义转向的重要推动力量。

在德意志帝国建国初期，相对于自由派，保守派在政治上处于弱势。因此，在帝国成立之初的贸易政策的“政策网络”中，难觅保守派身影。但到1878/1879 年政策转向时，保守派已经具有相当大的政治重要性。

（三）经济利益团体

对经济界而言，主要受到建国后经贸领域变化的影响：第一，建国初期的经济高速增长在 1873 年迅速降温，成立不久的德意志帝国未能幸免于身陷全球性的经济低迷；第二，经济过热导致工业界产能过剩，吞并阿尔萨斯 - 洛林进一步冲击了德国南部的棉纺织产业；第三，1862 年关税同盟加入西欧自由贸易体系后，自由贸易发展迅速，而美、俄则相继开始实施贸易保护措施；第四，70 年代，欧洲国家普遍陷入农业危机，而这与美俄粮食大量输入有密切关系。

这个小节将对这一时期德意志帝国主要经济利益团体的政治行为进行梳理，然后再做一个总体性的归纳。

1. 长名协会、南德棉产业协会及德意志钢铁工业协会[①]

如前文已述，1870/1871 年是德国自由贸易的巅峰。工业界第一个以转变贸易政策为目的而成立的组织是德国西部纺织和钢铁工业家联合组建的长名协会。它成立于 1871 年，即阿尔萨斯和洛林被并入德国之后。当时，阿尔萨斯和洛林地区的纺织工业加剧了德国国内市场上的竞争。由于南德的棉纺织业受到巨大冲击，南德棉产业协会（Verein süddeutscher Baumwollindustrieller）也于 1871 年成立，为首的是库亨的施陶博（Arnold Staub）以及奥格斯堡的哈斯勒（Theodor Hassler）。

1873 年夏，帝国议会以绝对多数票通过了由保守派递交的有关取消进口关税的提案。议会中，南部纺织工业界以及莱茵河、鲁尔河、萨尔河和奥德

---

① 这个小节的事实和数据均可参见 Craig，1985：pp. 87 – 88；Böhme，1974：pp. 359 – 360；Blaich，1979：pp. 7 – 8；Lambi，1962：pp. 59 – 70。除了直接引语和其他补充资料，本小节不再逐一给出出处。

河沿岸重工业界的代表——民族自由党议员汉马赫、米切尔和莫尔、“自由保守党”议员史都姆和卡尔多夫以及无党派独立议员瓦恩布勒——出于他们所在产业的利益，主张关税保护，但在建国初期势不可挡的自由贸易大趋势下，他们也只能提出希望将取消关税的时间推后，并最终达成一项妥协：对马口铁、农业机械、棉纺织机械和涡轮机仍将继续征收关税，直至1877年1月1日。在迈向贸易保护的道路上，这次妥协虽然只是拖延了自由贸易的进程，很难被视为贸易保护主义的重大进展，但它是各地重工业界联合行动所取得的成果，并首次证明了德国的重工业界和与之相关联的银行在帝国政治决策中所具有的影响力。

1873年11月，来自齐格兰、拿骚、卢森堡、莱茵兰和威斯特法伦的炼钢厂业主汇聚杜塞尔多夫。同月，在波鸿集团主席巴尔（Louis Baare）推动下，全国范围的利益团体德意志钢铁工业协会（Verein deutscher Eisen- und Stahlindustrieller）在波鸿成立，其主要目标是阻止1877年1月1日取消钢铁关税。该联合会很快把地区性的团体联系、组织起来，成立仅2年，该组织旗下便已汇集了214家钢铁企业。

在保护性关税问题上，德国东部的工业界也未置身事外。1873年股市暴跌后2个月，普鲁士的重工业界就达成一致，计划建立一个全德范围的利益团体，并在各地区建立分支机构，其目的是支持形成垄断、提升销售、保留乃至提高钢铁关税。上西里西亚的企业主也同意加入西部工业界组织的利益团体。1874年4月，德意志钢铁工业协会西北分会（下文简称西北分会）成立。该组织秉承了德意志钢铁工业协会和长名协会主张征收保护性关税的传统。很快，莱茵兰、威斯特法伦、拿骚、卢森堡、汉诺威及萨尔河沿岸的钢铁工业都聚集到该麾下。

长名协会与之并存，而且其主要领导人会长塞尔维斯（August Servaes）和理事长布克（Henry Axel Bueck）同时被选为新成立的德国钢铁工业协会西北分会的会长与理事长。西北分会逐步形成了强大的政治影响力。

成立后不久，德意志钢铁工业协会很快便取得了成果：在布克的宣传鼓动下，南德、西德和东德地区的一些商会开始接受“保护性关税能避免国外产品的竞争，保护德国国内市场”这样的主张。此外，德意志钢铁工业协会南德分会（Süddeutsche Gruppe des Vereinsdeutscher Eisen- und Stahlindustrieller）通过向巴伐利亚和符腾堡政府提交请愿书，使这两个邦国开始逐步倾向于接受保护性关税。[1]

经历1873年被帝国议会否决的挫败后，长名协会和德意志钢铁工业协会决定改变行事方式，即先不提出开征或提高保护性关税。不公开支持大声疾呼征收保护性关税的南德棉产业协会，仅与其保持低调的沟通，以低调谨慎的姿态谋求自由贸易支持者占多数的帝国议会延长1873年的政策，进一步推迟取消关税。基于这个调整后的目标，德意志钢铁工业协会理事会做出决议：谋求在尽可能广泛的地区设置联合会的分支，并向各地政府递交第一份关税评估报告。这个决议意在采取迂回策略，缓和与当时在政治上处于强势的自由贸易者之间的关系，对地方政府实施各个击破。

巴尔和布克于1875年3月制定了新的行动方针：扩大支持保留关税者的基础阵营，而且在策略上不排除在自由贸易阵营中寻找盟友。基于这一行动方针，巴尔在1875年夏季与农业者建立了联系。而且，主张保护性关税的工业界开始主动缓和与自由贸易者之间的关系，先拉近距离再寻找机会。他们的第一个目标就是"攻克自由贸易者的堡垒——德意志国民经济学家大会"。[2]

在1875年9月于慕尼黑举行的第16届德意志国民经济学家大会上，南德棉产业协会提出的支持征收保护性关税的提案以62票对58票获得通过（此前，该提案获得了重工业界代表性人物巴尔、布克、伦屈和哈斯勒的支持）。同样在这次大会上，布劳恩提交的有关自由贸易的议案却被驳回。这是主张保护性关税的工业界取得的第一个决定性胜利。此次胜利之后，长名协会以及西北分会加强了与南德棉产业协会在关税问题上的合作。因此，此次胜利也标志着重工业界与纺织工业界开始正式联手。

获得这次胜利后，巴尔开始接近社会政策协会[3]，寻找新的盟友。社会政策协会对适度的保护性关税政策表示支持，因为该协会将这视为他们所主张的"国家干预"的框架条件。协会在成立之初，作为主要成员的施莫勒便强调重商主义贸易原则。在施莫勒看来，国家干预主义、企业的社会政策和保护性关税政策是社会改革的前提。虽然这个学术组织并未直接支持保护性关税，但其所主张的观点为保护性关税提供了一定的理论支持。

德意志钢铁工业协会在关税问题上始终没有取得进展的一个重要原因

---

① 转引自 Böhme，1974：p. 360。

② Böhme，1974：p. 370.

③ 即 Verein der Sozialpolitik，该协会是德语区的经济学组织，成立于1873年，是国民经济学历史学派的主要阵地。

是，直到1875年农业界仍主张彻底的自由贸易，甚至不同意保持现有关税不变。1875年年底，在就德意志帝国与奥匈帝国的贸易协定进行讨论时，帝国议会为农业界利益代言的议员中主张取消关税和自由贸易的仍占明显多数。

1875年10月，德意志钢铁工业协会开始争取慕尼黑、斯图加特、柏林和莱比锡等大型贸易城市中的支持自由贸易的商会。同时，协会开始向俾斯麦、联邦参议院、帝国议会以及各邦国政府递送请愿书，并在这些请愿书中首次将民族国家利益和军事需求作为理由要求为工业提供关税保护。其主要理由可概括为：第一，鉴于1864/1866年、1870年的战争以及德法战争危机，德国有必要拥有繁荣的重工业，这是国家的需要；第二，繁荣的工业能避免裁员和减薪，从而避免社会革命。①

2. 中央协会与德意志商业大会

出于西部钢铁工业和南部纺织工业在关税事务上的共同利益，强硬的关税保护支持者在布克和卡尔多夫的领导下，决定组建一个具有战斗力的组织来主张自己的利益。1876年2月15日，在卡尔多夫及哈斯勒的召集下，中央协会成立。德国经济界利益的联合也发展到了一个新的阶段，即通过一个“协会的协会”（Verband der Verbände）集中代表共同利益。由此，经济利益团体体系中的最高一级——“顶层协会”（Dachverband）正式形成。参与此举的帝国议会议员有卡尔多夫、弗吕奥夫（Julius Frühauf）和格罗特（Hermann Grothe），他们为中央协会建立起了与议会的最初联系。②

南德棉产业协会和长名协会构成中央协会的两大支柱，该协会的成员包括来自纺织工业、矿物油工业、面粉工业和酿酒工业、部分化工领域的企业以及约40个专业协会和地区协会。1877年，德意志钢铁工业协会也成为中央协会的成员。

由于主张自由贸易的德尔布吕克等人尚难以撼动，中央协会只能先把工作的重点放在影响关税政策的执行上。

1875年12月14日，卡尔多夫邀请工业界的核心人物赴柏林就成立新协会事宜进行商议。卡尔多夫在会议的开幕词中强调，相对于农业和批发商所建立的利益代表组织，德国工业缺少能代表其整体利益的组织。个别工业行业可能拥有自己的联合团体，但它们缺乏集中度和必要的内在关联。在狭窄

① Böhme，1974：p. 356.

② Blaich，1979：p. 9.

的范围里，这些团体是有作用的，但它们无法超越狭隘的切身利益问题，换而言之，它们无力追寻更宏大的目标。在过去一段时间里，钢铁工业界这样的现象屡见不鲜，它们耗费大量精力和钱财，用尽各种方式呼吁保留钢铁关税，但既没能在公众舆论中获得道德层面的支持，也没能在帝国议会中取得实质性的进展。工业界无疑存在一致的共同利益，因而有必要成立一个团体来有效地表达德国工业界的合理愿望，并对帝国的立法过程施加影响，这也与德国工业界的重要地位相吻合。会上还通过了中央协会的纲领草案。与会的工业群体，也就是未来中央协会将涵盖和代表的工业行业包括：煤钢工业、金属工业、纺织工业、皮革工业、化学工业、消费品工业、盐业、造纸工业、玻璃工业、混合工业。①

柏林的纺织工业家洛伦（Arnold Lohren）执笔撰写了一份非常直白的纲领草案②。他在其中就中央协会的目标及职能列举出 20 条基本原则，其中第 1 条就是“与毁灭民族劳动、有利海外劳动的自由贸易理论做斗争”。除了上述主要目标，中央协会的目标和职能还包括：“保持及获取国内市场（份额）”；变更关税税率；拓展交通路径；直接从海外进口原料，从而摆脱对伦敦、利物浦及安特卫普原料市场的依赖；以及很重要的一点，“采取有力行动，使当选的帝国议会议员是德国工业界的朋友和支持者”。

1876 年 2 月 15 日，中央协会正式成立。在最终通过的纲领中③，协会的目标被相对温和地描述为“保护德国工业界和经济界的利益，促进民族劳动”。而实现上述目标的首要途径便是联络原本分散的利益团体，通过“强有力的中央组织”来代表工业界的共同利益。纲领的第 2 条进一步说明：“中央协会的成员包括具有经济、技术和商业目的的协会团体、商会及类似组织”。

在组织形式上，中央协会内部所设的机构包括理事会（Direktorium）、委员会（Ausschuss）以及成员组织代表的全体大会（Plenarversammlung）。④

“中央协会必须写在自己旗帜上的伟大目标是保护工业、手工业和农业

---

① Bueck，1902：pp. 136 - 138.

② 草案原文见 Bueck，pp. 139 - 140。

③ 纲领原文见 Bueck，1902：pp. 148 - 150。

④ Bueck，1902：p. 149.

的民族劳动，并保护所有国民经济劳动者的团结。”[①] 从委员会30名成员的构成可以看出，中央协会的第一个目标已经实现，即团结工业界的各个行业。至此，无论是德意志钢铁工业协会还是德意志商业大会，都无法再自诩为德国经济界的代言人了。[②]

与此同时，各地商会的情况也在发生变化。从1876年1月至3月各地商会向德意志商业大会递交呈文的情况来看，商会不再毫无保留地支持自由贸易。与此相应的是，1876年4月8日，德意志商业大会在讨论中也放弃了极端自由贸易的立场，并做出决议：德意志商业大会反对其他国家的差异化关税，反对法国的出口补贴。这是工业界取得的一次胜利。[③]

1875/1876年，德尔布吕克因在铁路问题上的意见分歧辞去了德意志商业大会主席一职。1876年4月，由于关税问题的争议，德意志商业大会秘书长、坚定的自由贸易支持者迈耶（Alexander Meyer）辞去职务。后者辞职后，德意志钢铁工业协会理事伦屈出任德意志商业大会理事长至1877年。1878/1879年后，德国重工业界在德意志商业大会中的势力越来越强，逐步“攻陷”了这个原本属于自由贸易者的阵营。虽然1878/1879年后，利伯曼（Benjamin Liebermann）、德尔布吕克、汉马赫等人并未退出德意志商业大会理事会，但德意志商业大会仍然沿着1876年所设定的方向朝着贸易保护主义偏转。由于1878年之后，波罗的海贸易城市和许多自由贸易支持者退出德意志商业大会以示抗议，这些人员空缺迅速被贸易保护主义者占据，因此，1878年至1890年间德意志商业大会几乎完全成为中央协会的一个分支机构。[④]

在具体策略上，中央协会开始致力于直接向政府施加压力，推动政府开展官方调查，为实施保护性关税做铺垫。

1876年5月25日，在下属协会的协助下，中央协会向联邦参议院和各地政府递交了一份请愿书。此前5月5日至6日，中央协会已经在莱比锡对请愿书的内容进行了充分的讨论，并一致通过。[⑤] 在这份请愿书中，中央协

---

① Böhme, 1974: p. 391, 转引自 Lohren: Das System des Schutzes der Nationalen Arbeit, Berlin. 1880, p. 25。

② 具体名单见 Bueck, 1902: p. 152。

③ Böhme, 1974: pp. 395 - 398.

④ 具体人员名单见 Böhme, 1974: p. 407。

⑤ Bueck, 1902: p. 169, p. 308.

会代表工业界要求，“立即”对所有“在不利的政治状况下签订的协议”进行调查，并应在调查后自主确定“与生产成本相符的”关税税率。此外，请愿书还提出，“面对英国工业，应给予德国工业充分保护”；应当开展“官方调查，直接听取主要工业界人士的意见”，以确定保护的原则；要求开放俄国市场。请愿书指出，“为了避免极为重要的钢铁工业被全面摧毁，各工业行业在利益上是非常团结的，尤其是在这一点上：1873 年有关铁制品关税的法律应当废除，并对生铁征收适当的关税”。

此后，在布克的统一指挥下，中央协会的各成员团体一次又一次地向各地政府递交请愿书，主张上述利益诉求。

1876 年夏，威廉一世访问莱茵 - 威斯特法伦工业区，工业界主张开征保护性关税的运动又掀起一轮高潮。威廉一世在给俾斯麦的信中说，他“完全理解”工业界有关关税税率的主张。[①] 中央协会不再仅仅是请愿者的角色，而且成为“经济政策的行为者”，更非同寻常的是：帝国政府从一开始就注重和倾听它的主张。[②]

按照 1873 年的决议，1877 年 1 月起德国开始免除进口关税。威廉一世授权中央协会就自由进口贸易对德国工业界经营状况的影响进行官方调查。1877 年 10 月，俾斯麦主持成立了两个委员会，对统计数据进行评价，并对钢铁工业和棉麻工业企业的生产和销售情况开展问卷调查。委员会成员为外交部官员和来自企业的专业人员。这两个委员会得出“自由进口贸易损害了德国经济增长”这样的结论是必然的，因为中央协会把自己的成员安插进委员会专家组。哈斯勒就是通过这种途径进入了帝国纺织研究委员会（Reich-Textil-Enquete-Kommission），并在俾斯麦的协助下全面打击自由贸易的支持者。哈斯勒是来自奥格斯堡的纺织工业家，并在南德棉产业协会和中央协会中担任领导职务。巴尔则是钢铁委员会最重要的顾问，他很有说服力地向该委员会的成员就德国和英国钢铁工业的工资和成本进行了比较说明。与此同时，中央协会的领导层以该组织成员利益为出发点，制定了一份新的关税税则草案。他们请求俾斯麦在制定未来的外贸政策时以这份草案为基础和准绳。[③]

---

① Böhme，1974：pp. 421 – 422.

② Blaich，1979：p. 10.

③ 1877 年草案原文可见 Bueck，1902。

3. 农业利益团体——改革者联合会

虽然1873年的经济危机也波及了德国农业，但直到1876年初之前，农业界仍然主张自由贸易，因为他们想要出口粮食、进口廉价设备。在德意志帝国当时的经济界，批发商和小业主的立场也与农业界一致，主张自由贸易，因此钢铁业和棉纺业虽然体量较大，但其有关征收保护性关税的主张仍相对孤立。[①] 如上文在有关外贸环境变化的章节所述，重要的转折出现在1875年底——粮食价格开始暴跌。

粮食价格的下跌意味着地租的下跌。而在建国之初的经济快速增长时期，易北河以东地区的土地经投机炒作，价格一度很高。这意味着，这一地区的土地所有人没有能力像时任普鲁士政府所建议的那样，通过大量投资对耕种方式进行工业化改造，或是转而生产经营高附加值的消费品。因此，在最"高贵优雅"的阶层、"国家最早的仆从们"看来，走出危机的唯一出路就是保护"民族劳动"，用关税来抵御来自海外的低价竞争，保证德国农产品在德国本地市场的销量和价格。[②]

1876年2月22日，即中央协会成立之后7天，税收与经济改革者联合会在柏林成立，其成员主要是来自易北河以东地区的贵族和拥有土地的骑士。该组织的口号是推广"公益的、以基督教为基础的国民经济"。[③] 在他们看来，基于基督教的国民经济意味着减轻"已经不堪重负"的土地所有权的税赋，并增加对流动资本的课税。

虽然改革者联合会也致力于改变1875年行业所遭遇的困境，但在经济自由化问题上，改革者联合会与中央协会有着完全不同的立场。改革者联合会主张完全摒弃股份机制和商业自由，并要求对经济立法权进行深刻改革。1878年2月27日，克内贝尔－德布里茨（Ludwig von Knebel-Döberitz）以更尖锐的言辞表述了联合会的目标："必须强迫政府革除1848年革命的成果。法治国家活下来了，（但）我们必须回归所谓的世袭制和贵族制国家（Patrimonial- und Patriachalstaat）。"[④] 由此可以看出，及至1876年，农业界仍把农业所遭遇的问题主要归咎于国内经济秩序的自由化而非自由贸易，因此希望通过倒退回封建制来解决现有问题。这与改革者联合会的成员构成有关，他

① Böhme，1974：pp. 398－399.

② 波斯坦等，2003：pp. 52－53。

③ Bueck，1902：p. 148.

④ Böhme，1974：pp. 400－404.

们主要是大地产者，当时对经济问题最直观的感知是地租下降、地税过重，没有在第一时间看到地租下降背后是进口农产品大量涌入对德国农业所造成的冲击。而以中央协会为代表的工业界反对国际贸易的自由化，主张保护性关税，但在国内经济自由化问题上，虽然如上文所述，某些地方性的行业组织支持形成垄断以增强本地产业抵御国际竞争的能力，但总体上态度比较松弛。工农业界的利益团体之间仍然存在观念上的鸿沟，但是它们的主张存在一个本质上的共同之处：在社会政策方面，以及从 1876 年底开始，在经济政策方面，工农业界的“新旧贵族”都主张要有一个“强政府”。

1876 年，改革者联合会称，基于自由贸易，他们反对保护性关税，但是他们认为入境关税和消费税是可以考虑和商榷的。农业界在自由贸易问题上的态度开始松动，这使得工农业界的联手成为可能。①

4. 工、农业利益团体的融合与协同

刚成立之时，改革者联合会还对与工业界的直接合作持谨慎犹豫的态度，但很快，弗雷格－韦尔奇恩（Arnold Woldemar von Frege-Weltzien）、威尔曼斯、尼恩多夫（Martin Anton Niendorf）、卡梅克（Albrecht von Kameke）等开始致力于推行从价计征关税以保护民族劳动。自此，工农业利益团体在贸易政策领域的诉求开始趋同。在 1876 年的第二次全体大会上，改革者联合会正式决定与重工业联手，从自身的利益出发，主张全面开征从价关税。农业界放弃了其自由贸易原则，而在此之前，如上文所述，农业利益团体已经在政治上背弃了在议会和政府权力方面的自由主义主张。②

与此同时，工业界的利益团体本身在进一步地相互融合。1876 年德尔布吕克下台后，布克、塞尔维斯和卡尔多夫决定促进中央协会与德意志钢铁工业协会在行动上的协同。随后，这两大团体在行动上高度协调，由此而取得的成就有目共睹。③

1877 年 1 月，帝国议会进行了选举。中央协会和改革者联合会这两个团体首次介入选举。④ 虽然选举的结果并未尽如所愿，但保守派势力明显加强，迄今为止，自由派在帝国议会中的主导性地位首次被撼动（具体参见前文有关政策网络变化的章节）。

---

① Böhme, 1974: pp. 400 – 404.

② Böhme, 1974: pp. 448 – 449.

③ Böhme, 1974: p. 427.

④ Böhme, 1974: p. 446.

帝国议会选举后，1877 年 2 月 15 日至 16 日，中央协会的理事会（Ausschuss）在法兰克福举行会议。由于原来的总裁（Geschäftsführer）格罗特因当选帝国议会议员而辞去这一职务，波伊特纳（Georg Ferdinand Beutner）成为继任者，他“在政治上三分之二属于‘民族自由党’，三分之一属于‘进步党’，在经济上完全基于‘中央协会’的立场”。会上，格罗特提出：要“与农业团体的领导人进行商议，以使他们理解中央协会的发展方向”。对于实现工、农业界的团结，这是至关重要的一步。①

1877 年 4 月 28 日，帝国议会辩论结束，贸易保护主义者在新一届的帝国议会中再次遭受挫败。但工业界并未气馁。4 月 29 日，塞尔维斯、吕格（Friedrich Lueg）、布克等人到柏林的皇宫与威廉一世进行商议，申请召开工业界大会，并要求组织官方调查。同时，中央协会与德意志钢铁工业协会的高层决定联合举行一次抗议活动。

在这两个组织的邀请下，1877 年 6 月 16 日，500 位工业家汇聚在法兰克福，并一致对由布克起草的致威廉一世的请愿书表示赞同。这份请愿书要求对现行的关税税率进行重新评估，停止与奥匈帝国进行贸易协定谈判，开展一次“对德国工业状况的官方调查”，以查明德国工业、外贸及关税情况和存在的问题。这次大会虽然没有被认可为全德工业界大会，但的确是有史以来德国工业界最大规模的会议。虽然开征保护性关税一事依然无望，但大会提出的“保护民族劳动”的口号赢得了舆论的支持。②

1877 年这次联合抗议行动和工业家大会体现出了中央协会、长名协会的强大号召力，以及德意志钢铁工业协会对协同行动的认可。在这个背景下，同年 4 月 25 日，德意志钢铁工业协会理事会决定加入中央协会。1877 年 6 月 15 日，在经过漫长的讨论之后，德意志钢铁工业协会终于一致表决同意正式加入中央协会。③

由于一时不可能中止德国与奥匈帝国的贸易协定谈判，中央协会越来越感到有必要自主确定关税税率。于是协会中各个工业行业的代表组成不同的委员会，这些委员会先分别制定出与本行业相关的关税税率，再进行仔细的讨论，最后，所有关税税率经全体大会共同讨论并予以确定。④ 1877 年 10

---

① Bueck，1902：pp. 175－176.

② 参见：Böhme，1974：pp. 457－458；Bueck，1902：pp. 177－178。

③ Bueck，1902：p. 177.

④ Bueck，1902：p. 179.

月，中央协会与改革者联合会就关税方案达成一致，并共同确认了关税税率，工业与农业界终于实现了彻底的团结。[①]

1878年，以法国农业和工业最高贸易理事会（conseil supérieur du commerce de l'agriculture et de l'industrie）为范本，中央协会和德意志商业大会提出组建国民经济参事会（volkswirtschaftlicher Senat）的计划，该机构将代表德国团结一致的经济利益，与政府合作，提供经济方面的咨询意见，并参与和经济事务有关的法律的起草。[②] 这便是后来国民经济理事会（Volkswirtschaftsrat）项目的雏形，虽然它最终未能组建成功，但体现了经济界利益进一步联合以及参与国家政策制定的强烈意愿。

1878年7月30日的帝国议会选举为中央协会的最终胜利铺平了道路。虽然中央协会更倾向于直接对行政权力施加影响，但协会亦不忽视利用党派和议员作为"政治通道"来实现自己的目标。因此，协会高层为支持改变自由贸易政策路线的竞选者提供支持，以此对议员人选施加影响。议会选举的结果肯定了中央协会的努力。具体选举结果在前文相关章节已做具体描述，这里不再重复。

在俾斯麦的提议下，1879年1月3日成立了以瓦恩布勒为首的委员会对关税税率进行审核。中央协会制定的关税税率草案成为该委员会的工作文件。1879年7月12日，联邦议会通过了由中央协会为政府起草的有关重新起征保护性关税的提案。[③]

5. 对经济利益团体的总体分析

对企业或者经济界而言，它们所追求的目标是盈利，影响这个目标的制约因素主要来自三个方面：第一，国际和国内市场上的竞争；第二，相关市场规则，即贸易政策；第三，在对政策制定施加影响时，其他代表不同利益的行为体所构成的竞争。

根据前文中所分析的经济和外贸环境的变化，在本节所研究的时期，德意志帝国的经济界所处的环境发生了三个变化。第一，经济不景气及竞争造成的销售和赢利压力；第二，自由贸易政策由于不能抵御海外竞争，因而变得不利；第三，对经济界而言，19世纪70年代初期经济自由是有益的，贸

① Böhme, 1974: p. 470.
② Böhme, 1974: p. 484.
③ Blaich, 1979: p. 11.

易自由也在相当程度上有益，至少是无害的，企业在某种程度上愿意为实现经济自由而在贸易自由上做出妥协。而1873年之后，经济自由不仅已经实现，而且经济危机已暴露出缺乏监管和调控的过度自由的弊端，而贸易自由已经演变成一个尖锐的话题。就经贸政策而言，工业界已无须再渴求经济自由，农业界则普遍反对经济自由，且工农业界一致反对贸易自由，因此经济界从根本上与自由派形成了政治上的对立。

在观察了德意志帝国这一时期经济利益团体的具体行为之后，就它们对环境变化所做出的反应，可以归纳出以下几点。

第一，销售和赢利压力对经济界的促动是非常直接的。可以看到，1871年产能过剩问题刚开始显露时，工业界便开始行动组建利益团体，主张征收保护性关税以保护国内企业；而农业界态度的转变始于1876年初，即1875年底农业危机爆发之后。这就说明，经济利益是经济利益团体行为最直接、最关键的动因。

第二，经济界选择征收保护性关税这个战略目标是基于以下几方面的考虑：首先，从前文有关外贸环境变化的描述可以看出，进口产品的确对德国本地产业造成巨大冲击，因此德国经济界谋求通过法律规制构建新的竞争环境，以改善自身所处的环境。这是一种合理的策略；其次，从前文对于“关税”本身的性质分析可知，这是一种较容易被接受的策略，有利于国内经济界达成一致意见，从而形成合力；再次，征收保护性关税，一方面迎合俾斯麦的财政需要和民族主义思想，另一方面也不容易引起民众的反感，这也符合俾斯麦维护社会稳定的利益诉求，故能与其形成协同行动的基础（关于俾斯麦在保护性关税问题上的利益诉求与策略选择，本书将在下一个章节具体展开）。在这里，后两个方面都意味着经济界的行为体——经济利益团体寻求组织之间的协同。

第三，作为最早开始谋求开征保护性关税的经济利益团体，重工业界的利益团体竭尽一切可能加强自身力量，积极寻求扩张，寻求与其他团体的融合或协同行动，包括与具有共同利益的行为体之间的协同，以及谋求与竞争者和潜在竞争者，如农业团体、自由派部分成员之间的协同。因为它们很早便意识到，自己所面对的海外竞争者以及自由贸易的原教旨主义者在政治上几乎没有妥协的可能，只有自我壮大并团结一切可团结的力量，才能尽可能地加强自己的主动性。而当农业团体发现与工业团体存在共同利益诉求，便积极响应了工业界的合作意图，因为与工业界的协同合作是有利可图的。工农业利益团体的联合于是变成水到渠成的双赢方案。最终，经济界的各利益团体间因共同的利益而形成非竞争的共生合作关系，使经济界在征收保护性关税问题上融合为“一个”政治行为体。

第四，俾斯麦的利益诉求与自由派并不一致，对经济界而言他是可以争取的。即便抛开前文提及的财政和社会因素不论，俾斯麦也需要在议会中与多数派合作实现自己的其他利益诉求，如其在军事预算、《反社会主义者法》等政治议题上的主张。因此，经济界扩大自己的在帝国议会中的势力可以增加自己面对俾斯麦的政治筹码并间接地增加自己在经贸政策问题上的谈判资本，是很有意义的。

于是，这里就涉及另一个重要问题：经济利益团体直接对议会与政府施加影响。这个问题包括以下两个方面：第一，向议会的渗透。如洛伦执笔的中央协会纲领草案称，应采取有力行动，以使当选的帝国议会议员是德国工业界的朋友和支持者。正是基于这样的出发点，中央协会与改革者联合会积极参与了 1878 年的帝国议会选举。第二，不通过议会，直接向政府施加影响。主张开展官方调查，并谋求在调查中直接听取主要工业界人士的意见，这便是很具典型意义的行为。而事实上，帝国政府开展的官方调查的确也是在经济利益团体的精心策划和积极组织下开展的，它成为推动保护性关税政策得以实施的至关重要的一步。这表明利益集团直接向政府施加影响，并谋求前期介入政策的制定。

第五，这里不得不再次强调，经济界的这一系列成就与德意志帝国的党派在政治上的薄弱是密不可分的。例如，1877 年中央协会的新任主席波伊特纳“在政治上三分之二属于民族自由党，三分之一属于进步党，在经济上完全持中央协会的立场”，这充分体现了德意志帝国党派薄弱的政治性，议员与党派的关系松散，同一个党派的成员至少在贸易政策上有可能持完全不一致的立场。这是经济利益团体迅速变身为积极的政治行为体并发挥巨大的政治影响力的一个重要前提。

（四）俾斯麦

鉴于俾斯麦在德意志帝国的权力地位，对于 1878/1879 年的转折，俾斯麦具有决定性的意义。从根本上说，这一转折标志着俾斯麦抛弃了“统一的－德意志的－自由主义”（unitarisch-deutsch-liberal）政策，转向“军国主义的－德意志的－保守主义”（militärisch-deutsch-konservativ），乃至“军国主义的－普鲁士的－保守主义”（militärisch-preußisch-konservativ）政策。波莫认为，“这几乎等同于德意志帝国的重建”。①

关于俾斯麦的角色，这里需要说明几个问题。

第一，以保护性关税为特点的保护主义的贸易政策是深刻变化后的政策制定机制的一个输出结果。俾斯麦的转变是机制变化过程中至关重要的一部分，可以说是推动机制最终完成重大转变不可缺少的决定性因素，但俾斯麦只是系统的一个环节，是政策网络的一部分，是若干行为体中的一个，他的行为是环境变化而促生的——这其中也包含他与其他行为体之间的相互作用。因此，不应把这种转变简单地视为俾斯麦的一个主观的政治决策，本书将在一个完整的环境系统中对俾斯麦的行为进行观察和分析。

第二，德意志帝国即便在建国时奉行自由主义，也从未摆脱其保守主义的本质，如前文有关德意志帝国整体政治构架的章节所述，保守的君主帝国和旧式权力精英与自由主义议会制和民主力量之间的根本性冲突从未消解。因此，与其说是德意志帝国的“重建”，不如说是向其保守本质的“回归”。而俾斯麦本身也从未摆脱保守主义本质，对他而言，与自由派的合作只是现实政治的短期策略，这是他作为政治行为体的一个重要特点。即便在与自由派合作建国的过程中，他一手构建的德意志帝国的宪政体制也充满保守主义的特点。因此，德意志帝国与俾斯麦向保守主义回归是一个相互促进、顺理成章的过程，几乎可以说是不可避免的。

第三，俾斯麦虽然在深层有着保守主义本质，但作为一个信奉现实政治的政治家，他始终把“国家利益”作为考量内政和外交政策的优先准则，价值观和意识形态被置于第二位。因此，在对他的行为进行分析时也应把“国家利益”视作他行为的最高指导目标。

建国初期，俾斯麦专注于在新的欧洲国际秩序中确保德国的外交安全，因此把工作重心放在对外政策上，在经济与贸易政策领域则放手让德尔布吕克与自由派合作。但后来，与天主教会之间的文化斗争、与社会民主党人的冲突以及始于1873年的经济萧条，这些矛盾和问题使俾斯麦的外交目标与建国后的内政问题交织在了一起。而且随着帝国财政压力加大，经济利益团体的发展和成熟，俾斯麦也不得不越来越多地关注经济和贸易政策。

其实，俾斯麦在较早的时候就已经认识到，必须与大银行和重工业结成联盟，这是除了与农业经济利益和农业贵族的传统联盟之外的一个新的重要

① Böhme, 1974: p. 411.

支柱，从他试图推行的普鲁士贵族院（即议会上院）改革就能清晰地看出这一点：随着工业化的进展，工业的重要性不断增加，而工业与农业之间的利益冲突将可能威胁到普鲁士德国的国家结构和权力分配，因此必须实现农业和工业利益的团结。俾斯麦发起改革的1872年正是新兴的重工业力量发展的高峰时期，他提出要改革贵族院的构成，使其“代表整个有产阶级”。俾斯麦的意图是，在必要情况下，他要能够利用贵族院制衡议会。俾斯麦因此提出，普鲁士贵族院“不应只包含贵族，还应包含地产主，而且不仅限于此，还应包含其他有产者——如果人们也认可他们中有百万富翁的话”。但这一改革因为威廉一世的反对而未能推行。①

1874年，俾斯麦提出《永久军事预算案》，从而引发了与自由派之间的首次冲突，最终帝国议会与俾斯麦达成妥协，通过了《七年军事预算案》。随后，俾斯麦又提出了铁路计划，即设立一个统一的帝国铁路局，并实行铁路国有化。他的这个计划得到了经济利益团体的支持，但遭到议会自由派的反对。这两场正面而直接的冲突使俾斯麦与自由派之间的矛盾公开化。

1875年，经济界呼吁开征保护性关税的声势越来越大，外交上“德法开战危机”也使俾斯麦感到巨大压力。

1876年12月，俾斯麦向帝国议会提交了《补偿费征收法》② 草案，但未获通过。1877年1月帝国议会选举之后，俾斯麦重新采取行动，他不仅再次提交了经过重新修订的《补偿费征收法》草案，还指示坎普豪森为税收改革做全面准备。税收改革涉及提高印花税，提高对烟草、糖、酒类、咖啡和燃料征收的间接税，以及实行烟草专卖等问题。

然而，虽然帝国会议中的力量对比已经发生了改变，工农业利益团体也团结一致，而且俾斯麦取得了中央党的温特霍斯特和朔勒默，自由保守党的洛维、卡尔多夫和尧内茨（Eduard Jaunez），民族自由党右翼的特莱奇科等不同党派议员的支持和谅解，但帝国议会仍然以211票反对、111票赞成否决了俾斯麦提交的有关税收改革的法律草案，他的烟草专卖计划也未获支持。其他议员提出的有关征收保护性关税、推迟签订贸易协定、重新调整关税税率等所有有违自由贸易原则的提案也全部被否决。俾斯麦意识到，要实现贸易政策和财政政策上的转变，要实现自己在各项政策领域包括对外政策

---

① Böhme, 1974: p. 378.

② Ausgleichsabgabengesetz，即针对在出产国享受出口补贴的进口商品征收补偿性关税。

领域的意志，就必须进一步改变议会中的力量格局。①

由于与1877年4月相比，同奥匈帝国的贸易谈判越来越紧密地与德国的“内政危机”及外交和贸易政策问题交织在一起，同年9月，俾斯麦重返谈判桌，以避免关税战争。除此之外，法国也越来越明显地表现出，有可能将关税税率提高25%，这将对萨尔河畔的重工业产生巨大影响（这一地区的重工业界正在争取法国的铁矿石特许经营权）。但俾斯麦最强烈的紧迫感来自俄国。1877年底，随着俄国向南扩张，它壁垒高筑的关税边界也一路推进，这迫使俾斯麦必须尽快做出决断，是否要重新开征保护性关税，或是采取抵抗性关税行动（Kampfzollprogramm）。虽然鉴于国内矛盾，俾斯麦只能暂时采取拖延策略，但他的拖延避免了关税战争，也为主张保护性关税的利益团体的联合与团结争取了时间。如前文所述，1877年10月，工农业界终于决定联手推动保护性关税。②

1878年1月22日，俾斯麦向威廉一世递交了一份有关对帝国行政管理体系进行机构改革的“重要报告”。这份报告的主旨，是将普鲁士和帝国都纳入首相府的中央权力之下，当然宪法从未赋予他这样的权力。改革计划首先从进一步缩小帝国首相府开始，将其变成一个“纯粹的行政机构”。同时新设一个最高中央机构帝国首相办公室（Reichskanzlei），汇总帝国各部门的意见。这次系统性的机构改革的关键在于财政改革以及与之相关联的关税改革。为了推行经贸改革，必须在帝国首相府之外设立一个独立的机构——帝国财政署（Reichsschatzamt）。这个新机构与普鲁士财政部有密切联系，与战争部相似，文件由普鲁士财政部长共同签署，而帝国首相只参与共同商议。从一开始俾斯麦就强调，帝国财政署的工作必须由普鲁士的专业人员来承担，因为只有他们有足够的专业知识来实施关税和税收改革。③

1878年2月，“越山派”教皇庇护九世逝世，同情资本主义的红衣主教佩契（Gioacchino Vincenzo Raffaele Luigi Pecci）当选教皇，称利奥十三世。与罗马教会的关系缓和之后，俾斯麦认为可以结束文化斗争。随着文化斗争的结束，俾斯麦与中央党的关系也开始有所改善。就德意志帝国的国内现实而言，在抛弃自由主义之后，俾斯麦需要在议会中组建新的多数派，而中央

① Böhme, 1974: p. 436.

② Böhme, 1974: pp. 466－468.

③ Böhme, 1974: pp. 475－479.

党中的保守派工农业经营者在税收改革和经济政策方面都与俾斯麦的观点一致。[①]

俾斯麦于 1878 年 2 月 22 日在帝国议会所做的讲话标志着他与自由派的彻底决裂。他呼吁建立全国性的烟草专营，并开征保护性关税。而这两点正是自由派绝对不能接受的。保守派和中央党则支持俾斯麦出于财政考虑开征保护性关税。

然而，虽然经济利益团体的势力日益壮大，但依照 1878 年初帝国议会（以及普鲁士众议院）的构成，即便获得中央党的支持，只要自由派不分裂，帝国就不可能在合法的框架内实现税收和关税政策的转变。1878 年 3 月 31 日，俾斯麦就已决定必须走解散议会这步棋，因为“如果一个议会不让帝国获得其所必需的收入，而且这个议会被某些人控制，他们出于不切实际的理想否定我所有的计划，这种情况不可能继续”。剩下的问题就是，不再经由议会讨论制定经济政策以及“德国应当根据自己的需要制定关税税率”，这种主张是否有足够的说服力，从而得以在与自由贸易和宪政国家这些自由主义主张的政治竞争中胜出。[②]

1878 年 5 月，威廉一世遇刺，由于刺客来自社民党阵营，俾斯麦乘机对社民党进行清算。随后出台的《反社会党人法》（Sozialistengesetz）对社民党进行了限制，自由派对此表示反对，但威廉一世不久再次遇刺，俾斯麦便借机于 1878 年 6 月解散帝国议会。在重新选举的竞选过程中，俾斯麦动用各种手段煽动民意反对社会主义者以及为他们辩护的自由派。（选举结果可见前文各相关章节，这里不再重复。）《反社会党人法》于 1878 年 10 月 18 日凭借保守党、自由保守党和民族自由党的赞成票获得通过。1879 年 7 月，新组建的帝国议会表决通过了《保护性关税法》，它标志着德意志帝国告别了经济自由主义路线。[③]

基于对俾斯麦转变过程的梳理，可以看出，作为一个本质上的保守主义者，俾斯麦在根本上是谋求民族主义框架内的绝对权力，但作为一个奉行现实政治的政治家，他可以在特定情况下与自由派合作。但终究，自由派只是

---

① Böhme, 1974: p. 478.

② Böhme, 1974: pp. 489 – 490.

③ 参见：Burhop, 2011: pp. 24 – 25; Craig, 1985: p. 95。

实现阶段性目标的工具，即建立统一的德意志民族国家。保守的普鲁士式的德国才是俾斯麦心目中的德意志帝国，而事实上，保守的普鲁士式的德国也正是德意志帝国的内核所在。

俾斯麦同时处于外交、军事、内政、贸易等多个不同的政策网络和行为体系中，而这些网络和体系又在一定程度上相互关联，相互影响，因此必须分几条不同的线索来分析俾斯麦所面对环境的变化所做出的行为决策。

如本章第一节所述，统一的德意志帝国的成立，改变了欧洲的格局，对德国、法国、英国、奥匈帝国、俄国这五大国之间的关系形成了重大影响。第一，1873 年，德、俄、奥订立“三皇同盟”，法国被孤立，而德国可以避免在奥俄之间做出非此即彼的选择，但这个同盟根本不可能令俾斯麦高枕无忧；第二，1875 年的“德法开战危机”令俾斯麦得出结论：德国必须继续实施平衡外交政策，或者施行诸如领土补偿及外交支持下的预防性战争等对外政策；第三，1876 年至 1878 年的巴尔干危机破坏了德、俄、奥之间的三皇合作。1878 年的柏林会议对德意志帝国而言是一个巨大的外交成就，德国的大国地位获得承认。然而，柏林会议虽然保住了欧洲的和平，却损害了德俄之间的关系。

普法战争胜利之后，俾斯麦反而认为德国的外交活动余地更加有限：“我们位于欧洲中部。我们至少有三条会遭到攻击的战线，而法国却只有一条东部的国界，俄国只有在西部的边界上有遭到攻击的可能。此外，根据历史整个发展的情况、我们的地理位置以及根据德意志民族的内部联结与其他民族相比也许相当松散这一特点，我们比任何一个别的民族都更易遭到别人联合起来对付我们的危险。”欧洲国家“只能容忍德国的实力强大到不至于触犯其自身安全为限”。1871 年后，俾斯麦意识到德意志帝国的统一已触及欧洲列强的接受底线，因此他在德意志帝国建国后坚持地区性守成原则，在官方文告及议会演说中反复强调，“除了自己继续保持安宁，在和平环境中进一步发展外”，帝国别无他求。①

1877 年，俾斯麦在让人代笔给儿子的一封信②中说：“……或许德意志帝国的大臣们未来以至于将永远惧怕这种联盟的方式。西方各国结成联盟，

---

① Raff，1985：pp. 145－146.

② 即所谓的“基辛根笔录”（Kissinger Diktat）。它是俾斯麦于 1877 年 6 月 15 日在巴特基辛根（Bad Kissingen）口授的，这份关于巴尔干危机的文件记载了俾斯麦重要的外交原则。参见 Schmidt，2004：pp. 36－96。

再联合上奥地利已达到与我们抗衡的目的。但这或许并不是最可怕的，最危险的是俄罗斯、奥地利、法兰西三国结成联盟。如果这三国之中有两国结成了亲密的联盟关系，那它们的做法就会成为别的国家效仿的对象，他们随时都会给我们国家以威胁和压力。”他不愿出现这种局面，所以经过多年的冥思苦想，他终于想出了一个简单而又有效可行的办法。那就是“除了法兰西，别的国家对我们都存在一定的依赖关系，我们可以充分利用这一点，在与他们的交往中，找出最好的理由阻止他们联合起来反对我们”。①

从以上的表述中可以看出俾斯麦在外交上的基本政策与观点，即无论做什么决定，他在考虑问题时都把以下三点作为前提：德意志帝国的地位、欧洲各国对德国的威胁、各个强国之间的冲突。因此，对俾斯麦而言，德意志帝国面临着极为复杂的国际环境，在外交上困难重重，虽然签订了“三皇协定”，但战争的阴影始终笼罩着德意志帝国。除了俾斯麦的上述言论，从德法开战危机和柏林会议都能清晰地看到俾斯麦在外交上的图谋和焦虑。因此俾斯麦始终把扩军备战作为一个重要的政治主题。

俾斯麦订立的“三皇同盟”，在“柏林会议”上为巴尔干危机进行调停，其目的在于：首先，通过构建同盟、主动调停等积极活动加强了对强国间关系的控制；其次，通过同盟关系使列强间相互牵制，从而降低它们的相对主导作用；第三，通过积极活动加强德国的主导地位。俾斯麦最关键的行为是谋求加强军备。说其关键，一方面对俾斯麦这个行为体而言，这是加强对国际关系领域的控制力，加强自己相对主导地位的有效手段；另一方面，在当时的德意志帝国，加强军备意味着增加帝国财政开支，以及加强帝国对财政开支的主导权，对由若干个政策领域组成的政治系统而言，这是联系内政外交的关键点，也是搭接政治经济的关键点。只有找到这个关键点才能找到正确的坐标系，对俾斯麦在贸易政策领域的行为进行分析。

更为明确地说，在保护性关税这个问题上，俾斯麦同时处于两个行为体系中。国际关系是第一个行为体系（鉴于它的跨国性质，存在不止一个层面的博弈，这里暂且不去定义它是否可以被视为一个“政策网络”），在这个体系中，以俾斯麦为代表的德意志帝国与俄、奥、英、法等列强为同一个层面的行为体。德意志帝国内部贸易政策的“政策网络”，也就是本文的研究

---

① 参见：鲁特维克，2003：p. 375；Böhme，1974：p. 493。

对象是第二个行为体系。而连接这两个行为体系的就是军事预算 - 帝国财政 - 关税。下面先来说明这三者之间的关系。

与其他国家相比，关税收入是德国中央政府更为重要的一项收入。因为联邦与地方分税，通常情况下，联邦制国家的联邦财政更依赖于关税。[①] 德意志帝国的帝国财政收入来自间接税和关税，直接税由各邦国征收并自留。而帝国财政收入几乎完全被用于军事预算，其他开支较大的行政管理职能几乎都交给了各个邦国。这在当时的大国中几乎是独一无二的。因此若想要增加陆军和海军的军力，增加关税收入是绝对必要的。[②]

如第一章所述，相较于中央集权国家，联邦制国家的联邦财政更依赖于关税，因此关税收入是德意志帝国政府极为重要的一项收入。

1872 年至 1878/1879 年，德意志帝国用于陆军和海军的经常性开支增加了 22.7%，非经常性开支增加了 121.2%。从绝对数字来看，军队整体开支从 1872 年的 3.15 亿马克增至 4.18 亿马克。1872 年帝国行政管理的总支出为 3.48 亿马克，1878/1879 年为 5.36 亿马克。[③] 帝国的建设需要大量的财政资金，德国之所以没有像意大利那样很快陷入财政负债，主要原因就是法国所支付的 50 亿法郎战争赔款。但这笔资金逐步用罄，而 1873 年之后由于国民经济陷入低迷，帝国和各邦国的财政收入下滑，因此必须开拓新的收入来源。然而 19 世纪 70 年代，由于自由贸易的发展，关税收入在德意志帝国财政收入中所占份额从 1872 年至 1874 年的 49%，下降至 1877 年至 1878 年的 41%。[④] 于是帝国在财政上对各邦的依赖越来越强，尤其是普鲁士，不得不为帝国提供资金，填补财政赤字。而帝国的财政收支必须经帝国议会批准，这是经民主选举产生的议会的最主要的权力。因此，谋求帝国政府在财政上的独立自主，成为俾斯麦重要的政治目标。

当然，德意志帝国的粮食安全也是俾斯麦的一个重要考虑，而良好的农业基础才能保障粮食供应，尤其是战争时期的粮食供应。1882 年，他曾在一次帝国议会的演讲中问道："如果有朝一日我们不能种出我们所必需的粮食，如果我们不能从俄国进口粮食，而同时海运路线又被封锁，也就是说，如果

① 波斯坦，2003：p. 53。

② Nitzsche，1904：pp. 336 - 339.

③ Nitzsche，1904：pp. 336 - 339.

④ 波斯坦，2003：p. 53。

我们根本就没有粮食，我们在战争中将处于怎样一种地位？”①

现在进入第二个行为体系——贸易政策网络——来分析俾斯麦的行为。在这个体系中，在实现“谋求帝国政府在财政上的独立自主”这个目标方面，俾斯麦所受到的牵制主要源于自由派。当然，实现“民族主义框架内的绝对权力”，建立“保守的普鲁士德国”这两点始终是俾斯麦的根本目标。而在这两个目标上牵制俾斯麦的恰恰也是自由派。

本书在理论说明部分已经阐明，公共管理部门倾向于通过改变现有网络的结构来解决自己的问题，包括选择或改变参与网络的行为体，其次是构建与这些行为体之间的关系。而俾斯麦也采用了这个策略。

自由派中的自由贸易倡导者们令俾斯麦的增税方案屡屡受挫，他们主张政府应当尽可能节俭，量入为出。自由派称，在经济方面，增税将直接影响到贸易和交通的价格，对较贫穷的社会阶层而言，所增加的负担更甚于富裕阶层。但实际上更为关键的是，增税方案最终将威胁到议会的预算权。如果能拥有源源不断的经费来源，保持所希望的军队规模，俾斯麦将最终实现财政自主，不必再依赖议会批准军事预算。如果表决同意俾斯麦政府提交的议案，就无异于大幅削弱议会本来就不充分的宪政权力，民族自由党所反对的正是这一点。俾斯麦最重要的追求就是要使军事预算摆脱议会的掣肘，使他无须为此与每届议会的多数派周旋，这些多数派很可能由不同的党派构成。因此，俾斯麦的目的恰恰就在于削减帝国议会的权力。其实，即便暂时抛开预算问题，限制议会的权力也始终是俾斯麦原则性的政治主张。

这是俾斯麦在 19 世纪 70 年代后期开始与保守派接近的一个主要原因。保守派不遗余力地强调，他们唯一关心的是祖国的军事实力。②

在内政外交的困境中，俾斯麦也开始寻求与经济界直接合作，例如与重工业和大银行的合作，它们愿意无条件地支持俾斯麦的预算方案、税收改革以及对铁路和帝国的机构改革。③ 而著名的鼓动家普洛茨（Berthold von Ploetz）曾在帝国议会上说，“农业界始终关心……祖国的荣誉和权力。但他们（农业界）也必须受到保护。必须不断地给予他们援助，以使他们始终能够做出这种牺牲”。④ 因为此时，农业、重工业和帝国政府在贸易、内政和外交

① 转引自 Torp，2005：p. 111。
② Nitzsche，1904：p. 339.
③ Böhme，1974：pp. 385 - 387.
④ Nitzsche，1904：p. 339.

政策上的利益是基本一致的。

再有，在工业资本主义社会中，经济增长对政权合法性具有越来越重要的意义，这触及俾斯麦的根本目标。原先仅依托传统、宪政和议会程序、个人威权便可构建政权的合法性，而如今，政府必须依托经济成就来维护自己的权威和地位。[①] 自 1873 年起，德国的工业陷入低迷，1876 年，农业危机爆发，这对成立不久的德意志帝国意味着严峻的考验，要确保政权的合法性，就必须获得各种非同质的利益阶层的认可。

实际上，在经历了 1874 年的军事预算冲突和铁路国有化冲突之后（见前文相关章节），俾斯麦“以保守原则实施自由主义”的做法逐步走入了死胡同。保守派认为他的主张过于自由，而自由派却又认为他过于保守。俾斯麦提出的以增加帝国独立性为目的的重大财政计划连连受挫，面临内政和外交上的孤立，因此他必须做出选择。

所以说，正是本着实现“民族主义框架内的绝对权力”，建立“保守的普鲁士德国”这两个根本性目的，以及“增加帝国财政收入、实现财政自主、加强军备”这个当时的战略目标，俾斯麦选择了“改变网络结构”，即重新选择网络行为体这个具体战略，抛开了自由派，转而与保守派以及经济利益团体合作，构建新的政策网络。

第三节　贸易政策网络转变后的结果与影响

如前文所言，政策的转变源于政策生成机制的变化。图 3. 1 归纳了 1879 年转变完成之后德意志帝国的贸易政策网络。

对比图 3. 1 与第二章最后的贸易政策网络示意图，可以发现，这一时期德意志帝国的贸易政策网络虽然没有改变其“三角形”的基本形态，但三个顶点，即三方行为体的内部构成和相互间的关系却发生了很大的变化。

在图 3. 2 中可以看到 1871 年和 1878 年帝国议会中主要政党的席位占比，由此可以看出，不同政治派系之间的力量对比发生了明显的变化：保守派和天主教中央党的势力大幅上升，而自由派则明显衰落。

① Wehler，2008：pp. 671 －672.

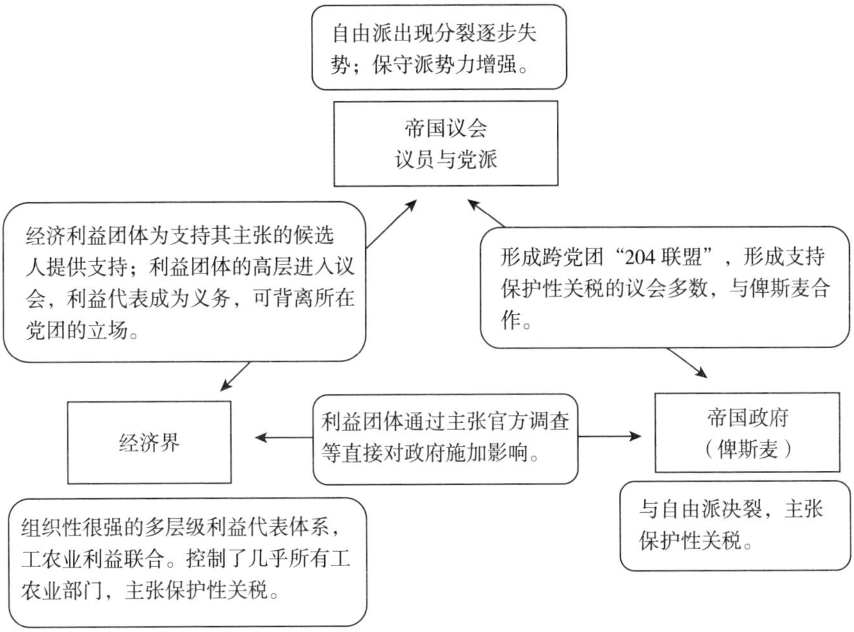

图 3.1 1879 年出台保护性关税时德意志帝国的贸易政策网络

资料来源：作者自制。

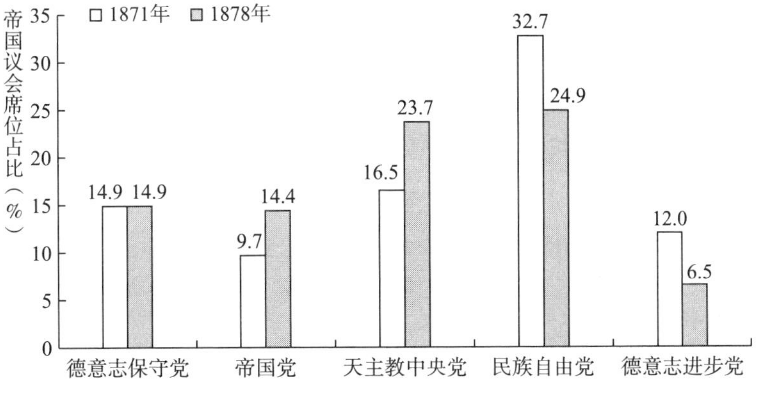

图 3.2 1871 年与 1878 年德意志帝国议会主要党派席位占比

资料来源：见附录Ⅲ。

在经济界的利益代表体系中，工业界利益团体在组织上已经形成比较完整的结构体系，并构建起多重政治影响途径。图 3.3 对工业界的利益代表体系和影响路径进行了归纳。同样在这一时期，农业利益团体的发展却大大滞后于工业界。虽然出现了改革者联合会这样的全国性组织，并与工业界的顶层协会在关税问题上建立起合作，但就整个农业界而言，利益的组织仍然十分薄弱，即便是公法/国家性质的农业商会（Landwirtschaftskammer）的发展也十分迟滞，继自由汉萨城市不莱梅于1849年建立了德意志地区的第一个农业商会之后，直到1894年，普鲁士才建立了第二个农业商会。也就是说，改革者联合会在进行利益代表时通常由组织的顶层领导者决策，直接代表部分成员的特定利益，因而缺乏民主性和广泛的代表性。而同时期工业利益的代表和传达已经非常成熟，形成了多层级的利益传达和协调机制，既有过滤整合之后的整体性利益代表和表达，也有不同层级自己构建的途径用来表达自身的特定利益。农业利益团体之所以发展滞后，一方面与农业领域严重的阶级分化有关，另一方面也与容克阶层在帝国和普鲁士的主导地位有关，换句话说，在很多情况下，帝国和邦国政府及议会中的容克政治精英（包括俾斯麦）已经考虑到了大地产主的利益，因此，相比新兴的工业资产阶级，他们自发组建利益团体为自己发声的动力并不强。

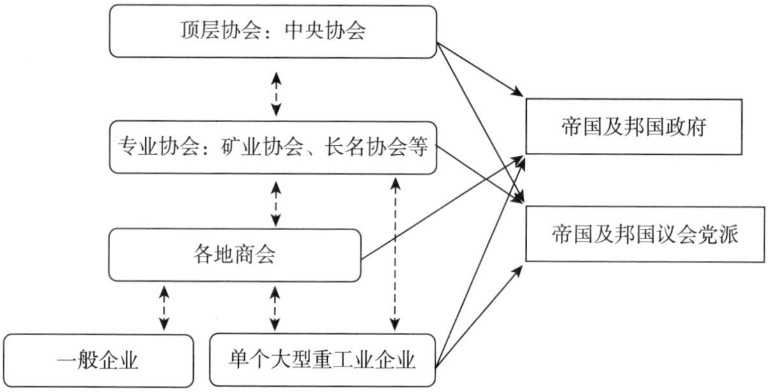

图3.3　19世纪70年代后期德意志帝国工业界经济利益代表体系及主要政治影响途径

资料来源：作者自制。

就具体贸易政策而言，1879年7月，德意志帝国通过了新的关税法，并从1880年1月1日开始实施。这部关税法对一般农产品重新开征进口关税：对小麦、黑麦和燕麦这几种主要谷物每吨征收10马克关税（相当于货值的4.6%至6.3%），其他粮食征收货值的8%，生铁进口关税为每吨10马克，大约为进口价值的18%，熟铁的关税为每吨25～60马克，棉线进口关税为每吨 120 ~480 马克，纺织品税率为价格的 15% ~30%。[①] 与之后的几次关税调整相比，这部法律所规定的进口关税水平是相当低的，所起到的市场保护作用也很有限，其意义更多在于：它标志着德意志帝国在贸易政策上从自由贸易转向贸易保护主义，在国内政治上从自由主义转向保守主义。

截至 1890 年俾斯麦下台前，德意志帝国又分两次提高了农产品关税。先是在 1885 年，帝国议会以压倒性多数通过对关税进行改革的决议，在当年 5 月 15 日生效的新关税法中，小麦和黑麦的进口关税较 1879 年的税率翻了三番，达每吨 30 马克。1887 年 11 月 26 日，小麦和黑麦的进口关税又被进一步提高至每吨 50 马克，相当于小麦进口价格的 33%，黑麦进口价格的 47%（1890 年德国人均黑麦消费量比小麦高 70%）。[②] 1879 年新关税法出台前，农产品关税在帝国关税收入中最多占到 12%，而到 1890 年俾斯麦下台时，这一比例已经达到 45%。[③]

值得注意的是，除了关税壁垒，德国农产品还建立起非关税壁垒。紧跟着 1879 年的关税法，德国的《疫病预防法》（Seuchenverhütungsgesetz）于 1880 年 6 月生效，随后出台的屠宰和肉类检验规定一直到 1900 年 6 月始终在不断完善。这一系列非关税壁垒对畜牧产品贸易造成显著影响：到 1889 年，德意志帝国实际上禁止了活牲畜的进口；由于对进口冷鲜肉类、腌制肉类和香肠的严密检验，到 1895 年时，德意志帝国的牛肉和猪肉进口锐减 90%；直至一战爆发前，德国的肉类生产呈不断上升的趋势。值得注意的是，德意志帝国在畜牧业领域的这种非关税壁垒几乎完全是德国政府在农业利益团体的游说和施压下通过行政手段实施和控制的。在政府层面施加影响，从而改变屠宰和检验规定，这显然比在议会通过针对牲畜和肉类产品的关税法案要容易得多。[④]

对特定商品征收保护性关税几乎必然会传导至其上下游产品，例如一旦对小麦征收保护性关税，就必然导致须对面粉也同样征收保护性关税，否则将无法实现保护性关税的预期作用。因此，随着保护性关税的引入，19 世纪 80 年代，德意志帝国的关税水平普遍上升。

另外，一个国家的贸易保护措施通常会促使其贸易伙伴也采取同样的措

---

① 波斯坦，2003：pp. 47 –48；Wehler，2008c：p. 649。

② 波斯坦，2003：pp. 54 –55。

③ Wehler，2008c：pp. 885 –886.

④ 参见：Wehler，2008c：pp. 651 –652；Hunt，1974：pp. 313 –317。

施进行反制，如此一来一往，便会层层加码，不断抬升保护水平。19 世纪 80 年代，欧洲大陆就可观察到普遍的关税竞争，几乎所有主要国家都被卷入贸易保护主义的漩涡。如前文所言，与德国有着密切贸易关系的俄国从 19 世纪 60 年代末开始征收保护性关税，如本章第一节所述，1877 年，俄国要求用金币支付关税，相当于又将实际关税负担提高了三分之一，之后又数次提高整体税率，而且几乎每年都会提高某些商品的关税税率。到 1891 年时，俄国的关税水平已经超过美国。德国开征保护性关税，与奥匈帝国的全面贸易协定谈判失败，这直接导致奥匈帝国于 1882 年对关税进行改革，仿照德意志帝国的模式首先对农产品开征保护性关税，并于 1887 年进一步普遍提高了关税水平。法国于 1881 年出台的新关税法为开征保护性关税扫清了障碍。之后，法国在贸易谈判中将大部分农产品排除在外，并在 1885 年和 1887 年紧跟德国提高了农产品关税，而 1892 年引入的《梅里纳税则》（Méline Tariff）则标志着法国全面转向贸易保护主义。意大利也从 80 年代初期开始修订关税税率，并自 1887 年开始实行新税则，其关税水平与德国、法国和奥匈帝国相当。①

在德国，所有这些保护主义措施看起来都支持了经济的快速扩张。1877 年至 1881 年和 1893 年至 1897 年这两个开始引入贸易保护主义措施的时期，德国人均国民生产总值每年增长 1.9%，而在自由贸易时期的平均年增幅仅为 1.4%。在此期间，农业领域每个劳动力的产出量增加了 1.6%，而自由贸易时期则停滞不前。更为重要的事实是，相对于欧洲其他国家，德国工业产出的增长非常迅速。1878 年至 1882 年，德国的人均生铁产量比欧洲平均水平高出 33%。1878 年至 1892 年则高出 79%。②

不过，实际上很难准确地评估 1879 年引入保护性关税对帝国经济产生的影响，因为经济产出受多方因素影响，不能想当然地在保护性关税与经济数据变化之间简单地建立因果关联。例如，新的关税可能对德国工业，尤其是重工业销售收入的提高起到一定作用，但对于提高德国钢铁业在世界市场上的竞争地位，尤其是对抗英国钢铁业的竞争，19 世纪 70 年代末开始被德国工业界普遍使用的适用于德国高磷铁矿的托马斯炼钢法可能发挥了决定性作用。

---

① 参见：Lehrfreund，1912：pp. 69 - 71；Torp，2002：pp. 112 - 113。

② 波斯坦，2003：pp. 54 - 55。

保护性关税对粮食生产，尤其是对易北河以东地区粮食生产者的影响也很难评估。从粮食价格来看，1879 年新关税法出台之前，人们普遍期待保护性关税能使农产品价格回到 1876 年农业危机之前的水平，但显然这个期待落了空。重要农产品价格综合指数（以 1913 年为 100）清晰地显示出，即便屡次大幅提高进口关税，也难以扭转农产品疲弱的价格走势：1873 年该指数为 95，1879 年为 77，1880 年为 88，1885 年为 83，1887 年为 69（见附录 V）。被视为洪水猛兽的粮食进口也并未被有效遏制。比如，1878 年，俄国向德国出口玉米 470 万吨，1890 年增至 680 万吨，1904 年进一步增加至 780 万吨。①

虽然难以评估引入保护性关税对工农业生产的具体影响，但如上文所言，1879 年新税法的出台标志着德意志帝国在贸易政策上从自由贸易转向贸易保护主义，在国内政治上从自由主义转向保守主义。也就是说，这次转向在德意志帝国内政上的意义比其经济意义更明确，也更深刻。

粮食关税以及俾斯麦与民族自由党的决裂在经济和政治两方面都有利于大地产者（全国不计亲属约为 25000 人，他们一半以上的地产位于普鲁士境内），容克阶级也从此对德意志帝国的整个行政体系拥有了前所未有的影响力。罗森贝格（Hans Rosenberg）写道："自此，与普鲁士官员群体有着千丝万缕联系的容克阶级的大地产者们的想法和观点决定了高层公职人员、很大一部分工业家和受过教育的中产阶级的社会和政治立场，更不用说小农户和商人了，尤其是在东部德国。"②

如上文所述，贸易政策的转变和保护性关税的引入与俾斯麦在政治上的保守主义转向是密切关联的。1879 年后，伴随着贸易和金融改革，俾斯麦也对帝国行政管理机构进行了大规模调整。如总理府、帝国铁路局等帝国机构的职权范围被缩减，俾斯麦还被要求把一部分非常重要的功能让渡给普鲁士的相应部门。而在普鲁士，俾斯麦对公共服务部门进行了改革，肃清自由主义影响。由此，普鲁士政府机构被持保守的社会和政治观点的官员所把持。19 世纪 80 年代，俾斯麦还将越来越多可靠的普鲁士官员安插到帝国政府内。简而言之，俾斯麦奉行了与 19 世纪 70 年代初期完全相反的路线，其结果是，拥有保守的选举制度、事实上由贵族－君主主义官员掌控军事权、拥有封建式社会和经济结构的普鲁士对帝国的影响力得以增强。

---

① Wehler，2008c：p. 651.

② Carsten，1988.

自由主义党派的分裂极大地阻碍了进步力量在德国的发展与壮大。而更糟糕的是，曾经充满自信的中产阶级的不安心理越来越重，不仅政府官员附庸权势，富裕的中产阶级也匍匐于他们脚下。刚刚暴富的新贵们忙不迭地以金钱或政治谄媚换取贵族身份。由此，相当一部分中产阶级市民封建化，这对统治者而言当然是有利的。因此，1879 年帝国政策转向所引发的后果远远超出经济范畴，在政治和社会领域引起了一系列变化。[①]

这种超越经济范畴的深远影响说明了四个问题：第一，德意志帝国的贸易政策网络在转变完成之后生成的政策具有相当的延续性，在 1879 年通过立法迈出转向贸易保护的决定性一步之后，连续出台的一系列法律进一步提高了进口关税，使贸易保护主义得以巩固。第二，必须再次强调，政策是政策网络的输出，政策的转向意味着政策网络的重大变化，而后者又往往意味着网络中的行为体的变化或各行为体之间权力关系的变化，因此政策的重大转变背后很可能是国家整体政治风向的转变。德意志帝国贸易政策转变就清晰地折射出国家政治的保守主义转向。第三，如前文所述，贸易政策网络的核心是关税政策，关税在经济和政治上具有双重意义，具体体现在产业保护和国家财政这两个方面。特别要强调的是，产业保护的背后也存在自由主义与保守主义、传统农业贵族与新兴工业资产阶级之间的政治博弈。第四，结合上述第二和第三点可以看出，任何具体政策都很可能是更大的政治博弈中的一部分，比如德意志帝国这个时期贸易政策转向的背后是俾斯麦与自由派的决裂，是德意志帝国在政治上向着保守主义和干预型国家的重大转向。因此，不局限于具体政策，而是观察其背后的政策制定机制，将政策放在更宏观、更复杂的背景中进行考察，是十分有意义的。

① Craig，1985：pp. 98 -99.

第四章

贸易保护主义的巩固

1890 年俾斯麦的离任成为德意志帝国历史中的又一个重要节点。在贸易政策上，他的继任者卡普里维（Leo von Caprivi）不再实施自主关税政策，而是与贸易伙伴签订了一系列贸易协定。1879 年帝国贸易政策转折之后，也就是在俾斯麦时代最后十年中迅速发展起来的农产品保护性关税被降低，而德国的工业品出口得到促进。但帝国贸易政策的这种自由主义回归十分短暂，随着“比洛税则”的成型与出台，贸易保护主义强势回潮，得到巩固，并一直持续至一战爆发。这个历史时期的贸易政策虽然不像 1879 年的保护主义转折那么引人瞩目，但也颇为跌宕，而且在俾斯麦下台后多头对峙的政治局面中，各政治行为体更加活跃，政策的出台过程也就尤为复杂。剥茧抽丝地分析这一时期的贸易政策，也有助于理解这一时期德意志帝国的政治与经济局面。

第一节 与贸易政策相关的环境与行为体的发展变化

第一节将综述俾斯麦下台之后相关的环境和相关政治行为体在宏观层面的、整体性的变化和发展态势：在国际贸易急速发展的背景下，德国的农业持续低迷而工业迅猛发展，工农业利益出现根本性分化，利益冲突与资源竞争日渐显露；雇佣工人群体迅速增长，消费者利益逐渐成为政治话题；因军费开支大幅增加，帝国财政状况急剧恶化，关税收入杯水车薪，反而逐步从财政与预算蜕化为内政话题；俾斯麦下台后留下难以填补的政治真空，形成多头对峙的政治局面，社会走向全面政治化；社民党崛起，自由派进一步衰落，中央党从具名人政治色彩的宗教政党向具民粹和民族主义色彩的群众政党转型，保守党与农业利益团体结盟；以农业联盟（BdL）为代表的农业利益团体迅速发展，强势干预议会选举，工商业利益则进一步分化。

一　经济环境的变化

（一）农业持续低迷

如上一章所述，1876 年农业危机时，德国农业已经遭受到了进口农产品的打压。1879 年德意志帝国实现了贸易政策的转向，在之后的 19 世纪 80 年代又分两次大幅提高关税，但这一系列措施并没能改善德国农业所受到的国际竞争挤压，其中最大的压力源自美国。

1860 年至 1910 年的这半个世纪，美国经历了一场农业革命，包括农业机械的发明创新和科学耕种方法的推广。尤其是在 1862 年颁布的《宅地法》的激励下，美国农业开始迅速扩张。比如，小麦产量从 1866 年的 1.52 亿蒲式耳，一路飙升至 1880 年的 4.99 亿蒲式耳和 1914 年的 7.37 亿蒲式耳，相应的，1866 年时的耕种面积为 1540 万英亩，到 1880 年时就已经扩大了约 1.5 倍，增加至 3810 万英亩，到 1914 年时又扩大了近一半，增加至 5560 万英亩。美国的粮食产量因此远远超过其国内市场的需求，必须向外输出。[①]

在经历了二十年的高速增长之后，美国粮食产量的增速从 19 世纪 80 年代开始放缓，但这一时期由于铁路和航运的发展，国际货运的运费价格持续下行，尤其是在 1869 年苏伊士运河开通之后。例如，1870 年至 1890 年，从芝加哥到位于利物浦的欧洲粮食市场的货运价格从每百公斤 5.41 美元降至 2.04 美元，1905 年更是降至 1.67 美元。如果以 1830 年美欧之间的运价为基数 100，1875 年时为 94，1905 年仅为 36。20 世纪初，从美国纽约将小麦运至德国曼海姆的运费几乎与从柏林运到卡塞尔的费用相当。1870 年至 1913 年，把小麦从芝加哥运到纽约，运输成本在小麦价格中的占比从 17.2% 下降到 5.5%，从纽约再到利物浦，运输成本在小麦价格中的占比从 11.6% 下降到 4.7%。由此，美国过剩的粮食大量出口至欧洲，加拿大、阿根廷、印度和澳大利亚也乘着低廉运费的东风向欧洲出口粮食，从而对整个欧洲粮食市场造成普遍冲击。一战爆发前，德国本土粮食产量只能满足国内市场约一半的需求，德国成为全球最大的粮食进口国，购买了至少全球四分之一的出口

---

① 参见：福克讷，2018：p.3；Wehler，2008c：pp.688－689。

粮食。①

图 4.1 显示了 1870 年至 1913 年间全球运输基础设施的发展。而不同地区之间商品价格趋同也充分印证了物流发展对贸易的推动。1870 年至 1913 年间，利物浦和芝加哥之间的小麦价格差从 57.6% 下降到 15.6%，伦敦与辛辛那提的培根价格差从 92.5% 下降到 17.9%。在此期间，美国与英国之间的工业产品价格差距，以棉纺织品、铁条、生铁和铜为例，分别从 13.7% 降至 3.6%，从 75% 降至 20.6%，从 85.2% 降至 19.3%，从 32.7% 降至 0.1%。欧洲和亚洲之间的价格也趋同，伦敦与仰光的大米价格差距从 93% 降至 26%，利物浦与孟买的棉花价格差距从 57% 降至 20%。②

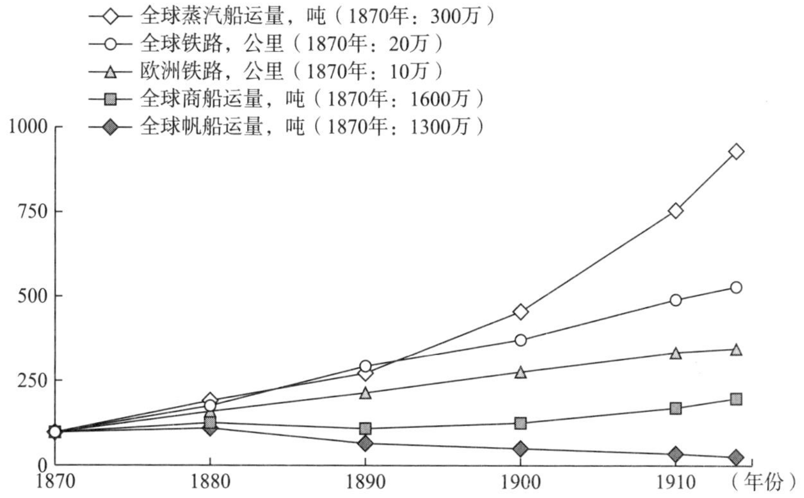

图 4.1　1870～1913 年运输基础设施发展（以 1870 年为基数 100）

资料来源：Broadberry，2010：p.9。

如上一章最后一节所述，1879 年新税法出台后德国粮食价格并没能回到农业危机之前的水平，反而继续一路下降，1888 年至 1891 年一度出现反弹但很快又掉头向下，1895 年跌至谷底后再次出现短暂反弹，1898 年之后再次下跌，直至 1907 年才在反弹后企稳。（参见附录 V）总体而言，德意志帝国粮食价格的短暂上涨是因为短期歉收和农业关税增加而出现的暂时性波动，而 19 世纪 90 年代的价格下跌则是延续了 70 年代农业危机之后的长期

① 参见：Wehler，2008c：pp.688－689；Broadberry，2010：p.7。

② Broadberry，2010：p.7.

趋势，即全球化迅速进展导致德国农产品供应过剩，而20世纪之后价格企稳也是因为19世纪后半叶起过剩的农产品供应逐步被市场消化。有一点值得注意：由于德国对农产品普遍按重量计征关税，因此实际关税税负与农产品价格密切相关。这意味着，即便税率保持不变，只要价格持续下滑，实际税负便不断上升。以小麦为例，19世纪80年代初期，但泽小麦的税前价格约为200马克/吨，税率为10马克/吨，十年之后价格下跌至135马克/吨，税率升至35马克/吨，这意味着小麦的实际关税负担从5%飙升至26%。[①]

在1876年之后农业长期低迷的数十年中，德国农业的生产成本却几乎没有下降。19世纪80年代，农业在机械、房屋和肥料上的开支虽然有所下降，但工资水平却保持不变，甚至有所上升，与此同时，存量债务成为农业者越来越沉重的负担，因为地租、资产和农产品价格都持续下跌——这对大地产主尤为不利，而他们通常还有大量抵押贷款。在农业领域，上述这种普遍趋势造成了农业利润下滑、债务升高，甚至使一些农业者破产。[②] 及至世纪之交，在越来越大的国际竞争压力下，德国农业其实已经陷入非常困难的境地：如果想要保障粮食安全，避免对进口农产品的依赖，就必须加强农业领域的贸易保护。[③]

（二）工业化的推进

物流价格的降低同时作用于工农业产品的国际贸易，而国际贸易的发展是一把双刃剑，它使强势产业逾强，弱势产业逾弱。与从19世纪70年代起陷入危机和长期低迷的农业不同，这一时期，德国的工业化进程开展得如火如荼。

表4.1　1870～1913年德国国内生产净值（Nettoinlandsprodukt）的结构

（以1913年价格计，单位：%）

年份	制造业、手工业、矿业、交通业	农业	服务业
1870/1874	33.8	37.9	8.1
1875/1879	35.2	36.7	8.1
1880/1884	35.6	36.2	8.2
1885/1890	37.4	35.3	8.5

① Burhop, 2011: p. 110.

② Aldenhoff-Hübinger, 2002: pp. 74－75.

③ Lehrfreud, 1921: p. 82.

续表

年份	制造业、手工业、矿业、交通业	农业	服务业
1890/1894	40.6	32.2	8.7
1895/1899	42.8	30.8	9.0
1900/1904	44.8	29.0	9.2
1905/1909	47.7	26.0	9.5
1910/1913	51.0	23.4	9.1

资料来源：Wehler，2008c：pp. 582，597。

从表 4.1 中可以清晰看出工业化向前推进的步伐，从 19 世纪 80 年代后半段开始，就产值而言，德国的工业就已经取代农业成为国民经济中的主导性产业，到一战爆发前夕，其产值占比已经超过 50%，居绝对主导地位。从国际比较来看，1860 年至 1913 年，德国工业在全球工业总产值中的占比翻了三番，1913 年时达 14.8%，超过了英国（13.6%），仅次于美国（32.0%），居全球第二位。① 一战爆发前，德国已经与英国和美国并肩成为全球最主要的三大工业国。

作为迅速崛起的工业国，19 世纪 90 年代初，德国就已经相当深入地融入国际市场，在随后的几十年中，德国在全球贸易中的占比迅速提高。1880 年，德国在全球贸易中的占比为 10.3%，居第二位，英国以 22.4% 的占比稳居第一位。到 1913 年，德国仍次于英国，居第二位，但与英国的差距明显缩小（德国：12.3%，英国：14.2%），并始终把美国（11%）甩在身后。而德国出口商品的结构能更为清晰地反映其工业化逐步走向成熟的发展过程。在 1913 年之前的十年中，在德国的商品出口中，工业成品的比重已超过一半，达 53%，半成品的比重达 21%，原材料和农产品仅分别占 5% 和 10%。而在建国前的德意志联邦时期，原材料和农产品曾是占比最大的出口品类。②

融入国际市场，这一方面意味着德国经济在全球的重要性逐步提高，另一方面也意味着德国对国外市场的依赖性不断增强。1889 年至 1893 年间，德国的进口总额已经占到国民生产总值（GNP）的 17.1%，出口在国民生产总值中的占比达 10.6%。世纪之交前后，大力推进铁路建设的俄国成为德国

① Wehler，2008c：p. 611.

② Wehler，2008c：pp. 611 – 612.

机车（约占其出口总额的三分之一）和蒸汽机（约占其出口总额的四分之一）的最大出口市场。此外，俄国也是德国农业机械、电气设备、机械工具和其他工业设备的最重要的出口市场，且对德国化工产品的需求也迅速增长。① 但也正是在这一时期，如前文所述，欧洲大陆出现了普遍的关税竞争，几乎所有主要国家都转向贸易保护主义并逐步升级，到了19世纪90年代，关税战争已经一触即发，关税水平之高已有可能严重损害德国的出口并进而影响其整体经济发展。

俄国在19世纪80年代逐步提高工业品关税，限制工业品进口。这一方面是因为俄国想要以此强行推进本国工业化，另一方面也是对德意志帝国提高农业关税的直接回应。1880年至1887年，德国对俄出口几乎减半。1887年，德国对俄国的有价证券实施"伦巴第禁令"②，这并未能使俄国政府放弃保护主义贸易政策。俄国于1890年8月再次提高关税，并于1891年6月实施所谓的门捷列夫税则（Mendeleev Tariff），其关税水平甚至超过了美国的麦金利税则（McKinley Tariff）③，并对德国对俄出口产生了明显的压制作用。而且伦巴第禁令加深了德俄之间的经贸冲突，促使俄国与德国的心头之患——法国建立起密切的金融关联。④ 在欧洲之外，1890年，美国的麦金利税则将从19世纪60年代就开始实施的保护性关税推上一个新的高峰。这一税则对德美贸易造成了非常直接的影响，1890年至1894年间，德国对美出口从4.17亿美元大幅降低至2.71亿美元。虽然1894年美国民主党提出的《威尔逊－戈尔曼关税法案》（Wilson-Gorman Tariff Act）稍微降低了关税，但1897年麦金利当选总统之后，共和党的丁利税则（Dingley Tariff）⑤ 很快

---

① Torp，2005：pp. 206－207。详细的进出口数据可见 Lehrfreund，1921：pp. 80－81。

② 1887年11月德意志帝国银行和普鲁士邦国银行正式宣布，今后不再允许用俄国债券作为抵押品获取伦巴第贷款（使用易变现的抵押品获取贷款），这使得俄国债券被赶出了柏林证交所，阻断了俄国在德国金融市场贷款融资的可能性，使俄国不得不转向法国。巴黎很快取代柏林，成为俄国债券的主要市场。

③ 1890年的关税法，由众议院议员威廉·麦金利（William McKinley）制定，通常被称为麦金利税则。其将平均进口税率提高到近50%，旨在保护国内产业免受外国竞争，于1894年被《威尔逊－戈尔曼关税法案》取代，后者少许降低了关税税率。

④ 参见 Torp，2005：pp. 114－115，129。

⑤ 1897年由缅因州的美国众议院议员小纳尔逊·丁利（Nelson Dingley Jr.）提出，意在恢复1890年的保护性关税。丁利税则的有效期为12年，是美国历史上持续时间最长的税则，也是美国历史上税率最高的税则，实行初期的税率超过50%，整个有效期内的平均税率约为47%。

又重新提高了美国关税，旨在恢复麦金利税则时期的关税水平。

这意味着，当俾斯麦时代结束时，德国已经部分地失去了既有出口市场，而始于19世纪60年代的欧洲自由贸易体系也面临崩溃。之前，虽然德国的贸易政策完成了保护主义转向，但由于欧洲双边贸易协定仍然有效，由科布登和谢瓦利埃建立起来的以法国为中心的欧洲自由网络并没有受到实质性损害，并在一定程度上制约了缔约国迈向保护主义。比如在德法贸易中，由于最惠国条款的保护，德国在引入保护性关税之后仍然单方面享受法国的低关税。然而，1892年有至少15份欧洲双边贸易协定到期，而在1890年下半年，形势就已经表明，法国并不打算延长与德国的贸易协定，欧洲其他国家亦是如此。这意味着自1892年起，各国都将在贸易中按照自主制定的税率征收关税，而不再沿用之前自由贸易网络中的惯例税率（conventional tariffs）。一场"所有人对所有人"的关税战争近在眼前，1892年因此成为一个转折性的年份。[①]

但由于德国工业的迅速发展，工业界凭借自身实力找到了一些规避关税的途径。比如，从19世纪70年代末开始，德国的化工企业开始在俄投资生产，以避开俄国高企的贸易壁垒。此外，德国工业，尤其是钢铁工业的纵向整合也使生产成本和税负能在价值链的上下游环节之间以更合理的方式进行重新分配，因此，从19世纪80年代开始到一战爆发，能观察到德国企业规模迅速扩大，涌现出大量卡特尔和辛迪加。[②]

（三）雇佣工人群体的扩大[③]

在德意志帝国建国后的数十年中，伴随着城市化和工业化的推进，无产的就业群体日益扩大，"雇佣工人"（Lohnarbeiter）这个概念逐步进入社会学家和经济学家的视野，其政治重要性也逐步凸显。

这一群体除了众所周知的产业工人，还包括建筑工人、家庭企业工人、农业工人，以及大量服务业和手工业雇佣工人和短工。在德意志帝国的全部就业人口中，雇佣工人所占比重从1875年的56.7%猛增至1907年的76.3%。这意味着，20世纪初，德意志帝国有2100多万名雇佣工人。

虽然雇佣工人群体中存在巨大的收入差异，但从总体上看，他们的实际

---

① Torp，2005：pp. 115 - 116.

② Burhop，2011：pp. 115 - 116.

③ 本节数据均引用自：Wehler，2008c：pp. 772 - 777。

工资收入大幅增长。从建国时的1871年到一战爆发前的1913年，德国雇佣工人的平均年收入几乎翻了一番。如果以1895年的雇佣工人实际收入为100，1871年为66，在经历了“建国繁荣”时期之后，1875年的雇佣工人收入增至87，而随后的经济低迷时期又使收入水平在1880年回落至79，80年代之后随着经济重新繁荣，雇佣工人收入水平逐步攀升，1885年为89，1890年为96，1895年达到基数100，并进一步在1900年攀升至111，1913年达125。同一时期，德国雇佣工人的名义工资从1871年的74增长至1913年的167。之所以实际收入的增幅低于名义工资，是因为同期生活必要开支的增长。

表4.2　1883年至1913年德意志帝国名义工资、实际工资、生活费用年平均增长率及国际比较

单位：%

	1883～1899年			1899～1913年		
	名义工资	实际工资	生活费用	名义工资	实际工资	生活费用
德国	2.0	1.9	0.1	2.2	0.5	1.7
英国	0.9	2.0	-1.1	0.9	1.3	-0.3
法国	0.8	1.6	-0.9	0.9	1.0	-0.1
美国	0.7	1.8	-1.2	2.3	1.3	1.1

资料来源：Wehler，2008c：p.777。

从表4.2中可以看出，虽然德国的名义工资增长水平相对较高，但物价上涨销蚀了消费者的购买力。这主要包括两方面，一是城市房租的上涨，二是食品价格的上涨①，尤其是粮食的保护性关税和牲畜产品的非关税壁垒使德国消费者无法享受到国际市场食品价格下跌的红利。在1899年至1913年间，德国实际工资的增幅还不到美、英、法的一半。

在这一时期，德意志帝国的雇佣工人群体逐步发展成一个在经济和政治上都无法被忽略的庞大的社会阶层。作为一个重要的消费者群体，他们对食品价格相当敏感，乐见食品和消费品关税的降低。但是，对消费者的利益进行组织却是非常困难的，因为相对于参与相关利益团体可能产生的成本而

① 在一战前的德意志帝国，食品支出是家庭最大的开支项目。统计显示，19世纪初至19世纪80年代，食品开支在家庭总支出中占比约为70%，虽然到1907/1908年，这一比重降至52%，但仍占到家庭开支的一半以上。数据来源：Nonn，2009：p.221。

言，消费者能从利益团体中获得的效用是十分有限的。而且，许多消费者拥有多重身份，比如他们常常也是产品的生产者，本身就存在于双重利益的矛盾中。以上种种因素，都导致消费者利益难以形成强大院外游说势力。因此，尽管消费者在数量上构成了受贸易保护主义负面影响的最重要的群体，但他们在政策制定过程中却往往无法得到充分的代表。

然而，虽然消费者难以形成自己的利益团体，但消费者利益逐步成为一个重要的政治话题，在有关贸易政策的讨论和博弈中被当作重要筹码，社民党正是在这一时期成为为消费者代言的一支重要的政治力量（有关这一点，下文还将详述）。

（四）帝国的财政与税收[①]

如前文所述，帝国财政收入的来源十分有限，但开支却逐年上升。在帝国财政开支中占比最大的始终是军费开支（见表 4.3）。19 世纪 80 年代，军事开支在帝国财政开支中占到 90% 以上，除军费以外的开支主要包括官僚行政费用和社会保障费用，而随着政府负债的增加，利息和债务偿付在财政支出中的占比也逐步提高。虽然军费开支的占比逐步下降，但在 1910 年左右的低点也仍占到国家财政开支的 70% 以上，而且开支的绝对数额在迅速攀升。1880 年德国军队规模为 42.3 万人，1913 年扩大至 79.1 万人，增幅约为 87%，而同期军费增幅远超这一比例，这与威廉二世自 1898 年起耗费巨资扩建德国海军舰队有关，尤其是 1908 年开始建造的无畏舰耗费了帝国大量财政资源。[②]

表 4.3　德意志帝国军费开支（1880～1913 年）

年份	年平均开支额（单位：百万马克）	在财政净支出中占比
1880～1885	462.2	96.8%
1886～1890	651.1	93.8%
1891～1895	736.7	88.5%
1896～1900	836.7	85.9%
1901～1905	1009.9	84.1%

① 本小节所引用的数据由于来源不同，其统计口径存在一定差异，但这些差异并不影响从中观察出帝国财政的发展趋势。

② Wehler, 2008c: p. 1034.

续表

年份	年平均开支额 （单位：百万马克）	在财政净支出中占比
1906～1910	1320.3	73.7%
1911～1913	1625.8	74.7%

资料来源：Wehler，2008c：p.1035。

如前文所述，提高帝国财政收入是1879年开征保护性关税的初衷之一，但1879年关税法在德国议会获得通过却附带了条件——弗兰肯施泰因条款（见第一章）。这一条款引入了帝国与邦国之间的双向转移支付机制：邦国向帝国缴纳人头费，而帝国向邦国转移支付每年1.3亿马克以上部分的关税收入。1883年至1892年间，帝国向邦国转移支付了5亿马克的关税收入超额部分。[①]

由于帝国的财政收支出现越来越大的剪刀差，为了维持财政开支，帝国政府的债务逐年攀升。建国初期，因为法国的战争赔款，且俾斯麦奉行较为谨慎的财政政策，帝国政府直至1877年才开始负债。1879年，帝国的财政开支中只有1%被用于归还债务及支付利息。1880年，帝国政府债务额为2.18亿马克，为1%的社会总产出。截至威廉二世上台前的1887年，帝国政府负债总额为4.86亿马克，而到了一战爆发前的1913年，已飙升至48亿马克，达社会总产出的9%。[②]

可以看出，帝国财政状况日趋严峻。1904年，人头费（每位居民40多芬尼）和弗兰肯施泰因条款被同时取消，帝国与邦国之间不再存在双向转移支付，但这显然无法解决帝国的财政问题。由于帝国的关税收入主要来自进口农产品，将表4.3和表4.4进行比较，可以清楚地看出：保护性关税虽然使帝国的关税收入大幅增加，但在迅速攀升的巨额军费开支面前仍然捉襟见肘，而且随着高举社会政策和消费者利益大旗的社会民主主义政党的崛起，随着主张自由贸易的出口工业的崛起，过度增加关税将附带极高的政治成本。因此进入20世纪后，除了增加负债，帝国政府通过1909年的帝国财政改革还把开源措施的重点分散到谋求增加资金往来税、消费税、遗产/遗物税等其他间接税的收入上。可以说，在威廉二世时期，关税政策虽然仍具有

---

① Ullmann，2005：pp.75－76.

② Burhop，2011：pp.86－87；Wehler，2008c：p.1035.

相当的财政意义，但对帝国政府而言，在制定关税政策的过程中，增加财政收入这个驱动力已经有所弱化。

表 4.4　农产品关税收入及其在帝国财政收入中的占比（1879～1913 年）

年份	年收入额 （单位：百万马克）	在帝国财政收入中占比
1879	13.2	11.8%
1881	17.1	9.2%
1891	176.3	44.7%
1901	255.3	46.0%
1913	413.7	47.0%

资料来源：韦勒，2009：p. 123。

二　政治格局和贸易政策行为体的变化

需要说明的是，这里只对与贸易政策相关的各个政治行为体的发展状况做一个总体性的阐述，它们在政策制定过程中的行为和所发挥的具体作用将在后面有关卡普里维贸易协定和比洛税则的两个相关章节分别再做描述和分析。

（一）俾斯麦下台引发的政治格局变化①

俾斯麦被迫于 1890 年 3 月 18 日退位之后，德意志帝国的政治力量格局发生了巨大变化。

如第一章所述，德意志帝国的宪政体制是俾斯麦精心设计的，但这种复杂的力量平衡是基于他的个性以及个人号召力（Charisma）构建起来的，一旦他本人退出，这个构架就失去了发挥关键作用的领导和协调中心。俾斯麦集帝国首相、普鲁士首相、普鲁士外交大臣这三项要职于一身，这是他实现权力的关键前提，但这种职权安排和权力地位却并非法定。所以为了维护这种权力优势地位，俾斯麦必须在普鲁士与其他邦国、帝国与邦国、行政机构与议会之间不断进行权力平衡，并竭力避免容克阶级与资产阶级之间、资产阶级和工人阶级之间发生直接冲突，试图以改良和斡旋来避免革命。因此，

① 本章节的观点可参见：Wehler，2008c：pp. 1000－1002，1021，1038－1043；Nipperdey，1990：pp. 514－521，pp. 572－576；Sempell，1953：p. 234；Ziemann，2016。

俾斯麦所设计的帝国首相的角色几乎可以说是为自己量身定制的，任何在能力和号召力上逊色于他的人都很难发挥像他一样的重要作用。而在德意志帝国的宪政体制中，帝国首相并不是从议会选举的优胜党派中产生的，这就在很大程度上妨碍了政治强人的脱颖而出。而且，不同于威廉一世，威廉二世不断在宪法所规定的权力边界处进行试探，想要集皇帝与首相之权力于一身，但他又无法彻底改变宪法和宪政制度。威廉二世通过罢免俾斯麦表明了自己想要领导政府的意图，但是他众所周知的对系统性事务的厌恶、冲动的个性和指手画脚的行事方式使他并不能真正领导政府，反而成为俾斯麦之后所有帝国总理的绊脚石。

俾斯麦的继任者卡普里维在上任后试图实行“新路线”，但军人出身的他缺乏俾斯麦的老辣、圆滑和政治直觉。1892 年，他因为与普鲁士官僚的冲突而放弃了普鲁士首相的职位，由此亲手摧毁了俾斯麦精心构建的集三职于一身的权力平台，并削弱了自己在野心勃勃的威廉二世面前的话语权。在外交领域，因为“无法做到同时玩五个球”①，卡普里维拒绝与俄国续签《再保险条约》，终结了俾斯麦构建的欧洲外交政策体系。在国内，他因为军队法案和意在拉拢天主教中央党的学校法案而激怒了自由派，但中央党又因为反对军队法案且学校法案最终未能在议会获得通过而疏远了他。在贸易政策上，卡普里维因为大力推行亲工业的贸易政策而使农业保守派陷入恐慌——后者最终成为他下台的关键推动力量（关于贸易政策的内容将在下文中详细展开）。

1894 年，已经没有任何政治盟友的卡普里维被威廉二世解职。他的继任者霍恩洛厄（Chlodwig zu Hohenlohe-Schillingsfürst）曾是巴伐利亚的政治风云人物，推动了巴伐利亚加入德意志帝国，并在当地推行自由主义内政政策，但出任德意志帝国首相时，霍恩洛厄已是 75 岁高龄的老人，所以注定只是一个过渡性角色。威廉二世对其也不甚满意。早在 1895 年 12 月，威廉二世就曾写道：“比洛（Bernhard von Bülow）将成为我的俾斯麦，就像俾斯麦与我的祖父一起痛打德国的外敌，我们将联手清除议会和政党体制内的污

---

① 转引自 Sempell，1953：p. 235。《再保险条约》指俾斯麦于 1887 年 6 月 18 日同俄国签订的秘密外交协议。协议约定：如果对方参加与第三大国的战争，双方将保持中立，但如果德国攻击法国或俄国攻击奥匈帝国，则不适用。由于 1879 年德奥同盟已经保证奥地利在德法交战时保持中立，德俄的这一条约又保证了俄国的中立，德国因而获得了双重保险。

秽。”[①] 事实上，当1897年比洛出任帝国外交国务秘书，开始推行“世界政策”时，霍恩洛厄的权力就已旁落。1900年10月，81岁的霍恩洛厄辞职，正式由比洛接任帝国首相。比洛是个出色的演说家，热衷于与各种政治势力周旋，在议会中建立起所谓的“比洛阵营”[②]，但他不过是在战术层面手段娴熟，缺乏战略上的远见与担当，并因“《每日电讯报》事件”最终失去了皇帝的信任[③]，比洛阵营也分崩离析。1909年，比洛辞职下台。

接替比洛的是帝国内政国务秘书贝特曼·霍尔维格（Theobald von Bethmann Hollweg）。他是一个受过良好教育的勤勉政治家，但也是一个典型的行政官僚，他在政治立场上靠近自由主义，但始终强调自己是“超越党派的帝国首相”，在社会政策等新兴领域试图通过“对角线政策”（Politik der Diagonalen）在相互对立的党派之间找平衡，但最终并不成功，因为他试图通过帝国官僚政府来对政治问题进行管理，而这个系统早已失去效率，根本不可能用来协调和管理面向未来或意在改革的问题。

可以看出，俾斯麦之后的历任帝国首相出于个人能力、背景与经历、外部环境等原因，都无法获得与俾斯麦相当的权力地位。俾斯麦下台后留下的巨大权力真空没有人能够完全填补，这也给不同的政治行为体（包括在政治领域发挥作用的经济利益团体）留出了前所未有的空间来施展拳脚，拓展自己的势力。因此，俾斯麦之后，德意志帝国出现了多头对峙的政治局面。这种格局包括几个方面：首先，俾斯麦时期严格的政治决策等级制瓦解了，帝国和普鲁士的官僚行政机构失去了强有力的中央控制机构，各职能领域和职能部门迅速形成自己的独立性，并出现相互之间的权力竞争，这在比洛时期的贸易政策制定过程中尤为明显；第二，出现了一些在帝国首相之外能对政

---

① Craig，1985：p. 244.

② 即Bülow-Block。由于中央党和社民党构成的议会多数拒绝批准用于在德属西南非洲继续作战的补充预算，帝国议会被解散，提前进行选举。之后于1907年举行的帝国议会选举因此被称为“霍屯督人选举（Hottentottenwahlen）”（霍屯督人是德属西南非洲的一个种族）。在这场选举中，保守派、民族自由主义党以及左翼自由派组成了一个支持帝国首相比洛的竞选阵营，以民族主义、反社会民主主义和反中央党为竞选口号。该阵营最终在竞选中获胜，占据了议会多数，当然这是得益于当时的选区规则，比洛阵营所获选票的绝对数量少于中央党与社民党的总和。1909年，联合了保守派和自由派的比洛阵营宣告瓦解。参见：Wehler，2008c：p. 590ff；p. 1040ff。

③ 1908年，威廉二世接受英国《每日电讯报》采访，本想改善德英关系，但口无遮拦，反而冒犯了英国、法国、俄国以及日本。事后他责怪比洛没有适当地编辑取舍当天的访谈纪录。可参见：威廉二世，2019：pp. 161－166。

治决策产生直接影响的政治人物，如帝国内政部国务秘书伯萨多夫斯基－维纳（Arthur von Posadowsky-Wehner）、出任帝国外交部国务秘书的比洛、帝国海军部国务秘书提尔皮茨（Alfred von Tirpitz）；第三，经济利益团体发展成为除帝国和邦国行政部门、陆军和海军之外的又一个权力中心，对帝国的重要决策产生影响。

此外，俾斯麦时期的许多矛盾积聚起巨大的政治张力，导致帝国社会从19世纪80年代起逐步走向政治化。在俾斯麦下台后的多头对峙格局中，这些张力演变为更广泛的政治动员，并叠加新的促进因素，大大加速了帝国社会的根本性政治化（fundamentale Politisierung）。具体而言，这一时期社会政治化的原因包括：文化斗争和对天主教群体在政治上的歧视；对无产阶级的轻视和对社会民主主义者的迫害；社会政策领域存在的争议；在经济景气的波动中受影响的群体在政治上寻求利益代表；交通和通信的发展以及舆论的分化；帝国主义扩张和"世界政策"引发的广泛的政治动员。

在这样的社会背景下，作为物质利益以及哲学理念的代表（见第二章第三节相关内容），政党的政治重要性日益提高。与此同时，经济利益团体也蓬勃发展，它们或通过对政党施加影响，寻求通过议会来实现自己的目标，或通过与官僚机构合作，谋求在法律草案或政府文件中体现自己的意志。正是由于政治行为体日益多元化，它们各自的政治诉求相互交织，大大加剧了政治决策的复杂程度，因此越来越多的问题必须通过立法来进行规制，这就提升了帝国议会的重要性，并在实际上扩大了帝国议会的权能范围。

但是，社会的全面政治化和帝国议会重要性的提升并没有使德意志帝国的政治体制走向"议会化"（Parlamentarisierung）和民主化。帝国的基本宪政构架并未改变，帝国议会始终未能获得政府首脑的推举权，无法推翻政府，帝国首相仍然有独立于议会的自主权，可以解散议会，而其政治地位仍有赖于皇帝的信任，普鲁士的霸权地位也并没有根本性改变。但帝国的政党缺乏动力去发动一场革命，去突破俾斯麦遗留下来的宪政构架：保守党从根本上厌恶议会制；文化斗争之后又是"比洛阵营"，经历了这一切之后，中央党不愿再与政府作对，而是选择在议会中与不同党派结盟组建多数派，坐享政治红利；民族自由党从1879/1884年起出现分裂，大多数成员希望与资产阶级和保守派政党结盟反对社民党，推进议会化显然不是首要事务，只有一小部分成员主张宪政改革，甚至愿意为此与社民党联手；左翼自由党长期处于分裂状态，在1910年合并进入进步人民党之后虽然有时会倡导议会化，但毕竟在帝国议会中席位不多，也无意去成就大事；社民党虽然参与了帝国许多重要法律的立法，但始终没有全情融入帝国的议会政治，他们在“打倒阶级敌人”和“推进议会化”这两个不同层面的目标间游移不定。由此可以看出，虽然德意志帝国的社会充分地政治化，但政党却始终没有完成政治化。这在很大程度上正是因为德意志帝国并非由政党执政，因此政党首先没有形成成熟政治路线的动力，其政治行为仍然由价值观和具体利益这两个割裂动因驱动，其次没有进行内部调和、保持团结的动力，其内部斗争往往十分激烈乃至走向分裂。

另外，由于德意志帝国转向干预型国家（参见第三章第三节），经济与政治话题出现更多交叠，关税、税收、社会政策等都成为同时涉及帝国政治和经济的重要政策领域。德意志帝国政党的政治性原本就比较弱，一方面游离于政府之外，另一方面以名人政治为主，群众基础薄弱，因此缺乏现实政治话题，越来越多的议员为经济利益团体代言（参见第二章第三节）。因此，各政党如今愈发关注经济政策话题，在政治上进一步出现“经济化”倾向。

总体看来，俾斯麦之后的德意志帝国逐步形成了一种包裹了军国主义专制内核的复杂的官僚制度，多种政治势力相互对峙，因不同的政治议题和经济利益时而抱团、时而竞争、时而对抗，这大大增加了政治决策过程的复杂性。而不断变化的力量组合和力量对比造成了德意志帝国摇摆不定的拉锯式政策路线，在贸易政策领域尤其如此。

（二）主要政党的发展变化

从帝国议会的党派构成来看，其实并没有过于剧烈的变动，仍主要由保守派、自由保守派、自由派、左翼自由派、中央党、社民党等组成（见图 4.2）。

1890 年《反社会党人法》[①] 废除后，社民党的得票率大幅攀升，尤其是在因工业化迅速推进而聚集了大量劳工的地区，但由于选区的划分没有随人口迁徙而变化（参见第二章第三节），因此社民党在帝国议会的议席数量没

---

① 完整名称为《反对社会民主党进行普遍危害活动法》（Gesetz gegen die gemeingefährlichen Bestrebungen der Sozialdemokratie），1878 年 10 月由帝国议会通过并生效，有效期多次延长后于 1890 年 9 月 30 日期满失效。该法律禁止旨在推翻现有国家和社会秩序的社会主义、社会民主主义及共产主义组织、集会和著作，因此导致社会民主主义活动转移到地下或国外，并出现大规模逮捕和驱逐。由于议员的豁免权，帝国议会中的社会民主党不受影响。法律全文可见：http://www.documentarchiv.de/ksr/soz_ges.html。

有出现相应的攀升（见表4.5）。

在世纪之交，政党之间的合作关系也发生了深刻的变化，这与选举核心话题的变化有关。在俾斯麦时期，政党间关系的主调是建国的支持者（保守派和民族自由党）和与新成立的民族国家保持距离的政党（左翼自由派、社民党、中央党等）之间的对峙。而19世纪90年代之后，社会和政治公平性问题逐步取代建国时期的这种对峙，成为议会选举时最主要的政治话题，包括关税、食品价格和税收问题，以及邦国层面的选举权问题。这使保守派和中央党作为代表农业生产者利益的政党相互靠拢，站在他们对立面的是代表城市消费者利益的自由主义政党和社民党。尤其是社民党，逐步变身为消费者利益的代言人，并因此为自己赢得大量新选民。①

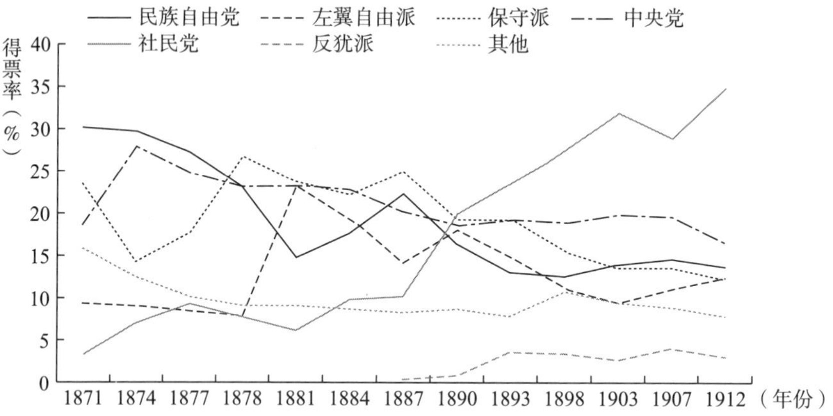

图4.2　1871～1912年帝国议会选举结果

资料来源：Hohorst et al.，1978：pp. 173－176。

表4.5　1890年至1912年德意志帝国议会主要党派席位数及占比

	1890	1893	1898	1903	1907	1912
投票率	71.6%	72.5%	68.1%	76.1%	84.7%	84.9%
保守派	93 （23.4%）	100 （25.2%）	79 （19.9%）	75 （18.9%）	84 （21.2%）	57 （14.3%）
民族自由党	42 （10.6%）	53 （13.4%）	46 （11.6%）	51 （12.8%）	54 （13.6%）	45 （11.3%）
左翼自由派	66 （16.6%）	37 （9.3%）	41 （10.4%）	30 （7.6%）	42 （10.6%）	42 （10.6%）

① Ziemann，2016.

续表

	1890	1893	1898	1903	1907	1912
中央党	106 (16.7%)	96 (24.2%)	102 (25.7%)	100 (25.2%)	105 (26.4%)	91 (22.8%)
社民党	35 (8.8%)	44 (11.1%)	56 (14.1%)	81 (20.4%)	43 (10.8%)	110 (27.7%)
反犹派	5 (1.3%)	16 (4.0%)	13 (3.3%)	11 (2.8%)	22 (5.5%)	10 (2.5%)
其他	50	41	60	49	47	42

资料来源：见附录Ⅲ。

注：德意志帝国党派众多，某些派别的政党变动频繁，为了更清晰地体现政治派别的力量对比，这里按派别进行了归并。保守派主要指德意志保守党和帝国党，左翼自由派主要包括德意志自由意志党、自由意志人民党、自由意志同盟以及 1910 年以后的进步人民党，具体可见附录Ⅲ。

1. 自由主义政党的衰落[①]

如第三章所述，1873 年开始的经济低迷、贸易政策的保护主义转向、干预型国家的发展，以及俾斯麦倒向保守主义，这些直接导致了自由派的分裂。从 1879 年开始，自由主义政党就一直在走下坡路，风光不再。在 1871 年和 1874 年的帝国议会中，自由主义政党还占绝对多数，1890 年时就已经只有刚刚超过四分之一的议席。在普鲁士众议院中，自由主义政党的议席数量也从 1874 年的 57%，跌至 1913 年的 25%。

从政治话题来看，在“支持民族国家建立”这个最重要的话题过时之后，1879 年俾斯麦转向与保守派合作，1888 年威廉二世继位，这使得自由主义政党改造帝国、加强议会权力的政治目标也彻底破灭，此后，自由主义政党始终无法再找到新的政治目标。在经济领域，私有制的资本主义市场经济成为既有经济秩序，但随着 1879 年之后干预型国家的发展，建立自由市场的目标也破灭了。而自由贸易则成为左翼自由主义政党所专注的话题，他们希望把城市、贸易和出口工业，即资本家和消费者团结起来，去反对遗留至今的封建农业和容克，但他们始终没能真正团结工人、农民和城市小资产阶级，也没能围绕这个主题构建起完整的政治话语和政策方案。民族自由党

① 这一小节的数据来源：Hohorst et al.，1978：pp. 173 – 176；Wehler，2008c：p. 1053；Nipperdey，1990：p. 521。观点参见：Wehler，2008c：pp. 1050 – 1055；Nipperdey，1990：pp. 521 – 536，591 – 592。

则遭遇了这一时期中间派政党的普遍问题：工农业利益团体之间以及代表重工业利益的中央协会和代表出口工业利益的工业联盟之间都存在利益冲突，对商业自由的追求和旧式中产的愿望之间存在矛盾，受过良好教育的知识阶层的社会政策意识与工业雇主的立场之间存在对立，这些复杂的矛盾使这个政党几乎随时都有可能四分五裂。

在选民方面，自由主义政党始终没能形成稳固的社会基础。从文化斗争开始，自由主义政党就彻底失去了天主教选民。随着社民党的发展，自由主义政党失去了无产阶级选民。新教、非无产阶级、非保守派选民群体本身就很有限，而政治上的自由主义与知识分子、大资产阶级和小资产阶级也都不契合。从本质上说，自由主义政党不愿成为阶级性政党，传统的自由主义是面向没有阶级差异的中产社会的。因此，在一个阶级意识逐步萌生并走向全面政治化的社会，自由主义政党显得十分无力。在经济利益代表方面，像中央协会和农业联盟这样的压力团体显然比自由主义政党更为直接有效，而后者也没有与重要的利益团体结成牢固的联盟（如社民党与自由工会）。由此，自由主义政党逐渐变得只能网罗“反对性选民”——反对中央党、反对社民党、反对保守党的选民们，而无法像中央党和社民党那样构建起自己的社会文化群体，无法在社会中扎下牢固的根基。

左翼自由主义者们在不断的分分合合中探索自己的定位。1884 年民族自由党的“分离派”（Sezession）及“自由联盟”（Liberale Vereinigung）与德意志进步党合并，组成了由里希特领导的“德意志自由意志党”（Deutsche Freisinnige Partei）。这个成员构成复杂的政党维持了不到十年，就在 1893 年分裂为由里希特领导的“自由意志人民党”（Freisinnige Volkspartei）和“自由意志同盟”（Freisinnige Vereinigung）。1896 年，瑙曼（Friedrich Naumann）创建了更偏左的“民族社会联盟”（Nationalsozialer Verein），但在选举大败后并入了自由意志同盟。（详见附录Ⅲ、Ⅳ）社会自由主义（Sozialliberalismus）逐步成为左翼自由党的新定位。它包含两个方面：第一，自由主义帝国主义，或更确切地说，是社会帝国主义。左翼自由派支持世界政策和海军政策，因为这与他们建立一个现代化工业社会的目标是相吻合的，而且能带来经济增长和更多福祉。第二，意在争取劳工和雇佣工人阶层的社会政策。但这两个方面分别与保守主义和社会民主主义存在交集，所以在选举中存在竞争。

2. 中央党的转型[①]

1881 年至 1907 年间，中央党的选票数量从 118 万增至 218 万，增长了近 85%，远远超过选民数量的增幅（47%），之后在 1912 年的选举中降至 200 万，流失的选票主要转向保守派政党。虽然选票数量大幅增加，但中央党的得票率却只是勉强维持稳定（见图 4.2），其主要原因是社民党的崛起，尽管如此，中央党是威廉时期表现最为稳健的老牌政党，在帝国议会（见表 4.5）和普鲁士众议院中的席位数也很稳定。

在 1890 年之后的威廉时期，随着社会经济的加速转型、社会的全面政治化以及多头政治所引发的政治波动，德国天主教反而获得了更大的行动空间，其旗下发生了几场重要的社会和政治运动。

在农村地区和当地的小城市，名人政治逐渐失去号召力，那些名人政治曾经的追随者们转而追捧一种新兴的政治论坛，以某种煽动性的方式捍卫自己的利益和世界观。由此，“乡村民粹主义”（ländlicher Populismus）成为一股独立的政治力量。德国各地都出现了类似的抗议性政治组织，它们是倒退与现代、反自由主义与反犹主义、民主与民粹的混合体。这些组织往往成为中央党在地方的主要政治组织。1900 年，全德范围的顶层组织“基督教农民协会总会”（Dachverband der Christlichen Bauervereine）成立。

此后不久，工业、行政管理、教育领域的天主教技术人员和知识分子发起一场公民运动，旨在对存在严重问题的天主教教育进行改革，而这场运动同样也对名人政治提出质疑。

与此同时还出现了新的天主教工人运动，各地基督教工会不断发展，德国基督教工会联合会（Gesamtverband der Christlichen Gewerkschaften Deutschlands）于 1901 年成立。工会成员对“天主教德国人民协会”（Volksverein für das katholische Deutschland）[②] 进行了改造，通过广泛的成人教育来实现政治解放、减轻贫困，消除落后文化与政治无能。及至二战爆发前，人民协会已经发展成为拥有 80 多万名成员的大规模运动。

可以看出，上述这些大规模的政治与文化运动都具有民粹主义色彩，且

---

① 这一小节的数据来源：Hohorst et al.，1978：pp. 173 – 176；Nipperdey，1990：pp. 541 – 542。观点可参见 Wehler，2008c：pp. 1057 – 1059；Nipperdey，1990：pp. 541 – 554。

② 成立于 1890 年，以基督教社会理念为基础，通过广泛的成人教育来实现政治解放、减轻贫困，其根本目的是以此来抵御社会民主主义思想对天主教徒的影响。该组织并非经济利益团体，因此没有编入附录 I。下文中简称“人民协会”。

相互之间存在巨大差异，但中央党却保持了统一和稳健，成为帝国议会中举足轻重的政治力量。所以，共同的信仰始终是维护中央党团结的重要纽带。此外，1891 年利伯（Ernst Lieber）接任去世的温德霍斯特成为党主席，他走民族主义路线，支持海军法案和威廉二世的世界政策。这一方面用民族主义统领党内的思想，另一方面使中央党从文化斗争时期的反对党变身为帝国政府的重要支持者。在政党的组织和建设方面，在党内社会和政治运动的推动下，中央党在逐步去封建化的同时去神职化，不再强调越山主义，而将“社会平衡”（sozialer Ausgleich）作为自己的纲领性目标，党内的各个群体显然更容易在这一目标下达成妥协，而人民协会实质上成为中央党的基层组织。由此，中央党巩固了自己的社会文化群体，从具有名人政治色彩的宗教政党向具有民粹和民族主义色彩的群众政党转型。

3. 保守党与农业利益团体的交织①

保守派在帝国议会选举中的得票率不断走下坡路，从 1881 年时的 23.7%、1890 年的 19.1%一路跌至 1912 年的 12.2%。虽然选票数量有所增加，但增幅远远落后于人口和选民人数的增幅。当然由于选区划分有利于保守派，其在帝国议会中的席位数没有随着得票率一同大幅下滑（见表 4.5），但这并不能掩盖保守派的颓势（见图 4.2）。

虽然俾斯麦在 1879 年选择与保守派结盟，但在威廉二世时代，城市化、工业化和社会全面政治化的大趋势不可阻挡，而保守党却没有积极尝试对这些趋势做出回应。当然保守党本身的政府主义（Gouvernementalismus）和精英政治传统束缚了它去进行群众性政治动员。因此，保守派选民逐步流失，他们转而支持民族自由党、左翼自由派和中央党，更毋言社民党。

在这样的情况下，无论是对保守党本身来说，还是对帝国政治来说，农业联盟这个农业利益团体与保守党的关系就显得格外重要。当名人政治和行政官僚面对政治化的民众越来越无能为力之时，农业联盟运用自己的宣传机器为保守党构建起广泛的选民支持。1898 年，德意志保守党有 68% 的选民

① 自由保守派（帝国党）比德意志保守党更倾向政府、更具工业经济色彩、更富自由精神，但实际上仅仅是由一些议员组成的议会党团，并不是严格意义上的政党，因此这一小节的统计数据为德意志保守党与帝国党的综合，但在对党派发展的讨论中专注于德意志保守党。这一小节的的数据来源：Hohorst et al.，1978：pp. 173 – 176；Nipperdey，1990：pp. 536 – 537。观点参见 Wehler，2008c：pp. 1060 – 1059；Nipperdey，1990：pp. 521 – 536，pp. 586 – 587。

来自人口少于2000人的农村集镇，1912年时这一比例高达88%，1898年该政党的帝国议会议员中有80%来自易北河以东地区，1912年进一步增至88.4%。在时代的浪潮中，农业联盟成为保守党的中流砥柱，避免了这个守旧党派的倾覆，但保守党也不得不为此付出代价。保守党因此对农业联盟形成依赖，党派的个性也发生了变化：保守党放弃了政府主义，去除了合法主义和精英式的旧保守主义的残余，转而为农业利益代言，变得更加具有民粹和民族主义色彩，并增加了反犹立场。而在这种无奈转型中，摩擦是无法避免的，因此在比洛税则出台过程中，保守党与农业联盟之间出现了激烈的冲突，但最终重新达成和解，有关这一点，还将在后面的相关章节详述。可以说，农业联盟对保守党的控制并不是没有界限，但在界限之内，它还是在很大程度上决定了保守党的路线。保守党在很大程度上成为农业联盟在帝国议会中的代言人，也因此成为贸易政策的重要行为体。

4. 社会民主党的崛起①

1890年《反社会党人法》被废除后，社会民主主义与工会发展成为群众性政治运动。在1877年的帝国议会选举中，投给社民党的选票数量为50万张，支持率为9.1%；1890年，社民党的选票数量为140万张，支持率上升至19.7%；1912年，选票数量达425万张，支持率超过三分之一（34.8%）。

在城市化、工业化和社会全面政治化的大趋势下，地方性名人政治开始衰落，群众政治逐步崛起。社民党正是一个高度组织的全国性群众党（Massenpartei），其机构严密，与党员互动密切，党员归属感强、忠诚度高。1914年时，社民党有110万党员。当时德意志帝国的工业、手工业和交通领域共有1260万名工人，其中约四分之一参加了工会（持社会主义立场的自由工会成员260万人，基督教工会成员34万人，持自由主义立场的希尔西－敦克尔工会成员10万人）。从党员数量来看，社民党党员人数还不到工人总数的十分之一。但是社民党的支持者群体非常庞大，在1912年的议会选举中，有425万人投票给社民党，这个数字远远超出党员人数和工会成员人数的总和。

统计数据显示，在社民党党员中，产业工人占到85%至95%（慕尼黑地区有20%为小资产阶级），但其选民来源要广泛得多：除了传统的产业工人，社民党的选民还包括低级公务员、自雇从业者和农业工人，他们主要分

① 这一小节的数据来源：Hohorst et al.，1978：pp. 173－176；Wehler，2008c：pp. 1045－1050；Nipperdey，1990：pp. 554－572。观点亦可参见Wehler、Nipperdey，以及Nonn，2009：p. 229ff.。

布在大城市和工业地区的新教工人区。[①] 从根本上来说，20世纪的社民党是一个“相对纯粹的阶级政党”，但它并不完全是阶级意识的产物，而更多是为了追求以雇佣工人为主的社会群体的经济和政治利益。

从1890年开始，正是对贸易政策的关注，即强调消费者的共同利益，为社民党在原生的社会群体之外赢得越来越多的新选民，尤其是迅速增长的雇佣工人和公务员所构成的“新中产阶级”。因为在19世纪的最后十年中，公众对关税的关注度超过以往任何时期。可以说，社民党的转变源于卡普里维贸易协定所引发的有关关税和贸易政策的争论，并在有关比洛税则的争议中达到高潮。这一时期，农业利益团体迅速壮大，并以非常激进的方式裹挟保守派政党追求贸易保护主义，正是这种趋势促使包括社民党在内的左翼高举起消费者保护的大旗。

消费者问题和自由贸易原则原本并没有包含在社会民主主义政党的核心理念中。1876年的哥达会议决议称：“对德国的社会主义者来说，在资产阶级内部爆发的保护主义与自由贸易之间的斗争是相当陌生的”，在“是否应该有保护性关税的问题”上，当时的社会民主党人没有看到任何原则性问题，而只是“一个实际问题”，必须“根据具体情况而定”。[②] 但是，1898年的党派大会对哥达决议的实用主义进行了根本性的修订，以响应贸易保护主义者进行关税改革的呼声和行动。虽然这次大会最终形成反对贸易保护主义的决议，并以绝对多数获得通过，但对于社民党是否应当成为完全的自由贸易倡导者，党内也存在争议。比如贸易政策专家施佩尔（Max Schippel）在会上称：在某些情况下，保护性关税也符合工人的利益，“保护性关税和自由贸易问题可能会成为工人的阶级问题”，因此建议该党在这方面不要做明确的承诺，而要“保持选择的余地”。在他看来，工人并非纯粹的消费者，而更多是当下生产部门的参与者。[③] 不过，社民党对于取消农业关税意见非常一致，只是在工业关税问题上存在一些争议。[④]

在1900年的党派大会上，两年前被上升为党的原则的贸易路线得到了

① 社民党党员和选民的具体分布情况可见 Ritter，1989：pp. 30 - 43。

② 转引自 Torp，2005：p. 167。

③ 施佩尔的观点亦可参见：Schippel，1913。

④ 包括施佩尔的发言在内的具体讨论和大会决议可参见德国社民党1898年的会议记录：*Protokoll über die Verhandlungen des Parteitages der Sozialdemokratischen Partei Deutschlands* 1898，http://library.fes.de/parteitage/pdf/pt-jahr/pt-1898.pdf，p. 172ff.。会议记录总目录链接见参考文献列表。

确认和延展。大会通过的决议认为，正在逐步成形的新关税方案将“置消费者（他们主要是工人阶级）于无力又无助的境地，受制于经济界联手决定的价格”。在这样的背景下，社民党宣布“反对一切关税和一切增加关税的行径，尤其是对食物征收的关税”，支持“逐步消除贸易上的相互限制、促进全球自由贸易发展的贸易协定政策”。[①] 至此，社民党已经将保护消费者利益和主张自由贸易作为自己的战略目标，并尝试去影响具体政策。

通过观察其在帝国议会选举中选择的竞选话题，也能看出社民党转变为消费者政党（Verbraucherpartei）的轨迹。1890 年大选时，食品价格短暂上涨，社民党就开始鼓动反对农业关税。1898 年，捍卫消费者利益和反对农业保护性关税的要求再次成为社民党选举活动的主题。1903 年，由于之前帝国议会刚刚通过了比洛税则，抵制“饥饿关税”（Hungertarif）、反对“关税暴利”（Zollwucher）成为社民党竞选的核心议题。

社民党的这种转变也与德国社会逐步走向全面政治化有关，它和与保守党结盟的农业联盟在政治光谱的两端对这种变化做出回应。从 1890 年至 1903 年间举行的选举中可以看出，政治左派和右派的宣传机器致力于吸引、鼓动群众，而政府则越来越无法决定竞选的关键主题。在贸易政策问题上的冲突（一方面是对农业保护主义的需求，另一方面是对“导致饥饿”的农产品关税的反对）也反映出德国社会内部的一个深层矛盾，即农村生产者与城市消费者之间的冲突。

社民党无疑应被视为这一时期贸易政策的行为体，但也必须看到，社民党的政治影响力远远无法与其支持率相匹配。这里存在一系列原因：首先，如上文所言，选区划分和选举制度不利于社民党，使其在帝国议会的议员人数无法与得票率相匹配；第二，社民党始终坚持定位于工业无产阶级，不愿制定农业和农民政策，这种自我设限使其始终无法进入当时仍十分庞大的农业社会；第三，即便《反社会党人法》早已废除，但社民党的政治定位使其处在政府和几乎所有其他政党和利益团体的对立面，因此社民党在政治上是被孤立的。

① *Protokoll über die Verhandlungen des Parteitages der Sozialdemokratischen Partei Deutschlands* 1900, http://library. fes. de/parteitage/pdf/pt-jahr/pt－1900. pdf，p. 246。会议记录总目录链接见参考文献列表。

（三）经济利益团体的发展变化[①]

如前面的章节所言，德意志帝国建国之后，经济和社会领域政策的重要性日益凸显，与此同时，普遍选举权带来议会政治的发展和社会大众的逐步政治化，而为了安抚议会和民众在民主政治上的诉求，保持帝国政府/首相在外交和军事政策上的决定权，俾斯麦把经济和社会这两个政策领域的大部分发言权和政策制定权让渡给了议会和公众，经济利益团体也因此获得了行动空间和政治影响途径。1879 年的贸易保护主义转向正是利益团体主张自己利益诉求的结果。1879 年的贸易保护主义转向也是德意志帝国迈向干预型国家的重要一步。通过保护性关税进行经济干预，国家的这种具有再分配性质的政策必然会导致利益的分化——或多或少地有利于一些人，而同时不利于另一些人。这就促使不同的利益群体进一步组织起来，并更加积极地谋求对国家的政策制定和政策实施施加自己的影响。

由于关税和贸易政策是国家干预经济的最直接手段，因此它们也始终都是经济利益团体所关注的焦点话题，而且这一时期，还交织了工业与农业之间的根本性问题：德意志帝国究竟是彻底转型为工业国，还是保留农业国的底色？这种工业化转型究竟应当以怎样的速度推进？转型过程中将由谁付出怎样的代价、做出怎样的妥协？总体而言，在工业化的进程中，农业界感到自己的经济利益和政治地位受到威胁，而工业界则试图破除农业的传统优先地位，并避免完全由工业来承担转型所产生的社会和经济成本。与此同时，随着工业的发展和行业的分化，工业界内部也开始出现利益分化：原料行业和加工行业之间、立足国内市场和以出口为导向的行业之间出现利益的冲突。与此同时，随着雇佣工人群体的迅速扩大，劳工利益组织——工会在社会政策和消费者权益上的利益主张也日渐清晰和响亮，并与工农业利益团体的利益主张交织在一起。此外，与国家财政收支和费用分摊相关的政策，如世界政策和海军政策，也进入利益团体的视野。总而言之，与财富的分配和再分配相关的财政、经济、社会乃至对外政策都成为利益团体的关注对象。

尤其值得关注的是：经济利益团体作为政治行为体的行为方式也发生了重大变化。诞生于 19 世纪 70 年代的中央协会、改革者联合会、地区性行业

① 此处观点和内容可参见：Nipperdey，1990：pp. 576 – 595；Ullmann，1990：pp. 99 – 103；Fischer，1972b：pp. 194 – 213。

协会等工农业利益团体普遍反对自由贸易，主张贸易保护主义，它们通常首先向政府和官僚机构施加压力，随后才尝试在议会中影响决策过程。到了19世纪90年代，如上文所述，德意志帝国的政治经济格局出现了新的特点：社会全面政治化，政治上呈现多头对峙的局面；工业化的推进和经济景气的波动导致了经济利益的分化和极化，进一步促进了经济利益的组织和主张。在这样的背景下，更为强势的新一代利益团体出现了，它们通过宣传机器对公众进行持续不断的鼓动，直接插手议员选举，通过与党派和其他利益团体的交织对立法过程进行有效干预。

在这一时期，随着工商业不断发展成熟以及社会的全面政治化，利益组织几乎覆盖了经济的各个领域，但并不是所有的利益组织都能够成为贸易政策制定过程中的有效行为体。比如，这一时期的批发和零售业、银行业、手工业虽然都出现了利益组织，但它们通常较为分散，在政治上的影响力非常有限。而这一时期的工会组织虽然已经相当强大（参见前文政党部分），但必须看到，此时社民党仍在政治上受到孤立，其政治影响力与选民支持率完全无法匹配，由此可以设想，工会组织更是难以拥有政治影响力，在经济政策制定中几乎完全被排除在外。另外，如第二章第三节所述，19世纪70年代中后期，重工业界领导下的大型利益团体已经建立与政治决策者的直接接触渠道，对政策的形成和实施直接施加影响，从而在相当程度上取代了公法性质的商会组织在立法上的影响力。及至威廉二世时期，如上文所言，第二代经济利益团体较第一代更为激进，直接开展群众动员、干预议会选举，无论是工业还是农业界的商会组织，在贸易政策制定上的影响力均被进一步削弱。综上所述，在这一时期的经济利益团体中，只有主要的农业和工业利益团体是参与贸易政策制定的行为体。

1. 农业利益团体①

无论是在卡普里维时期还是之后比洛税则出台的过程中，德国农业界的利益团体在贸易政策上的呼声都相当一致——支持对农产品实行贸易保护主义。

在农业界内部，无疑存在不同性质的农业生产者。按照规模大小和经营类型，可以将德国农民分为三个不同群体。第一个群体是易北河以东地区的

① 这一小节的数据和内容来源：Nipperdey，1990：pp. 584 – 586；Hunt，1974：pp. 321 – 323；Torp，2005：p. 148ff。

普鲁士农业主，他们大多拥有大面积地产，并主要从事大规模粮食生产，尤其是黑麦种植。第二个群体是德国北部的大农户，主要位于汉诺威、石勒苏益格－荷尔斯泰因西部、奥登堡公国，他们主要从事商业性养殖业。第三个群体是德国中部、西部和南部的中小农户，主要从事土地利用率较高的混合农业。在这里，除了粮食和牲畜之外，还种植蔬菜、水果和酿酒用葡萄。上述大地产主的耕地面积超过 100 公顷，中型农户的土地面积超过 2 公顷，小型农户土地面积超过 0.5 公顷。

德意志帝国是否存在一种一致的、支持保护主义的农业利益，这在学界存在争议。一种观点认为：德国农业分化为利益对立的两大阵营。一边是易北河以东地区的大地产主，主营粮食种植，另一边是易北河以西地区的农民，他们大部分从事牲畜养殖。前者着意于增加粮食关税，而后者则与消费者一样，因饲料价格高企而深受粮食价格之苦。因此，易北河以西地区的农民支持粮食的保护性关税是因为受到容克地主和以其为首的农业利益团体的操控。但也有另一种观点认为：大多数农民从事混合农业经营，在口粮和饲料上基本实现自给自足，在收成好的年景还能将剩余粮食拿到市场出售。因此，农民支持粮食关税很可能是出于自己的利益。比如就东普鲁士传统粮食作物黑麦而言，只有 21% 是由大农场生产，另有 75% 是由中型农户种植，后者也同样将剩余粮食在市场出售，并受惠于农业关税。而且，从事养殖业的德国农民也受益于因避免动物疫病而设的非关税壁垒，因此他们同样乐见农业保护主义。

由此可以看出，虽然从事粮食生产和牲畜养殖的农户在粮食价格上存在一定的利益分歧，但在原则上，德国农户在对农产品实行保护主义贸易政策这个问题上存在明显的共同利益和共同立场。

在农业利益的协调方面，包括改革者联合会、农业联盟和农业理事会在内的主要农业利益团体也发挥了巨大作用，它们始终强调农业的共同利益，并寻求对不同的利益进行平衡。如农业联盟主席旺根海姆（Conrad von Wangenheim）持一种非常实用主义的态度："新的关税税率……不应在其所惠及的行业上有所偏颇"，因为"农业的所有重要领域"都应当"得到尽可能相同的保护"。在 1900 年的另一次讲话中，他进一步解释道，农业联盟"并不太关心某一种商品是否获得特殊对待，它的关税税率是否特别高；对我们来说远为重要的是：是否能基于尽可能的公平，让所有农产品作为一个整体得到一定程度的保护，从而保证农业的各个领域都能平等发展"。但"推进这一点的基础”是“我们在内部团结一致”。改革者联合会也同样热衷于通过制定农业保护主义纲领来建立一个统一的农业阵线，以此来激励每一个农户，如果可能的话。这份纲领要求“固定农业关税的税率水平……不仅须对粮食和牲畜征收保护性关税，还应当对那些有利于小农户的商品项目征收保护性关税，如蛋类、活的和宰杀的禽类、羽绒”。[①] 农业团体的这种团结姿态一方面当然是为了讨好中小农户，以博取他们的支持，另一方面，也与19世纪90年代德意志社会的全面政治化，以及农业利益组织的动因有关——这一时期，农业利益的组织并不是“从上而下”推进的，而是“自下而上”发起的。因此，几乎所有主要农业利益团体都不约而同地持这种“普惠”立场。

就具体的利益团体而言，商会背景的农业理事会在这一时期的贸易政策制定中仍然发挥一定的作用。其主要成员是传统贵族、温和派农业者，他们利用自身的传统特权地位，利用自己在官僚机构中的良好关系，主要寻求对行政层面施加影响。鉴于与政府的密切关系，他们很容易从政府获得相关信息，并参与政府的讨论和咨询。但也正因为农业理事会立场温和，有较高的妥协意愿，因此更多发挥的是联络、咨询等组织协调作用，在利益代表、左右政策走向等方面发挥的实质性作用很有限。

在1879年的保护主义政策转向中，改革者联合会发挥了重要作用。但这个组织的规模并不大，1880年时只有500名成员，由议员和农业界的名人组成。在名人政治开始式微的19世纪90年代，改革者联合会的政治影响力逐步被更具群众政治色彩、更强势的新一代利益团体所超越。

成立于1893年2月的农业联盟就是典型的新一代利益团体。农业联盟成员众多，1894年，成立仅一年的农业联盟的直属成员数量就已达到20.18万人，1913年时进一步增长至33万人，是当时成员人数最多的经济利益团体。联盟的大多数成员是农民：85%为小农户、12%为中型和大型农户、2%为农村中产阶层、1%为大地产主。虽然占比仅为1%，大地产主仍然是农业联盟的领导者。

农业联盟的核心目标是：通过国家补贴、保护性关税及非关税壁垒，以及其他针对国内工业界竞争的措施（例如工业界人造黄油生产对农业界黄油生产所造成的竞争），来稳定及提高农业从业者的收入和生活水准。基于这

---

① 转引自 Torp，2005：p. 149。

一目标，农业联盟主张：保护农业应当成为经济、社会、外贸和外交政策的最高目标，而且应在德国国内维护农业的领导地位，避免工业和服务业的崛起、雇佣工人阶层的崛起和城市的崛起。农业联盟始终将农业利益作为一种整体性的利益去争取，而不再细分内部不同群体的具体利益，因此农业联盟从总体上而言是一个支持君主制、反议会制、反民主的保守主义团体，带有等级制民粹主义（ständisch-populistisch）和社会达尔文主义色彩，秉持绝对民族主义和极端的反犹思想，坚决反对社会主义和自由主义。

为了实现既定的目标与主张，在数量众多的会员所缴纳的会费的支撑下，作为新一代利益团体的农业联盟组织严密，建立了专业、高效的宣传机器。它大量出版鼓动材料——从传单到小册子，拥有自己的新闻服务机构，在全国各地组织集会并派出专职的巡回宣讲人（仅 1912 年就组织了 161 场），为此还专门设立了宣讲人培训学校并为他们提供宣讲材料。农业联盟出版两份报纸，一份是严肃的《德意志日报》（*Deutsche Tageszeitung*），另一份是面向农村民众的大众报纸《柏林报》（*Berliner Blatt*）。农业联盟总部专门设有报刊档案馆和统计部，对舆论和信息进行收集和研究。另外，进行广泛的群众性宣传和鼓动之余，联盟还提供真正的实惠，来维系与成员之间的关系：其下属的采购合作社等组织还为成员农户提供种子、化肥、饲料和农机购买折扣，为他们提供技术和法律咨询，帮助他们获得平价保险。

如上文所言，直接插手议员选举，以此来干预政策制定，实现自己的利益诉求，这是新一代利益团体的重要特点。为此，农业联盟总部设有专门的竞选办公室。之所以有能力插手选举，正是因为联盟作为群众性组织具备强大的、专业的宣传鼓动能力，能对农业地区的选民进行大规模政治动员，并对关键选民群体进行有针对性的动员。由于名人政治已经过时，选民普遍政治化，在竞选中，群众动员就变得至关重要，而除社民党外的其他主要政党普遍缺乏这种动员能力。而对参加竞选的候选人来说，动员群众需要大量资金和资源，在议员与党派关系并不紧密的德意志帝国，这更成为候选人难以逾越的门槛。因此，无论对政党还是对候选人而言，像农业联盟这样的利益团体的支持就变得举足轻重。支持是有代价的：要获得农业联盟的支持，候选人就必须支持联盟的纲领，并签署相应的书面保证。1898 年，帝国议会的 397 名当选议员中有 118 名签署了农业联盟的保证书。1908 年，普鲁士众议院的 442 名当选议员中有超过一半（243 名）签署过保证书，其中的 168 名本身就是农业联盟成员。

农业联盟最主要的合作政党是保守党。如上文所言，保守党几乎所有的群众动员工作都由农业联盟承担，对农业联盟存在巨大依赖。但从比洛时期起，自由派的右翼也具有浓重的农业色彩，尤其是在德国的西部和南部邦国，自由派右翼几乎成了“保守党的替代”，而农业联盟当然不会放过任何一点发挥影响力的机会：在 1907 年的帝国议会选举中，民族自由党的当选议员中有大约 60% 签署过农业联盟的保证书。但自由党很快形成了自己的农业政策，并因为遗产税争议等政治话题在易北河以东的选区获得了较大影响力，到 1912 年时，签署农业联盟保证书的民族自由党议员比例已降至 11% 。

可以看出，在 19 世纪末 20 世纪初的德意志帝国，农业联盟是一支非常重要的政治力量。它与政党的合作以及它所引发的政治竞争甚至在一定程度上影响了帝国的社会政治环境，它不仅捍卫了保守主义圈层（daskonservative Milieu），而且使其变得更极端化——具有更加浓重的反政府、反议会制和反犹色彩。农业联盟之所以能如此迅速地为选民和政界接受，并取得巨大的政治成就，也与这个组织的性质有关：它既是一个群众组织，又属于传统的统治阶层（农业、贵族、土地所有者）并由其领导。此外，它超越细分利益的反犹色彩也发挥了重要的凝聚作用。在这里也可以看出，这一时期，传统统治阶层站在了帝国政府的对立面，农业联盟成立的直接原因就是卡普里维政府的贸易政策，而农业联盟也可以说是卡普里维和比洛这两位帝国首相下台的直接推手。关于农业联盟在贸易政策领域的主张和具体行为，下文将做详细论述。可以明确的是：农业联盟始终是贸易政策领域的重要行为体，但它并不是完全独立的政治力量，而更多是通过政党和议员来实现自己在政策制定上的诉求。

2. 工业利益团体①

成立于 1876 年的中央协会是德意志帝国第一个全面代表工业界的全国性利益团体。如前文所述，它在推动德意志帝国转向贸易保护主义方面发挥了巨大的决定性作用。1879 年，德意志帝国开始征收保护性关税，中央协会也就完成了其组建时所设定的目标。此后，中央协会的目标变为：捍卫和扩

---

① 这一小节的观点参见：Nipperdey，1990：pp. 580 - 593；*Spitzenverband*，1956：pp. 42 - 49；Bueck，2018：p. 37ff。

大保护性关税，并为工业界的共同诉求代言。及至世纪之交，中央协会已经从一个专注于关税问题的团体发展成为一个涉猎广泛的工业利益组织。它与普鲁士德国的行政官僚有着密切联系，并成为在商业和行政管理之间发挥桥梁作用的不可或缺的角色。它几乎参加了所有重要经济政策的咨询，提供专业意见，并参与法律草案的拟定，其成员遍布各种相关的咨询组织。及至世纪之交，中央协会的成员组织几乎遍及所有重要工业行业，因此可以以一种相对公允的姿态代表德国工业界。但协会中意见权重最大的是纺纱业和煤钢产业，19 世纪 90 年代起基本由煤钢产业主导，因此，即便协会的领导层着意兼顾不同产业的利益以体现协会对全体工业的代表性，但只要行业间出现明显的利益冲突，主导行业必定会处于优势地位。简而言之：协会不可能做出任何有悖于煤钢产业利益的行为。而煤钢和纺织这两个主导产业无论是基于传统立场还是出于当下利益都支持贸易保护主义。

煤钢产业在中央协会中的主导地位促使了一些与其存在利益冲突的行业组建自己的利益团体，其中最重要的是成立于 1895 年的工业联盟（BdI）。工业联盟与中央协会一样，也是一个顶层利益团体，定位于为成品加工工业的利益代言，以区别于中央协会主要代表的原料和半成品工业。成品加工工业的集中程度（卡特尔化的程度）要低于原料工业，企业规模也较小，以中小型企业为主。与原料和半成品工业相比，成品加工企业在业务上更偏重出口，对原材料价格更敏感，因此对降低进口原料的关税和签订长期贸易协定更感兴趣，而且它们也乐见农产品关税的降低，因为农产品关税会推高食品价格，进而推高工资水平。作为中小型企业，它们对罢工和劳资斗争也更敏感，更愿意协调与工会的关系。除了行业差异之外，地域分布也会导致利益差异。比如，工业联盟的成员企业大多位于非普鲁士地区，如萨克森、图林根和南部地区，它们在基础设施和交通运输等问题上与主要位于普鲁士的煤钢工业也存在不同的利益诉求。当然，由于成员企业在利益诉求上是多元的，因此工业联盟与中央协会在利益诉求上也并不是泾渭分明、极端对立，而是存在一定的交叉。

从成员数量、财力、组织程度和在经济领域的影响力来看，中央协会比工业联盟要更胜一筹。中央协会历史更悠久，发展得也更成熟，在 1879 年之前就已经与帝国政府和普鲁士政府建立起密切关系，成为法律法规的制定和评估中理所当然的参与者。例如，1897 年，帝国内政部在中央协会的建议下组建了一个由农业、贸易和工业界代表组成的“经济委员会”[①]，就关税问题进行咨询讨论。由于中央协会本身就是首倡者，因此可以自行任命自己的代表，而历史较短、相对不够成熟的工业联盟就不得不依靠政府的任命。由于在政府中的影响力无法与深耕多年的中央协会媲美，工业联盟更致力于经营与议会和政党的关系，并力图首先在地方层面建立起自己的影响力。在1876年的纲领中，中央协会还仅仅提及经济利益，而在创建之初，工业联盟就已经在纲领中明确提出“要在帝国与邦国层面增加工业界对立法和行政的影响力”。[②] 进入20世纪后，中央协会也开始注重发展与议会和政党的关系，并于1909年设立了竞选基金（协会的成员企业每发放10000马克工人工资须向该基金缴纳50芬尼），以扶持自己支持的议员候选人（主要是保守党和民族自由党），不过此举的直接目的是压制在鲁尔区迅速扩大政治影响力的中央党和社民党。

工业利益团体首先当然是与自由派政党合作，因为后者代表了自由市场经济和资本主义的基本原则。但是在一些重大的利益问题上，工业团体也会选择与保守党合作，比如征收保护性关税。因为保护性关税是有悖于自由市场经济原则与消费者利益，有悖于主张自由贸易的左派的立场，因此在这个问题上，工业利益团体必须与农业界合作——在政治上，这就意味着与保守党合作。在存在阶级利益冲突的问题上，如反对扩大结社权、反对集体劳资协定、反对工会，工业利益团体作为资方，其立场也与保守党合拍。如果撇开具体政策不谈，在总体上，工业利益团体在政党方面需要一个支持自己的“基本面”，这样才有可能将自己的实力和诉求转化到政治层面。与农业界不同，德国的工业界在很长一段时间里没有能够用于进行群众动员的统一理念，如：“共同富裕”（Wohlstand für alle），单纯靠资金投入在竞选中取得的效果很有限。从德意志帝国的选举制度和选区划分来看，最值得争取的是中小农户，而他们在19世纪80年代以后基本都持保守立场。这一切都催生了工业利益团体运用各种方式去“搜罗”右翼党派。当然，保守派与工业之间存在各种深刻的矛盾：农业界针对工业出口、针对资本和城市的利益政策根

① 全称为“为准备和评估贸易政策措施的经济委员会”（Wirtschaftlicher Ausschuß zur Vorbereitung und Begutachtung handelspolitischer Maßnahmen），隶属帝国内政部，由农业、工业和商业界代表组成的经济政策咨询委员会，下文中均简称为“经济委员会”。

② 转引自 *Spitzenverband*，1956：p. 47。

深蒂固，其所主张的农产品高关税推升了工资成本；如前文所言，保守党与基督教社会主义者关系密切，与中央党也有关联，其反资产阶级、亲工会的倾向与工业界存在直接的利益冲突。这些矛盾使工业界陷入了两难境地，使其在民族自由党和保守党之间摇摆不定。

无论是中央协会及其主要代表的大型重工业（原料与半成品工业）还是工业联盟及其所代表的成品工业与轻工业都无法避免这种源于自身的矛盾性。重工业相对更加右倾，但直到一战前，它们仍然主要与民族自由党（以及自由保守党）结盟，其右翼谋求加强与保守党的联盟，反对一切与左翼结盟的企图，甚至反对与打着反农业和社会自由主义（sozialliberal）旗帜的反右中间派结盟。而在成品工业和轻工业界则存在着反保守主义倾向，它们支持自由保守党的中间派，也支持与包括左翼自由派在内的自由派全面结盟。因此，虽然在与自由派还是保守派结盟的问题上都有摇摆，但重工业与轻工业在对待农业的态度上存在明显的差异，重工业倾向于与右翼、与农业结盟，而轻工业则倾向于与中间派结盟反对农业。

工业联盟旗下虽然汇集了不少出口导向型企业，但未能将三个新兴的重要出口行业——化工、电气与机械制造行业——纳入麾下。这三个行业各自的行业协会以及主要企业虽然与工业联盟有较为密切的关系，但都保持了自己的独立性。其中利益组织最为成熟的是化工业，化工协会（参见附录 I）被称为除中央协会和工业联盟之外的“第三支力量”[①]。除了普通的贸易、税收和社会政策之外，化工协会还关注一些与化工业利益相关的特定问题：化工新发明的委托与促进、品牌与专利保护、商用设备许可方面的立法与行政管理实践、有关化学品铁路和水路运输的规定与运费制定、对民众进行有关化工产品重要意义的教育。由此也可以看出，像化工协会这样的专业性行业协会所关注的问题比汇集了多种行业的所谓顶层协会更加专门化，也更加多元化，当然也正是由于这种专门化和多元化，专业性行业协会在贸易政策制定过程中发挥的作用很有限。

因此，在这一时期，工业利益团体中只有中央协会和工业联盟这两个组织可以被视为贸易政策网络中的行为体。

---

① *Spitzenverband*, 1956: p. 44.

第二节 卡普里维贸易协定——自由贸易政策的短暂回潮

一 卡普里维时期的贸易协定[①]

如本章第一节所述，19 世纪末至 20 世纪初，德意志帝国已经很深地融入世界经济，其工业化迅速推进，农业却持续低迷，因此工业品取代了农产品，在出口中占据绝对多数。但当卡普里维上台之时，美俄两国的贸易保护主义不断加码，在德意志帝国国民生产总值中占比超过十分之一的工业品出口遭受重创。卡普里维在面对普鲁士政府的发言中称："北美和俄国所奉行的'残酷的'贸易政策"对欧洲所造成的损害"可能比战争还要严重，但我们却无能为力，因为我们对棉花和石油等商品的进口有严重依赖"。随后，他又在帝国议会强调，德国"从长期来看，无法实现自给自足。我们因为自然规律，因为国土面积、气候和土壤的缘故，而必须全面依赖与其他国家进行产品和商品交换"。德国经济对进口和出口的依赖就像同一枚硬币的两面，"无疑，继续实施贸易壁垒的老路将不仅毁了我们的工业，还将毁了我们的工人，甚至可能毁了我们的国家"。[②]

欧洲的十余项包含最惠国条款的双边贸易协定将在 1892 年失效，这意味着与德国存在重要贸易关系的法国、奥地利、比利时、荷兰等国都将自主决定关税，一场"所有人对所有人"的关税战争近在眼前。帝国外交国务秘书比伯施泰恩（Adolf Marschall von Bieberstein）曾坦言：帝国从"一棵并不属于我们的树上摘取果实，我们既没有栽种它，也没有为它付出过任何代价"，现在这棵树"在一夜之间"就倒了。[③]

出口停滞对德国的劳动力市场和工资水平都产生了负面影响，而就在同一时期，德国人口快速增长，人口 - 经济的双重压力使德国在 19 世纪 80 年代开始出现向外移民的潮流。1880 年至 1890 年间，德国有近 1500 万人移民到海外。1891 年，卡普里维在帝国议会的发言中说："我们必须出口，要么出口货物，要么输出人口。我们不可能再这样下去，人口不断增长，却没有

---

① 除直接引语专门用脚注说明外，本小节数据和观点参见：Burhop，2011：p. 111；Torp，2002：pp. 114 - 117；Nipperdey，1990：pp. 701 - 703；Dietzel，1903：pp. 368 - 369。

② 转引自 Torp，2002：p. 117。

③ 转引自 Torp，2002：pp. 114 - 115。

与之相应的产业增长。”在这样的背景下，就只有一种可能性：“与其他国家签订贸易协定，以扩大我们的市场，去获取新的市场以及我们的工业界在国内无法获取的东西，去获取它们在海外、在其他国家失去的东西。就像我曾说过的，某些国家从长期来看决心要摆脱我们，我们必须通过与周边国家签订协议来取而代之。”①

终于，在1892年到来之前，1891年12月，德意志帝国与奥匈帝国、意大利、瑞士和比利时成功签订包含了关税减让和关税约束条款的最惠关税协定，协定有效期为12年，1893/1894年，又分别与塞尔维亚、罗马尼亚和俄国签订贸易协定。上述这些贸易协定都遵循同一个原则：贸易伙伴承诺降低对德国工业品征收的进口关税，而德意志帝国则降低包括谷物在内的农产品关税作为回报。贸易协定中约定，德国将小麦和黑麦这两种主要粮食的进口关税从每吨50马克降低至35马克，面粉的关税从每吨105马克降至75马克，燕麦从每吨40马克降至28马克，大麦从每吨22.5马克降至20马克，麦芽从每吨40马克降至38马克，玉米从每吨20马克降至16马克。此外，木材的进口关税降低四分之一，葡萄酒关税从每吨240马克降至200马克，未发酵葡萄汁的关税从每吨240马克降至100马克，肉类从每吨200马克降至17马克及15马克，黄油关税降低20%，蛋类降低33%。而贸易协定缔约对方对德国出口商品所征关税的平均税率从15%降至11%。

这一系列贸易协定给德国工业带来的实惠可能并不完全在于税率本身，因为从上文的数据可以看出，德国出口商品关税的降幅并不太大，但贸易协定最根本的意义在于：贸易伙伴承诺在相当长时间内对德国工业品维持约定的关税水平，这种中期的确定性对德国工业发展是十分有利的，因为这使德国工业有足够的时间进行长期业务规划，形成自己的经营和出口战略。这一时期的德国政界虽然也试图平衡农业与工业，但在工农业利益直接冲突的情况下，显然工业的利益被置于农业之上，因为他们认为只有工业化和工业品出口才是德国未来的发展之道，才能解决人口与经济增速不匹配的问题。

卡普里维时期的两批贸易协定经历了1890年和1893年两届帝国议会。1891年签署的第一批贸易协定在1890年选出的帝国议会中均顺利以高票获得通过。虽然1893年的新一届议会也表决通过了卡普里维政府于1893/1894年签署的贸易协定，但相较第一批贸易协定要艰难得多。在1893年12月13

---

① 转引自Torp，2002：p.115。

日的表决中，德意志帝国与罗马尼亚的贸易协定仅以 24 票的微弱多数得以通过（189∶165），与俄国的贸易协定也经历了激烈的辩论，最终于 1894 年 3 月以 200∶146 票通过。相较 1891 年德意志帝国与奥匈帝国的贸易协定以 243∶48 票获得通过，可以看出，帝国议会中反对贸易协定的议员数量在短时间内迅速增加。

而且这两批贸易协定还经历了截然不同的经济环境。第一批贸易协定签署时正好遇到一个有利的时间窗口。19 世纪 80 年代末，粮食价格较 1886/1887 年的低位明显回升。1891 年，普鲁士小麦价格从 1886 年的每吨 157 马克上升至 222 马克，黑麦价格从 1887 年的 74 马克上升至 125 马克。这一方面是因为 1887 年再次增加的保护性关税，另一方面是因为包括德国在内的多个欧洲国家都出现歉收，导致粮食和食品价格大幅上升。而俄国因为严重歉收，1891 年 7 月宣布禁止黑麦出口，年底时又进一步将出口禁令扩大到所有粮食和粮食制品，这无疑给德国的粮食价格火上浇油。但就在帝国议会 1891 年 12 月及 1892 年 1 月批准德国与奥匈帝国、意大利、比利时和瑞士签订的贸易协定之后，小麦和黑麦这两种最主要粮食的价格就开始迅速下跌——当然这只是巧合，粮食价格的下跌与贸易协定签署之间并不存在因果关联。1892 年 1 月，柏林市场的小麦价格还有 214 马克，但已经比 1891 年的年度均价下跌了 10 马克，而到年底，价格出现自由落体式的急跌，下探至 149 马克。在之后的两年中，虽然跌幅开始放缓，但仍然延续了下跌的势头。柏林市场的小麦年平均价格从 1891 年的 224 马克，下跌至 1892 年的 176 马克，1893 年的 152 马克和 1894 年的 118 马克。黑麦价格的走势与小麦如出一辙，1891 年为每吨 211 马克，1892 年跌至 176 马克，1893 年 134 马克，1894 年仅为 118 马克，与 1891 年相比几乎腰斩。1894 年，这两种粮食作物的价格跌至一战前的最低点，1895 年起小麦价格出现小幅回升，1897 年黑麦价格也开始回升。（具体数据可参见附录Ⅴ）

签署这两批贸易协定从表面看是实施了相同的贸易政策，但其出台过程的巨大差异表明其背后的贸易政策网络已经在悄然发生变化，下文还将进一步分析其中的变化。

二　作为贸易政策行为体的帝国首相卡普里维

作为贸易政策制定过程中的重要行为体，有两个重要的特点在很大程度上决定了卡普里维的行为。

首先，卡普里维并非单纯地重视贸易政策在经济及财政上的意义，而是非常重视其政治意义，尤其是在国际关系方面的意义。因此，在贸易政策的决策过程中，卡普里维始终将贸易关系放在地缘政治的范畴中进行考量。比如19世纪80年代末，德意志帝国就已经与“三皇同盟”的另两个盟国陷入“无声的关税战”。因此，卡普里维在帝国议会发言中说：“如果我们与其他国家缔结政治联盟，那就不可能与它们长期陷入经济战。”① 因此德意志帝国与奥匈帝国以及意大利的贸易协定都在一定程度上存在维系政治联盟关系的目的。

不仅三皇同盟的成员国，比利时和瑞士也成为第一批与德意志帝国签署贸易协定的国家（1891年末至1892年初签署及生效）。卡普里维受到世界帝国主义理论的影响，认为少数几个强大的全球性帝国（通常认为是美国、英国、俄国，可能还包括中国）最终将取代当下的国际权力关系，因此认为应当用经济手段来辅助欧洲的权力地位。他在帝国议会为新的贸易政策进行辩护时说：构建一个“欧洲中部1.3亿人口的经济区域”，其目的是建立一个巨大的自由市场，以维持欧洲国家的世界地位，就像美俄如今在它们国内所建立的那样，这是实现共同利益所必需的。② 基于这种“自然的国际利益共同体”（natürliche Interessengemeinschaft der Völker），不仅传统的王朝友谊得以保存，还可以保障国土安全。这也适用于德意志帝国后来与罗马尼亚和塞尔维亚签订的贸易协定。在卡普里维看来：从长远来看，政治与经济是分不开的，而贸易协定恰恰把它们关联起来了。③

第二，卡普里维在具体问题上有相当强的原则性，不热衷于政治交易，因此不易受国内政治势力的影响。据说卡普里维曾认真研究了复杂的统计资料，得出的结论是：签署贸易协定是对德国经济需求的应答。没有什么可以阻止他继续走他所认为的符合国家利益的道路。这种态度是卡普里维的一个

---

① 转引自 Torp，2005：pp. 119 - 120。

② 早在1889年底，帝国政府就开始考虑1892年欧洲贸易协定到期后德意志帝国的贸易政策战略，当时曾提出建立“中部欧洲关税同盟”的方案，在协调内部关税的同时，保持对关税同盟以外国家的保护性关税制度，以扩大内部市场。但不久之后就发现，无论是从政治角度还是从经济角度来看，这个方案都不现实。首先，法国不太可能加入一个由德国主导的关税同盟。更重要的是，德国出口有赖于全球市场，而如果建立一个范围并不是很大的关税同盟并对外征收保护性关税，将阻碍德国对同盟外国家的出口。虽然关税同盟的方案被放弃，但卡普里维显然接受了与周边国家构建一个稳固而相对自由的区域市场的想法。

③ Meisener，1955：pp. 683 - 685.

重要特点，他坚守自己的观念，那就是无论政治力量如何组合抱团，他都有责任确保通过他认为必要的立法。[①] 这样看来，卡普里维与无论是在内政还是外交上都热衷于拉帮结伙大玩平衡术的俾斯麦有很大的不同，他更固执于自己的原则，更缺少妥协的意愿。

由于卡普里维并不注重在议会中构建稳固的、愿意为自己的政治主张提供支持的多数派，而是“一事一议”，试图以理服人，因此不得不周旋于各种意见纷争，这大大削弱了他的政治权威性，也使得他面对威廉二世时处于一种较为薄弱的政治地位。当然，这也源于卡普里维的个性，他不迷恋权力，也不热衷权术，只是简单地把自己看作政府的负责人。[②]

如果更进一步看卡普里维对于国家职能的理解以及对德意志国家和民族的观念，就能更好地认识他与俾斯麦之间的异同。长期担任军事行政官员的卡普里维显然对福利国家有一种更为现代化的认识。他认为，政府应当努力促进所有阶层的富裕，尤其是弱势阶层。在他看来，无论是祸是福，有权无权，这个国家不是狭义的“阶级国家”，也无关经济巨头或金融资本，当然也不是国家权力“掌握在人民手中”的国家，而是一个基督教君主制的、具有社会性的集权国家，以及同样也是德国为其生存而斗争时所奉行的精神价值观的庇护所。卡普里维对德意志国家和民族充满正面的想象，不仅如此，他将德意志民族的保存描述为“首先是对上帝的责任”，并由此得出结论：国家必须保有一切力量，因为只有这样它才能“始终是上帝的工具”。卡普里维的这种对于国家和民族的观念是接近于俾斯麦的，而在比洛的言行中就完全看不到这样的观念。[③]

在权力和宪政关系中，卡普里维与俾斯麦一样夹在君主制与议会制之间，当然这种关系正是俾斯麦亲手缔造的。在这样的关系中，皇帝的权能在很大程度上影响着权力的平衡，因此虽然身处相同的宪政体系，但“威廉一世－俾斯麦”与“威廉二世－卡普里维”的权力关系是截然不同的。

所幸威廉二世对贸易协定持欢迎态度。1891 年 12 月 18 日，他在特尔托发表演讲时称刚刚签署完毕的贸易协定是“挽救之举”，并封卡普里维为伯爵（虽然这给没有子嗣的卡普里维带来的实际利益很有限）。[④] 对于德俄贸

① Sempell，1953：p. 250.

② Sempell，1953：p. 250.

③ Meisener，1955：pp. 686－687.

④ Meisener，1955：p. 685.

易协定，他也认为其有助于改善摇摇欲坠的德俄关系。

三 卡普里维时期贸易政策网络的变化[①]

（一）第一批贸易协定签署时的贸易政策网络

对于卡普里维政府的第一批贸易协定，经济利益团体提出的几乎都是反对意见。当德国与奥匈帝国进行贸易谈判的消息传出后，德国各地农业团体首先动员起来。它们在一系列的请愿书中表达了反对降低农产品关税的立场。德意志农民联盟（Deutscher Bauernbund）、德意志农业大会（Kongreß Deutscher Landwirte）、改革者联合会和德意志农业理事会（Deutscher Landwirtschaftsrat）也表达了各自的反对意见。工业利益团体对卡普里维政府倡导的这项贸易政策同样持批评态度。1891 年 2 月 6 日的《柏林政治新闻》（*Berliner Politische Nachrichten*）刊登了史都姆发表的一份政治声明，中央协会理事会宣称："如果某项利益必须基于农业界的损失，那德国工业界便无意谋求。"[②] 历史学界猜测，工业界做这样的表态，可能存在四方面的原因：第一，向农业界确认，工业界将继续致力于保持工农业联盟的稳定；第二，中央协会的领导层担心，降低农业关税最终将威胁到尚存的工业品保护性关税；第三，中央协会认为在贸易谈判中的参与度不够，不足以传达其所代表的利益；第四，中央协会对贸易政策的批评，也在一定程度上表达了许多工业企业家对卡普里维"新路线"的不满，因为这一政治路线试图整合工人和社会民主派的诉求。

在工农业联盟中，工业界依赖出口的行业首先出现了松动。1891 年 3 月 23 日，化工协会称："德国工业界没有理由支持农业无条件保持当前的关税水平，有必要降低农产品关税以签订最惠贸易协定。"德意志商业大会也表示支持卡普里维的贸易协定政策。但由于出口行业的利益组织比较薄弱，因此这些声音还不够有力。但随着经济景气情况的恶化，中央协会也不再像之前那样坚定地维护工农业之间的联盟。1891 年 4 月底，中央协会向政府表示原则上乐见贸易协定的签署。1891 年底帝国议会进行表决时，与中央协会关

---

① 除直接引语专门用脚注说明外，本小节数据和事实参见：Torp，2005：p. 114ff；Torp，2010：pp. 410 – 415；Dietzel，1903：pp. 368 – 373；Sempell，1953：p. 249ff；Lehrfreund：1921：pp. 72 – 74。

② Bueck，1902：p. 451.

系密切的议员都投票支持贸易协定，这也就意味着支持降低农产品关税。①

如前文所言，1890 年前后食品价格飙升，这推升了生活成本，从而引发了巨大的社会不满，矛头直指农产品关税，尤其是粮食关税。在 1890 年的帝国议会选举中，农产品关税就已经成为一个重要话题，并为左翼自由派助力，尤其使社民党的支持率大幅上升。1891 年 1 月，自由意志党和社民党议员分别向帝国议会递交提案，建议降低或免除粮食关税，但均未能获得通过。1891 年 5 月，法国临时性降低粮食关税，而德国却仍然坚持现有关税，主要原因是德国与奥匈帝国的贸易谈判进展不顺，因此卡普里维需要农业关税作为谈判筹码来换取对方降低工业品关税。虽然粮食供应紧张、价格高企，但卡普里维仍然认为，达成贸易协定构建一个“为期 12 年的有利于工业和工人福利的框架条件”比临时降低粮食关税更为有利。由此可以清晰地看出卡普里维不惜代价签署贸易协定、促进工业出口的坚定立场。

1891 年 12 月，当卡普里维将与奥匈帝国、意大利和比利时签署的贸易协定呈交帝国议会时，粮食价格正值高点，而且没有下跌的趋势，因此在最终的表决中，不仅社民党人有史以来第一次给政府的提案投了赞成票，左翼自由党、中央党、自由保守党和民族自由党议员也大多投票支持，反对的声音几乎仅来自德意志保守党，三分之二的议员投了反对票。可以说，第一批贸易协定的出台几乎完全是卡普里维政府推动的，而其得以在帝国议会顺利获得通过，主要是得益于有利的“时间窗口”，即 1890 年左右粮食价格高企形成了有利于贸易协定签署的国内政治气氛。

图 4.3 是上述第一批贸易协定签署和在帝国议会获得通过时德意志帝国的贸易政策网络。从图中可以看出，对照 1879 年实现保护主义转变之后的贸易政策网络，这一时期的网络存在以下特点。

网络的一个重要行为体发生了变更——政府首脑从俾斯麦换成了卡普里维。卡普里维在帝国的政治威望难望俾斯麦之项背。但在第一批贸易协定出台时，卡普里维政府在贸易政策上几乎处于完全的主导地位。这是由以下几个原因造成的：第一，19 世纪 80 年代德国对世界市场的依赖性逐步增强，但外贸环境对德国出口极为不利，关税战争山雨欲来，这使德国国内各界普遍认同改善外贸环境、促进工业出口的必要性，而 1890 年前后粮食价格的大幅上涨为签订贸易协定创造了有利的时间窗口；第二，在经济利益团体方

---

① 转引自 Torp，2005：p. 122。

面，工业团体原则上支持贸易协定，而名人政治色彩浓厚的农业团体在社会全面政治化的背景下日渐式微，工农业之间的联盟名存实亡；第三，帝国议会中，贸易协定的反对票几乎全部来自保守党，但此时的保守党已难掩颓势。可以看出，这一时期，卡普里维政府签订贸易协定的立场坚定，且得到皇帝的支持，而贸易政策网络中的议会与经济界这另外两方面的行为体都无法形成强有力的反对力量，外部环境又恰好有利，因此第一批贸易协定顺利签署，并在议会获得通过。但农产品价格上涨的时间窗口非常短暂，议会与经济界反对力量（即农业利益）的弱势也只是暂时的。贸易协定生效后农产品关税的下降与窗口期之后农产品价格的暴跌相叠加，极大地刺激了农业利益的组织与发展，引发了农业界的大规模反抗。因此，及至以德俄贸易协定为代表的第二批贸易协定签署，德意志帝国的贸易政策网络已经发生了变化，而这种变化最终导致了卡普里维的下台以及之后比洛时期贸易保护主义的全面回归与巩固。

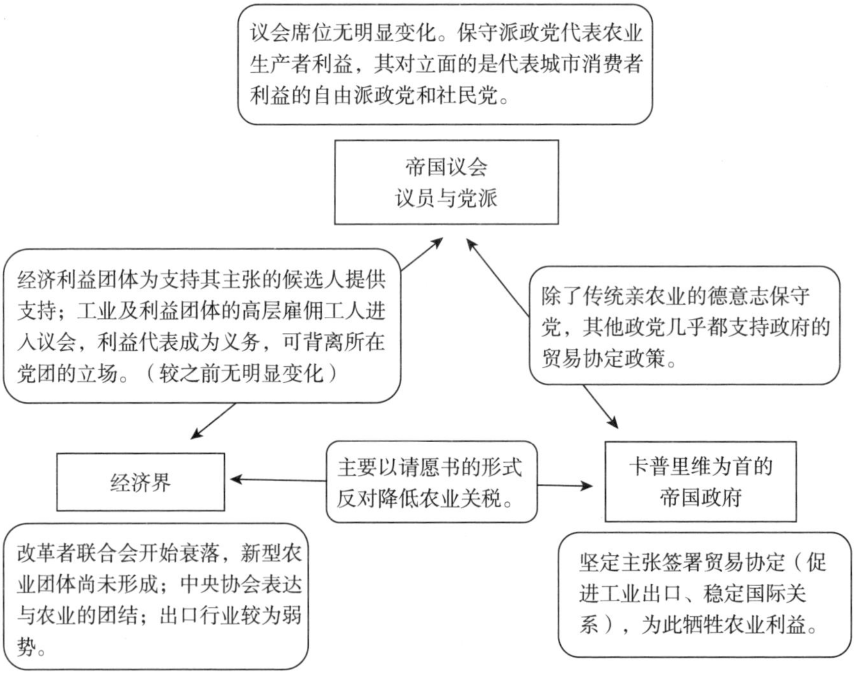

图 4.3　1891 年第一批贸易协定通过时的贸易政策网络

资料来源：作者自制。

（二）从德俄贸易协定看贸易政策网络的变化

如前文所述，19 世纪 80 年代，德俄陷入关税战。德国于 1887 年提高农产品关税，并在同年对俄国证券下了伦巴第禁令，但俄国政府对这种威胁无动于衷，于 1890 年 8 月再次提高关税，并于 1891 年 6 月实施所谓的门捷列夫税则，其关税水平甚至超过了美国 1890 年开始实施的麦金利税则，对德国对俄出口产生了明显的压制作用。卡普里维最初对俄国也延续了对抗性的贸易政策路线。1891 年签署的第一批贸易协定还具有明显的反俄色彩，其中包含的降低农产品关税的条款不仅惠及协定签署方，而且惠及所有与德国有最惠国关系的国家。由于俄国与德意志帝国之间既没有贸易协定也没有最惠国关系，因此 1892 年这些贸易协定生效后，俄国成为仅有的还在执行高关税的农产品出口大国，这种关税差异严重打击了俄国的农产品出口。作为报复，1893 年 8 月 1 日，俄国对德国产品征收最高关税税率，这一税率比门捷列夫税则还要高出 20% 至 30%。这使德俄之间的关税“冷战”变成一场“热战”。德意志帝国对这种惩罚性关税的反制措施是：将所有俄国进口商品的关税普遍增加 50%。1893 年夏末起，对俄国进口面包征收的关税为每吨 75 马克，而对美国、匈牙利、罗马尼亚、阿根廷的同类进口产品的关税仅为每吨 35 马克。作为报复，俄国政府又将对德关税加码 50%，并且将对德国船只征收的入境装载费（Kronslastengelder）从每 2 吨 10 戈比提高至 1 卢布。

德俄关税战对两国贸易都造成重大打击。1891 年，俄国对德出口总额为 5.79 亿马克，1893 年暴跌至 3.52 亿马克，而德国对俄出口从 1893 年的 1.84 亿马克跌至 1894 年的 1.36 亿马克。在俄国，受影响最严重的是高度依赖出口的农产品。1891 年，德国从俄国进口小麦货值达 9120 万马克，1893 年降低至 260 万马克，黑麦的进口货值从 9900 万马克降低至 980 万马克。[①] 俄国农民在短短两年之间就损失了一大块重要的销售市场。1891 年，在德国粮食进口总量中，俄国出产的粮食占 54%，到 1893 年，这一比例仅为 14%。与此同时，1891 年至 1893 年，美国在德国进口小麦中的份额从 15.8% 上升至 44.8%，罗马尼亚的份额从 4.7% 增至 20.4%，阿根廷从 1.4% 增至 21.5%，俄国在德国黑麦进口中的份额从 73.5% 降低至 43.6%，获益最多的是罗马尼亚和保加利亚，以及美国。出口市场的丢失和收入锐减使俄国出现反对政府贸易政策的农民运动，尤其到 1893 年，粮食丰收使俄国粮食供应量大幅

---

① 德俄关税战对两国间贸易量的具体影响可见 Lehrfreund，1921：pp. 72 – 73。

增加，但德国这个曾经的主要出口市场却仍然在很大程度上对俄国农产品关闭。

在两国经济界（俄国的农业、德国的航运与工业）的压力之下，德俄两国政府开始对话，寻求和解方案。1894 年 2 月 10 日，就在关税“热战”爆发 6 个月之后，德俄之间签署了一份为期十年的贸易与航运协定，并缔结最惠国关系。虽然这份贸易协定并没有改变俄国的贸易保护主义立场，但在对俄贸易上，德国至少获得了与其他国际竞争者同等的贸易条件。如上文所言，虽然帝国议会中反对贸易协定的议员数量在短时间内迅速增加，但德俄贸易协定还是在议会获得通过。从投票结果可以看出，社民党和左翼自由派始终如一地支持贸易协定，德意志保守党坚决反对，而自由保守党、民族自由党，尤其是中央党出现了意见分裂。

作为贸易政策网络中的行为体，卡普里维的基本立场从未发生变化。在对俄贸易政策上，从持对抗性态度到签订贸易协定，他只是不再延续俾斯麦时期的做法，转而在对俄贸易政策上也践行自己的立场，即促进出口以解决德国经济问题。而且在卡普里维拒绝与俄续签《再保险条约》之后，这份贸易协定意味着与这个重要东部邻国的和解与重新接近，因此签署德俄贸易协定也符合卡普里维将贸易问题置于国际关系范畴中进行考量的一贯做法。

如上文所言，签订德俄贸易协定时，农产品价格上涨的有利时间窗口已经关闭。在卡普里维第一批贸易协定和农产品价格剧烈下跌的双重刺激之下，农业联盟于 1893 年 2 月成立。

同年，即 1893 年的帝国议会选举就已经能感受到农业运动的效果。农业联盟把自己的诉求编写成一份清单，在此基础上形成自己的纲领。开篇第一点诉求就是：“对农产品和相关产品的贸易建立足够的关税保护”，第二点对这个要求进行了具体化：“绝不降低现有关税，不与俄国以及其他国家签订有可能降低农产品关税的贸易协定。”① 虽然农业联盟刚刚成立只有几个月，还没有能够像后来那样直接对议会选举进行渗透、施加影响，但已经凭借其强大的宣传能力使 140 名议员认同了自己的纲领，超过议员总数的三分之一。在卡尔多夫、普洛茨和哈恩等人的发起下，联盟成员在帝国议会中组建了支持农业保护主义路线的经济联盟。

由此也可以看出，帝国议会中，农业保护主义阵营的成员远远不止农业

---

① 农业联盟的纲领见 Müffelmann，1912：p. 83ff。

联盟的正式成员，也不止来自两个保守派政党。帝国议会中的这种跨党派组织表明，并不是只有德意志保守党和自由保守党关心农业保护主义。

在保守派政党中，农业势力非常强，因此这两个政党内部在农业问题上所持的观点非常一致，在经济目标方面与农业利益团体之间也没有冲突，这也成为保守派政党与农业联盟密切合作的基础。在德俄关税协定的投票中，帝国议会的 93 名保守派议员中只有 18 名议员投了赞成票。在卡普里维时期的贸易政策问题上，保守派实际上被边缘化了，这与此一时期保守主义本身的困境有关。以容克地主为核心的农业保守派曾是德意志帝国传统政治体系的守护者，而现在，他们被夹在国家主义传统与现任政府的反对派这两重角色之间。此时，他们也不再像建国初期那样是出于保守主义教条去反对自由主义/自由贸易，而更多是出于自身的现实利益考量。对保守派而言，还有一个与建国时期的重大差别：俾斯麦虽然在建国初期与自由派结盟，但他与容克有着“血缘关联”，而卡普里维并非容克出身。与此同时，如前文所言，威廉二世时期的德国社会已经全面政治化，保守党本身的政府主义和精英政治传统束缚了它去进行群众性政治动员，因此，虽然获益于选区划分而拥有较多的议员席位，但其在政治影响力上日渐式微。在 1893 年之前，如第三章第二节所述，保守党是通过改革者联合会在帝国议会中将农业界的利益组织起来，从而在贸易政策制定过程中传达农业界的利益。而极富名人政治色彩的改革者联合会始终只是一个仅有几百名成员的小型团体，当工农业利益出现冲突时，改革者联合会显然不是农业保守派的得力伙伴。政治理念上的含混和政治实践上的无力使得保守党作为政党本身在贸易政策上难以有所作为。1893 年农业联盟成立后几乎替代性地成为保守党的竞选机构和群众动员机器，从而在利益代表上赋予保守派清晰立场，但此时的保守派无非是农业联盟这个强势利益团体在议会中的传声筒和投票机，作为政党本身，保守派政党反而变得更加无力。

随着农业团体的政治性越来越强，农业利益的组织越来越严密，民族自由党和中央党陷入越来越大的政治压力之中。在 1893 年的大选中，民族自由党发现自己在许多地区损失了大量农业选民，因此在一些选区，民族自由党的候选人也转而与农业联盟合作。如本章第一节所言，在工农业的利益冲突、重工业与出口工业的利益冲突、雇佣工人与雇主的利益冲突中，自由派并没有统一的立场，左翼自由派分分合合，民族自由党貌合神离。在德俄贸易协定的争论与投票中，农业联盟的出现加剧了自由派的分裂，进一步削弱了其本身在贸易政策上的作用。

在中央党议员中，有 45 人投票支持德俄贸易协定，39 人反对，另有不少议员选择弃权，不愿再为内部冲突火上浇油。为此，党主席利伯甚至开始担心中央党的存亡，他说：在中央党的成员中“北方与南方，东部与西部，城市与乡村，商业与农业，全都对立”。①

农业保护主义运动加剧了中央党选民的分化和内部的意见冲突。一方面，天主教农业团体逐步形成，另一方面，中央党又与它们保持距离。在威斯特伐利亚，农村地区的情况比其他地区缓和得多，而这一地区也有着更为悠久的农业利益代表传统：1862 年就建立了威斯特伐利亚农民协会，该组织与中央党关系密切。但这一地区的中央党与农业团体间也同样存在矛盾，如上述组织创始人、天主教土地所有者朔勒默曾在 1893 年称，有三个选区的农业界候选人希望中央党官方竞选委员会给予他们更多关注，但未获得支持。

但中央党的亲农立场从未改变。1893 年 5 月，帝国议会中央党党团以一份声明启动当年的帝国议会竞选，它清晰地表明了中央党在关税和贸易方面的困境。声明称，中央党对卡普里维最初的几份贸易协定持坚定的支持态度，是因为这些协定“规定：保持协议所确定的关税数额 12 年，这些关税构建了三国政治同盟的经济基础，使其保持长期的稳定和安全；而且，假如没有这些关税规定，……，尤其在同盟中，混乱的关税战争将损害德国的工业和农业，以及对德国的安全和世界和平都非常必要的同盟关系”。这份声明中只强调了贸易协定对国际关系以及维持保护性关税方面的意义，而没有提到其最重要的目的——促进德国出口。由此可以看出中央党的亲农立场，而在之后的贸易政策决策上，中央党也始终保持这一立场。中央党曾表示：“在未来的贸易协定中，德国农业和德国商业，无论大型、小型，（必须）成为我们的根本关切，应经由我们最严格的审核和最细致的考虑来再三保证。”②

社民党对贸易协定持明确支持态度。社民党支持贸易协定是基于其保护消费者利益的立场，但在卡普里维时期，社民党的这一立场还只是初步成形，并未被写入党派的正式文件，因此我们将在下一章节的比洛时期对此进行更详细的讨论。

当中央协会表示“乐见德俄贸易协定的签署”，并称，“如果它被帝国

---

① 转引自 Torp，2005：p. 134。

② 转引自 Torp，2005：p. 129。

议会否决将会对商业活动和贸易，对祖国的总体经济状况，特别是对工人的利益造成极大的损害”，曾经携手推动1879年贸易政策保护主义转向的重工业与农业之间的利益冲突已经彻底激化。尽管重工业界的代表人物，如布克和史都姆，都反复强调“工业与农业的共同利益”，并再三公开呼吁农业保持忠诚，但所有人都清楚，重工业与农业之间的利益联盟已经走到了尽头。在1893年的帝国议会大选中，农业联盟拒绝为史都姆提供支持，因为他不愿抵制德俄贸易协定。①

图4.4是德俄贸易协定签署和在帝国议会获得通过时德意志帝国的贸易政策网络。从图中可以看出，虽然德俄贸易协定仍然得以通过，但在帝国议会仅获得微弱优势，这正是因为此时德意志帝国的贸易政策网络已经发生了以下几个关键变化：第一，经济界的行为体发生了重大变化，农业联盟成立。这个有极强行动力的农业利益团体成立当年就对议会选举施加了有效的影响，使议会中出现跨党派的议员团体支持农业利益。这一变化引发了第二个变化，帝国议会中的保守党几乎完全被农业利益控制，自由派和中央党也因此出现意见分化，第一批贸易协定表决时，除保守党外，其他党派意见相对一致的局面不复存在。

而在这个变化后的贸易政策网络中，德俄贸易协定之所以仍然得以通过，几乎可以说仅仅是因为农业联盟刚刚成立几个月，还没有足够的时间去施展自己的影响力。由此也可以看出，农业利益在当时的德意志帝国具有强大的势力，农业界在卡普里维任首相的初期之所以没有充分地组织起来，这与在俾斯麦时代后期积累的惰性有关，因为1879年的转变之后，俾斯麦选择与保守派结盟，推行保护性关税，农业的利益已经被充分地表达与实现，因此农业界缺乏进行利益组织、施展政治影响的动力。而一旦获得这种动力，在尚未完成工业化转向、尚未摆脱容克地主统治传统的德国社会，农业利益组织便能迅速崛起，上通下达。比如农业联盟，它既是一个群众组织，又属于传统的统治阶层（农业、贵族、土地所有者）并由其领导，因此甫一成立，就获得了巨大的政治影响力。

卡普里维的第一批贸易协定之所以能顺利出台，是因为外部经济环境变化创造了短暂的有利窗口期，也是因为俾斯麦下台后，面对巨大的变动，德意志帝国几乎所有的政治和经济行为体都经历了一个过渡期来进行重新定位

---

① 转引自Torp，2005：pp. 133－134。

(包括德皇威廉二世)。当这个过渡期结束之后，卡普里维的主张便很难再获得支持，因此他在位仅五年便匆匆下台，其所主张的贸易政策也很快被抛弃。可以说，卡普里维贸易协定仅仅是欧洲贸易协定体系彻底死亡之前的一次回光返照。当然，由于这些贸易协定为期 12 年，因此还是为德意志帝国的经济发展赢得了宝贵的时间。

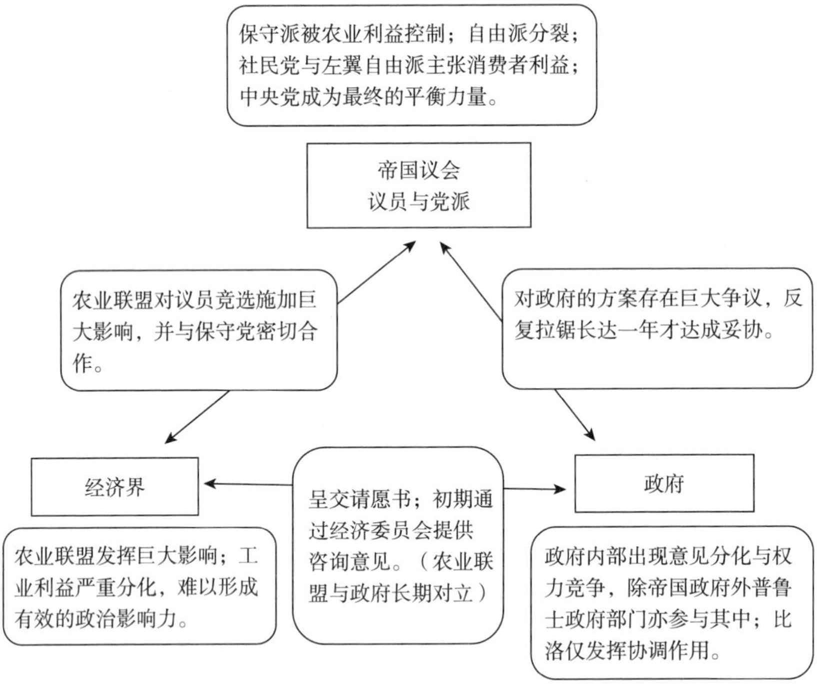

图 4.4　德俄贸易协定通过时的贸易政策网络

资料来源：作者自制。

卡普里维时期德意志帝国在贸易政策领域的争论还揭示出几个重要的现象。

首先，工农业之争成为一个关键矛盾。这个关键矛盾不仅涉及工业与农业部门之间的利益竞争，还涉及城市消费者与农村生产者之间的利益冲突，涉及对德意志帝国未来发展定位的争议——德国应当发展成为一个现代化的工业国还是应当保持传统农业国的本色，是应当顺应第一次全球化的浪潮发展成为一个开放型经济体，还是应当无条件地保护本土产业。这场工农业之争加剧了帝国政治领域的分化与极化，使党派的物质利益导向越来越明显。但卡普里维始终保持中立，一方面，他认为保持农产品的价格有利于保持帝国的粮食产量，从而保证粮食安全——尤其是战时的粮食安全；另一方面，他又不希望过高的食品价格推升人力成本，从而损害到工业的利益，毕竟德国的国民福利越来越倚重工业的发展。

其次，与俾斯麦时代相比，贸易政策的意义发生了变化。在帝国的建国初期，除了给经济界带来的直接利益，贸易政策更多被赋予财政意义（包括帝国相对于邦国的财政独立性），并且与议会的权力关联。而到了卡普里维时期，反对贸易协定的理由仍然只是维护农业利益，但支持贸易协定的理由变为以下三个方面：第一，拓展海外市场、鼓励工业发展对德国经济有重要意义；第二，贸易协定具有社会福利意义，一方面，它促进出口从而创造就业岗位，另一方面，它降低食品价格从而降低工人的生活成本；第三，贸易协定具有外交意义，与奥匈帝国的贸易协定能稳固三国同盟关系，而与俄国的贸易协定则能扭转德俄关系迅速恶化的局面，避免俄法进一步靠拢。

再次，帝国与普鲁士政府的官僚行政部门越来越多地参与到有关贸易政策的争论之中（到了比洛时期，这甚至引发了政府部门间的竞争与冲突，下一个章节将就此详细展开）。这一现象与俾斯麦去职后留下的权力真空有关，也与贸易政策被赋予越来越丰富的内政与外交内涵有关。

第三节 比洛税则——贸易保护主义的回归

卡普里维的贸易协定甫一生效，农业保护主义团体就开始大声疾呼，要求对它们进行重审，并为此掀起一场力度空前的运动。作为回应，1895 年初威廉二世要求刚刚接任帝国首相的霍恩洛厄“制定一个能为农业界接受的方案”。[①] 虽然卡普里维贸易协定的有效期延续至 1903 年底，但 1897 年，帝国相关部委及“经济委员会”就已经开始着手准备新的自主关税税则，以取代 1879 年税法所规定的税则。[②]

除了关税税率的高低，有关新税则的讨论和争议还包括税制问题——是继续采用单一税制还是转而实行双重税率[③]，以及商品的分类法——如何在商品分类方法上体现出商品生产日益增加的差异性和专门化程度，此外，有

① Hohenlohe-Schillingsfürst，1931：p. 31.

② Wehler，2008c：p. 659.

③ 双重税率指同时规定最高和最低税率，贸易协定所约定的税率不可低于最低税率。

关取消最惠国待遇的呼声也从未停歇。上述这些问题的深度和广度使得新税则不仅仅涉及商业利益，而且成为政治博弈的对象。在历经5年的拉锯之后，新税则终于在1902年12月获得帝国议会通过，由于当时的帝国首相早已是比洛，因此被称为“比洛税则”。这五年中尖锐、艰苦、意义重大的分歧和斗争是帝国历史中绝无仅有的，也充分体现了不同利益团体之间的竞争与博弈。

一 比洛税则出台过程中各行为体的行为表现

（一）作为贸易政策行为体的政府①

在这一时期，作为贸易政策行为体，政府不再以帝国政府的名目出现，因为普鲁士政府的相关部门开始发出自己的声音，成为不可忽视的组成部分。因此，这一时期政府这个行为体最重要的特点就是：内部开始出现明显分化，帝国以及普鲁士的相关职能部门开始拥有自己明确的政治观点和立场，但帝国总理的角色作用则进一步弱化。

需要说明的是：由于新税则是在比洛担任帝国首相时出台，因此被称为“比洛税则”，但有关新税则的争论和博弈其实早在比洛上台前就已经展开，而比洛本人在税则出台过程中所发挥的作用也远不如俾斯麦和卡普里维，因此，虽然新税则被冠以比洛的名字，但论及贸易政策的行为体，比洛至多只能算是政府这个行为体的成员之一，并主要发挥协调作用。

1. 官僚行政层面的分裂与竞争

在围绕着关税改革的争论中存在多个维度的利益冲突。从宏观层面的大群体来看，农业与工业之间、贸易与制造业之间、农业生产者与城市消费者之间都存在深刻的利益冲突。在关税政策上，这表现为：一些人旨在通过保护性关税使德国尽可能远离国际市场竞争，另一些人则以增加出口和保护消费者利益为导向，主张低关税，他们之间存在难以调和的矛盾。这种矛盾也存在于官僚机构中，而且有时还与不同部门之间的权力竞争交织在一起。关于比洛税则，具体争议体现在三个问题上：（1）品类划分方案；（2）税率制度；（3）具体税率。

---

① 除了在文中标出的直接引用或其他说明，本章节内容可参见：Torp，2005：pp. 171－186；Henning，2001：p. 646ff.；Rose，1929：p. 262ff.。

（1）有关商品品类划分方案的争议

在关税应税商品的品类划分问题上，伯萨多夫斯基－维纳[①]所领导的帝国内政部与蒂尔曼（Max von Thielmann）所领导的帝国财政部之间首先发生直接冲突。这里有两点值得注意：首先，在任内政部国务秘书之前，伯萨多夫斯基就曾是帝国财政部国务秘书，蒂尔曼是他的继任者。在伯萨多夫斯基领导帝国财政部时期，就已着手准备修改关税税则，因此，当他 1897 年转任帝国内政部国务秘书后，便试图由内政部来主导新税则的制定。所以，在制定新税则的主导权上，帝国财政部和内政部之间存在权力竞争问题。第二，蒂尔曼在任职帝国财政部国务秘书之前曾是驻美国大使，在 1894 年签署的《德俄贸易协定》谈判中任德国代表团团长，并发挥了重要作用，他本质上是亲出口、亲工业的。而伯萨多夫斯基是西里西亚贵族出身，虽然直到 1912 年成为帝国议会议员时都始终无党派归属，但与中央党关系密切，在政策立场上更亲近农业。所以，帝国财政部和内政部在税则方案上的争议从本质上是包裹着权力竞争的工农业之争。

1898 年 10 月上旬，帝国财政部提交了一份由其制定的新税则草案。该草案当时仅包含新的商品品类划分方案，没有具体的关税税率。草案以制造过程的各个阶段来划分商品品类，即原料、半成品、成品。这一方案受到了帝国内政部的猛烈抨击。内政部国务秘书伯萨多夫斯基认为，新的税则“不仅具有财政意义，而且旨在建立一种与整体民族劳动相适应的关税制度，它首先是保护性关税”，而财政部的关税草案“是基于原料与产品之间的对立而构建的”，这不是一个适当的基础，只有帝国内政部所主张的“经济性关税制度”（其中的商品类别是根据不同的生产部门/领域来安排的）才适应关税的政治重要性，并且“相对于当前国内外的关税方案，会体现出真正的进步性”。[②] 他的这种观点得到了普鲁士农业部长哈默施泰因（Ernst von Hammerstein-Loxten）的大力支持。因为后者认为，农产品大多为初级产品，而在财政部的方案中将被视为原料，很可能会因此而不被重视。所以，他主张按照不同的生产部门/领域来划分关税税率，这样就能将农产品单列成一个类别。

上述争议持续了约一年之后，普鲁士财政部长米克尔（Johann von

---

① 所涉官员的基本信息均可见附录Ⅱ。

② 转引自 Torp，2005：p. 172。

Miquel）提出了一个妥协方案，采用了帝国财政部的品类划分方法，但农产品被单列为一个专门版块，另外还对财政部方案的钢铁产品部分进行了修订，以确保其反映了重工业的需求。这里也可以看出，在新税则制定的初级阶段，只有组织性最高、具有最强烈的贸易保护主义倾向的两大经济分支——农业与重工业，才能成功地主张自己的利益。

（2）有关税率制度的争议

在有关品类划分的争议尚未解决时，伯萨多夫斯基就对现有贸易政策中的税率制度发起攻击。在一份综合性备忘录中，他描述了德意志帝国贸易政策的现状，并指出，卡普里维贸易协定所带来的“统一的关税协定和最惠国体系从长远来看是无法立足的”，因为纯粹的最惠国待遇使许多非欧洲国家获益，他们享受了德国通过贸易协定降低的关税，自身却无须做出回报。因为迄今为止，这些贸易协定将包含了广泛互惠关税减让条款的长期双边贸易协定与最惠国待遇原则的普遍适用性融合在一起，由此将贸易协定所规定的关税减免普遍化。未来，德国贸易政策有两种基本选择：第一种，采用限制使用最惠国待遇原则的对等制；第二种，“全面放弃降低和固定最重要的关税”，而转向自主关税政策，采取像俾斯麦时代那样的关税策略。[①] 第二种方法的问题是过于僵化，在全球化日益深化的背景下束缚了德国与贸易伙伴的合作，比如，面对英国在贸易上与其殖民地结盟，德国将束手无策。因此伯萨多夫斯基优先考虑第一种选择，即缔结双边贸易条约并限制使用最惠国待遇原则。

在伯萨多夫斯基领导的帝国内政部看来，想要更好地应对未来的贸易协定谈判，新的德国关税税则必须“使每个向德国出口的国家都有兴趣获得优惠关税税率，而任何一个国家都不能在不给予我们同等特权的情况下获得优惠关税税率”，像法国 1892 年引入的梅林税则那样的双重税率是满足这些要求的最佳路径。与现有税制不同，双重税率为每种商品都规定了两个税率——最高和最低税率。最高税率适用于不愿在对等贸易协定框架内给予德国关税减免的国家。最低税率则代表法律所允许的“最低限度保护”，是德国贸易谈判代表的谈判底线。这样，最高税率给了德意志帝国“足够的谈判空间”（这里主要考虑的是美国）。而最低税率则保证了关税的下限，这是所有农业

① 转引自 Torp，2005：p. 174。

利益组织一致要求的。[①]

帝国内政部的双重税率方案获得了普鲁士财政部和农业部的明确支持，却在帝国和普鲁士的其他部委官僚层面引发强烈反对。帝国外交部、帝国财政部和普鲁士商贸部（Ministerium für Handel und Gewerbe）联合主张保持现有的，以单一税制、长期贸易协定以及最惠国原则的普遍应用为基础的关税制度。梅林税则被支持者视为双重税率的典范，而帝国财政部则认为，梅林税则实施以来，法国的对外贸易发展远远落后于德国，因此可以认为，法国在1892年引入的这个税则并没兑现人们对其所寄予的期望。法国的工业发展开始落后，农业的状况也并没有改善。帝国财政部反对双重税率的理由是：其中的最高税率过高，超出了市场保护的实际需求，而这些税率在实践中的确会被用于与德国没有签订过贸易协定的国家，而不仅仅是作为谈判的筹码。对原材料和半成品征收过高关税将过度推高商品价格，并因此损害国内消费者的利益。除了制造业将不再能够免关税获得某些初级产品之外，德国在出口上也将遭受损失，其他国家还可能采取报复性措施。最重要的是，“只要对从美国进口的任何商品按最高税率征收关税，哪怕这个税率本身是适度的，都可能立即引发关税战争”，这将带来无法预料的后果。[②]

帝国外交部支持上述想法：即使作为谈判基础，双重关税也不如单一关税有利——法定的最低关税会使其他国家的政府认为德国从根本上是准备做出让步的，最高关税只是一个幌子，因此没有必要做出任何重大让步作为回报。最重要的是，相比其他一些国家，德国出口行业“更渴望避免在外国遭到差别待遇。我们出口大量不同的产品，但是我们仅在极少数商品上享有牢固的垄断，并且在几乎每个领域，我们都受到来自高度发达的国外行业的竞争的影响。这意味着，通过差别关税待遇，就可以轻易地把我们从相关的国外市场驱逐出去”。此外，在考虑保留或重新确定最惠国原则时——甚至比设置税率时更为关键，必须考虑到潜在的政治影响。自1860年的“科布登条约”以来，最惠国条款已成为所有贸易协定中理所当然的组成部分。尽管到现在为止，自由贸易理论已经退潮，保护性关税的思想已经普及，但至少在欧洲贸易政策中，人们仍坚定地认为，关税政策的差异化，或者说不给予最惠国待遇，“违反了国际经济往来原则，是对另一方合法利益的损害”。德

---

① 转引自 Torp，2005：p. 175。

② 转引自 Torp，2005：p. 177。

意志帝国不给予他国最惠国地位是“冒着在其他国家煽动公众舆论的风险，将有可能促使其政府对我们采取报复性的经济措施，并因此在真正的政治领域造成严重影响”。因此，至少对于同样也是德国主要贸易伙伴的主要欧洲大国，一定有必要避免类似这样的政治不满，所以建议继续实施无条件的最惠国原则。①

1900 年 10 月 6 日，六名帝国和普鲁士的部长级官员在霍恩洛厄的主持下召开会议，但各部委之间始终无法就单一税率还是双重税率的争执达成妥协。因此，比洛上任之初的首要任务之一就是在行政领域解决这两种税制之争。在 10 月 27 日比洛主持的会议上，争议双方终于达成一个妥协方案：对大多数农产品和少数工业品实施双重税率，对其他商品实施单一税率。旨在引入农产品最低税率的人由此取得部分胜利。在这个方案中，对适用双重税率的商品的性质和数量有详细的规定。

鉴于比洛本人在担任外交国务秘书时曾明确表示支持单一税率的关税税制，因此各方都认为他上台后将会明确反对双重税率，但他最终却协调争议双方达成了上述混合了两种税制的妥协方案。其主要原因包括两方面：首先，比洛希望通过表达愿意就关税问题达成和解的意愿来改变普鲁士众议院农业者对他的运河法案②的反对态度；第二，在关税问题上，农业利益组织的态度比工业和贸易组织要一致得多，意见表达也更为清晰明确。比如，1900 年 10 月，农业利益组织一致表示要求对农产品实行最低和最高双重税率，而中央协会却表示因内部意见分歧而无法给出明确表态，德意志商业大会也未表态。

在比洛提出混合单一税率和双重税率两种税制作为妥协的建议之后，各行政部门之间的争论转变为应指定哪些商品实行双重税率。1901 年 3 月，帝国财政部提出第三版税则草案作为讨论基础，草案为 31 个应税项目制定了双重税率，它们都是农产品。普鲁士商贸部对此表示全面同意，但帝国外交部认为草案中所规定的双重汇率应税项目超出了必要的范围，建议将双重汇率项目限制于粮食和牲畜及其直接衍生品。但帝国内政部、普鲁士财政部和

---

① 转引自 Torp，2005：pp. 177－178。

② 指修建米特尔兰运河（Mittellandkanal）的法案，这条运河将连接莱茵河和易北河。威廉二世将这一基建项目视为技术进步的象征，西部的工业家也认为其有助于德国经济发展。而东部种植谷物的大地产主则担心廉价的美国谷物通过该运河运到东部各地，农业联盟为此组织了抗议活动。最终在帝国政府做出重大妥协后于 1905 年开始修建。

普鲁士农业部则拒绝削减任何双重税率项目，而且还提出应增加一些项目，如生铁和某些半成品。可以说，帝国行政领域的两大阵营在双重税率应税项目问题上再次陷入僵持状态。

（3）有关具体税率的争议

随着时间的推移，上述有关税制的争议逐步被第三项争议盖过——关于具体税率高低的争议。争议的两大阵营与税制问题完全一致：帝国内政部、普鲁士财政部和普鲁士农业部要求全面提高关税税率，当然主要是针对农产品，但也包括一小部分与国内产品存在竞争的工业品；帝国外交部、帝国财政部和普鲁士商贸部则想要严格限制关税的上涨。1901 年 3 月，比洛在米克尔的建议下召开协调会，在商议 9 天之后，仍有 70 项关税税率无法达成一致。其中四分之三与农产品和食品相关。无疑，有关四大粮食品种的税率争议尤其大。从表 4.6 中可以一目了然地看出各部委的分歧。

表 4.6　1901 年 3 月帝国及普鲁士相关部委建议的粮食税率

（未做说明的均为双重税率中的最低税率，单位：马克/吨）

	小麦	黑麦	燕麦	大麦
卡普里维关税协定中的现行税率	35	35	28	20
普鲁士农业部方案 1	70	70	50	50
普鲁士农业部方案 2	60	60	60	60
普鲁士财政部	60	55	50	40
帝国内政部	60	60	50	35
普鲁士商贸部	55	50	50	50（单一税率）
帝国财政部	55	50	50	50（单一税率）
帝国外交部	55	50	60（单一税率）	50（单一税率）

资料来源：转引自 Torp，2005：p. 181。

普鲁士农业部的想法最为激进，设定了每吨小麦和黑麦 70 马克、燕麦和大麦 50 马克，或者各种粮食均每吨 60 马克的最低税率。帝国外交部建议的税率最低，只建议对小麦和黑麦实行最低税率，燕麦和大麦则实行单一税率，税率由具体贸易谈判决定。帝国外交部还强调，黑麦的最低税率应低于小麦，因为俄国是德国最重要的黑麦供应国，尤其关注黑麦关税，设定较低的黑麦关税将有利于与俄国达成贸易协定。如果将各部委所建议的税率与卡普里维贸易协定的现行关税税率进行比较，可以看出两点：第一，即便是最低的建议也比现行税率有大幅上涨；第二，虽然各部委在提高粮食税率这个原则上达成共识，但在具体税率上仍存在较大差异，难以达成妥协。

2. 比洛的调停及政府妥协方案的达成

鉴于政府内部的僵持局面，比洛采取了两项措施。第一项措施是，1901年5月，比洛对部长进行了换血。他利用政府在运河法案上的让步（普鲁士众议院的保守派迫使政府让步），让普鲁士财政部长米克尔退休，取代米克尔的是前普鲁士内政部长莱茵巴本（Georg von Rheinbaben）；普鲁士农业部在粮食关税问题上的死硬派哈默施泰因被波德比尔斯基（Victor von Podbielski）取代，后者曾是帝国邮政局长，虽然是农业联盟的成员，但被认为是立场相当温和的农业者；普鲁士商贸部长布雷费尔德（Ludwig Brefeld）被莫勒（Theodor Möller）取代，后者曾是帝国议会民族自由党议员，加入经济委员会，支持温和的贸易保护主义路线。所有新的内阁成员在就任前都必须宣誓支持包含三大要点的政治纲领：第一，草拟新的贸易协定；第二，在增加谷物关税和实行最低税率方面均采取温和态度，使关税问题不会阻碍贸易协定的缔结；第三，支持米特兰运河项目。在这个政治纲领中，在关税问题上的立场具有关键意义，而这里所要求的姿态正体现出比洛的"中间道路"立场。他在10月的会议上指出："特别重要的是，最低税率的设定不能超出最低限度的必要保护，并且决不能阻碍贸易协定的缔结。"[①] 而内阁换血，用温和派取代立场激进的强硬派正是为达成妥协扫清道路。

比洛采取的第二项措施是引入普鲁士以外的其他邦国参与意见。他于1901年6月召集举行了有关关税政策的会议，除了帝国和普鲁士参与起草关税方案的部委之外，他还邀请了其他几个大邦国的财政部长与会，包括巴伐利亚、萨克森、符滕堡、巴登和黑森。比洛的这次会议有两方面的目的：首先，从一开始就让其他邦国参与意见，能保证所形成的方案将来在联邦参议院顺利获得通过；第二，上述这些普鲁士以外的邦国在关税问题上均持温和立场，让他们在会议上充分发表意见能让那些极端贸易保护主义者看到，过于激进的方案是无法在联邦参议院获得通过的，这样有助于促使他们改变自己的强硬姿态。

在帝国财政部早先提出的关税方案中有31个项目实行双重税率，在第一天的会议后就只剩下4个：黑麦、小麦、燕麦和大麦。上述四种粮食的最

---

① 转引自Torp，2005：p.183。

低税率分别为：小麦每吨 55 马克，黑麦 50 马克，燕麦 50 马克，大麦 30 马克。

另外，还有两个因素促使政府各方在关税方案上最终达成妥协：首先，1901 年 5 月，由于无法突破反对意见，政府撤回了米特兰运河法案，这意味着关税方案不再与其挂钩，而比洛因此无须再像之前那样顾及普鲁士众议院中农业保守派的意见；第二，工业和贸易界的反保护主义阵营势力渐长，农业保护主义者因此无法再像之前那样靠强大的宣传攻势一统舆论（有关这一点将在之后的章节详述）。

妥协方案的最终达成无疑体现了比洛的政治能力，但比洛只是通过政治手段实现了一种实用主义的妥协，他只是发挥了调停作用，并没能真正掌控局面。而且，他所秉承的“中间路线”也只是一种权宜之计，其背后并没有稳定、明确的贸易政策理念，因此他所实现的妥协并不稳固。随着工业化的推进和世界贸易的发展，传统农业不断受到冲击，关税问题因此成为内政矛盾集中的关键领域。在重重矛盾中，比洛作为贸易政策行为体的一员，其行为空间十分有限，因此他也只能在相对公平的前提下平衡各方利益，寻求一个妥协方案。这使他很难再在关税政策范围之外追求自主目标：例如，在制定关税方案时，比洛从一开始就没有把帝国财政作为重要的方面考虑进去。

（二）经济利益团体①

其实在帝国和普鲁士政府内部就税则方案产生争议之初，对经济利益集团应在多大程度上参与关税方案的制定也曾存在争议。比如对扩张贸易持积极态度的帝国财政部一度试图尽可能避免所有经济利益组织（不仅仅是贸易保护主义组织）参与贸易政策决策过程，而倾向贸易保护主义的部委则相反。后者奉行普鲁士财政部长米克尔的观点：“不要在无法确定其是否获得有产阶级同意的情况下，在政治领域内制定任何规则。”②

无疑，想要将经济利益团体排除在方案制定过程之外是不现实的，毕竟最终方案要经过帝国议会的投票表决，如前文所述，第二代利益团体早已与

---

① 除了在文中标出的直接引用或其他说明，本章节内容可参见：Torp，2005：pp. 147 - 154，p. 172ff；Hunt，1974：pp. 319 - 325；Steller，1911：p. 121ff；Kaelbler，1967：pp. 174 - 178；Wehler，2008c：pp. 685 - 699；Bueck，1902：p. 270ff；*Spitzenverband*，1956：pp. 25 - 26，pp. 35 - 47；Stegmann，1976a：p. 329ff；Stegmann，1976b：pp. 4 - 36；Dietzel，1903：pp. 365 - 384。

② 转引自 Torp，2005：p. 173。

议会政党深度融合。而且，经过数十年的发展，商会和大型利益团体早已与政府建立起了密切的合作关系。例如，前文已经提及，在比洛税则出台中发挥了重要作用的“经济委员会”就是1897年帝国内政部在中央协会的建议下组建的。这个委员会作为关税政策咨询委员会向帝国内政部报告，并且从一开始就以保护主义为导向。建立经济委员会，依靠经济界的专业知识为即将进行的关税税则改革提供信息，这只是第二位的。更重要的是其政治职能：向利益团体发出信号，表明政府正在听取对关税政策的要求，同时还为它们提供了一个论坛，使它们得以相互开展协商，形成各方可接受的方案。

1. 工业与贸易界利益团体

如本章第一节所述，经济委员会是经济界参与比洛税则制定的重要途径，而其主要发起人就是中央协会的执行主席布克。他与普鲁士财政部长米克尔、兼任中央协会和商会领导人的卢瑟尔（Emil Russell）商讨后决定建立该委员会。从经济委员会的建立就能看出中央协会与政府的密切联系以及该协会与生俱来的保护主义色彩。这个就关税政策提供咨询的委员会从属于帝国内政部，经济委员会总共有30名成员，10名来自工业界，10名来自农业界，剩下的10名代表贸易和出口工业利益。在工业界的10名代表中，作为发起人的中央协会有权指定5名。中央协会派出的是弗雷（Max Frey）、克拉夫特（Carl Krafft）、朗（Eduard Lang）、柯尼希（Gustav Koenig）和沃佩留斯（Richard Vopelius），这五位代表均为立场鲜明的贸易保护主义者。① 其中的弗雷、克拉夫特和朗都是纺织业背景，柯尼希和沃佩留斯分别是中央协会下属的德国糖业协会（Verein Deutscher Zuckerindustrie）和德国玻璃业协会（Verband der Glasindustrie Deutschlands）主席，而糖业和玻璃业是与农业较为接近的工业行业。由此可以看出，在关税问题上，重工业界谦虚地退到幕后，只有沃佩留斯被认为与重工业走得比较近。而帝国内政部也非常友善，他们所任命的另外5位工业界代表或是与中央协会走得很近，或已经是中央协会成员，并均持贸易保护主义立场。经济委员会中虽然有10名来自贸易和出口工业的代表，但他们很快发现另外20名代表组成了强大的保护主义阵营，能在一切问题上投票压倒自己。经济委员会因此成为帝国贸易政策重新回归贸易保护主义的机制性基础。

但这一时期，工业界内部的分歧日益显现，且越来越难以调和，甚至连

① 此处中央协会成员的基本信息见：Kaelble，1967：pp. 209－210。

中央协会内部亦是如此。[1] 首先是 1897/1898 年，棉纺业和织造业在纱线关税问题上爆发冲突。在 1900 年 2 月 9 日至 5 月 5 日的一系列公告中，中央协会呼吁其成员对海关关税方案和具体关税税率提出意见。其初衷是综合这些反馈意见，形成一份由所有中央协会成员支持的统一、全面的诉求清单，提交给政府。但与 1879 年不同的是，工业界的团结不复存在，中央协会并没有能够协调工业界形成一致意见，因为不同行业不愿为了整体利益而放弃自己的行业利益。

工业界的利益之所以难以调和，与德国经济已经深刻融入国际贸易有关。对许多行业来说，国际贸易关乎生存，关税问题对企业和整个行业都具有生死攸关的重要性，因此它们无法轻易放弃自己利益去迁就集体意见。不仅棉纺业和织造业之间的冲突愈演愈烈，钢铁行业内部也矛盾重重，还有其他许多行业，在生产商和半成品加工商之间呈现出难以调和的矛盾。在上千个关税应税项目中，生铁和水泥两个项目的税率在中央协会内部不存在争议。在其他关税项目上，为了避免协会本身被撕裂，中央协会决定不通过多数表决的方式形成协会意见，而是汇总各方意见（包括相互抵触的意见），把它们一并呈送政府。而在单一税率和双重税率问题上，中央协会内部的争议也难以协调，最终也未能形成一致意见。

尽管中央协会做出种种努力，想方设法协调内部分歧以避免分裂，但仍有很多成员认为协会无法充分代表自己的利益，因而退出协会。1900 年前后，大多数染料厂因为关税问题而退出，而它们所属的化工协会早在 1889/1890 年就已经从中央协会独立出去，理由是化工业“不仅没有（从中央协会）得到支持，相反还常常受到损害”。[2] 造纸业也在 1902 年与中央协会决裂，退出了中央协会下属的“德意志造纸厂联合会”（Verein Deutscher Papierfabrikaten）。中央协会内部矛盾如此之大，以至于 1902 年有执行委员会成员提议：未来将关税问题交由下属具体行业组织处理，中央协会本身只专注于社会政策领域。

如本章第一节所述，煤钢产业在中央协会中的主导地位促使以工业联盟为首的其他工业利益团体的兴起。工业联盟定位于为成品加工工业的利益代言，以区别于中央协会主要代表的原料和半成品工业。但在比洛税则出台过

---

① 有关中央协会内部利益冲突的详细描述可见 Bueck，1997：p. 63ff。

② 转引自 Torp，2005：p. 157。

程中，工业联盟的影响几乎可以忽略，这主要是出于以下几方面的原因：首先，与已成熟的中央协会相比，成立于 1895 年的工业联盟在政府或部委官僚层的人脉十分有限，而且工业联盟也没有像农业联盟那样致力于对议会施加影响。比如在比洛税则的讨论过程中，工业联盟的游说工作几乎只集中于帝国内政部。第二，工业联盟的成员大多为中小企业，并依赖出口，但在具体利益上也绝非同质，这种异质性使工业联盟在成立初期始终无法形成明确的贸易政策路线。第三，工业联盟没有像农业联盟那样为成员提供具体实惠，对作为其主要成员的中小企业缺乏足够的凝聚力。第四，正是因为影响力有限、凝聚力不足，工业联盟成员增长缓慢，会费收入微薄，资金的匮乏使其无法形成像中央协会和农业联盟那样成熟的组织机构，而这又反过来限制了其在外开展游说、对内笼络会员的行动能力。

至此可以看出，中央协会虽然不支持过于激进的贸易保护主义，内部在具体利益上存在差异，在贸易政策的具体安排上意见不一，但从整体来看，仍然明确地支持温和的贸易保护主义。当然，采取这种温和的保护主义立场在一定程度上是中央协会权衡和平衡各方利益之后的选择。而工业联盟的组织性和影响力有限，亦无法为主张自由贸易的工商业者代言。在这样的背景下，新的工商业利益团体应运而生。①

1897 年，“贸易协定筹划总部”② 在化工协会的主持下成立，以期在新税则制定过程中更有效地代表自己的立场，与中央协会、官僚机构和议会进行对话。它汇集了化学工业、部分机械工程、电气和酿造工业、金属贸易业界的代表，阿尔萨斯－洛林、萨尔和上西里西亚的钢铁工业的代表，以及大银行和大航运公司的代表。工业联盟中许多专门针对工业品出口的协会也参与其中。

---

① 除了文中所述的利益团体之外，1899 年还出现了一个名为“防止农业侵犯协会”（Schutzverband gegen agrarische Übergriffe）的组织，其成员来自银行、贸易、航运和出口行业，虽然与贸易政策存在一些关联，但该组织最初主要旨在反对农业联盟的反犹主义，并且存续时间很短，1901 年即并入成立于 1900 年的贸易协定协会，因此这里没有将其作为贸易政策领域的利益团体。值得注意的是，这一时期，“反犹”这个因素开始越来越显著地掺杂在经济利益争执之中。有关“防止农业侵犯协会”的详细信息，可参见：Stegmann，1976b：p. 15ff。

② 即 Zentralstelle für Vorbereitung von Handelsverträgen，除了化工协会作为主要创办者之外，“阿尔萨斯－洛林和卢森堡钢铁工业经济利益保护协会”（Verein zur Wahrung der wirtschaftlichen Interessen der Eisen- und Stahlindustrie von Elsaß-Lothringen und Luxemburg）、德意志书商协会（Börsenverein der deutschen Buchländler）以及法兰克福、莱比锡和纽伦堡商会均参与创办，并成为首批成员。具体信息可参见 Kaelber，1967：p. 174ff；Stegmann，1976a：p. 338。

1900 年，在主要由汉堡和不来梅的批发贸易和航运代表参加的筹备讨论之后，贸易协定协会（Handelsvertragsverein）成立。该组织旨在团结自由主义工业者，组成鼓动性的联合阵线，反对中央协会与大地产者在 1897 年成立的经济委员会中再次结成的保护主义同盟。与当时尚不成熟的工业联盟相比，贸易协定协会的影响力要大得多。在西门子（Georg von Siemens）的主持下，贸易协定协会迅速扩大，成员人数在 1902 年 5 月达到 16700 人的峰值，且成员延伸到第二产业之外，既包括工业家，也包括贸易和银行界的代表，从而发展成为反对保护主义阵线的最重要组织。

经济利益的分散对于中央协会和工业联盟这样覆盖了广泛利益范围的顶层组织来说是一个令人头疼的问题，内部的矛盾和冲突束缚了它们的手脚，而对于以贸易政策为旗帜的组织来说，它们成立的初衷就是追求特定的贸易政策目标，因此有着统一而明确的行动目标。

但必须强调的是，所有这些以贸易政策诉求为主旨的利益团体在根本上都是防御性的，它们并没有高举自由贸易的旗帜，没有要求进一步降低现有关税，它们的目的仅仅是确保贸易政策的现状。例如，在贸易协定协会的组织章程中，协会的宗旨被明确表述为“维持现有的通过贸易条约确定的德国关税和贸易政策，反对改变这些政策的企图”。[①] 而且贸易协定协会从不自称是推行自由贸易政策，其官方媒体曾专门表态：假如追求自由贸易，那么“使用‘贸易协定协会’这个名称就是在自相矛盾！贸易协定正是基于保护性关税制度的，而自由贸易将使贸易协定变得多余。始终秉承自由贸易原则的英国人从来没有什么贸易协定政策”。[②] 和贸易协定筹划总部一样，贸易协定协会的建立是以出口为导向的经济行业的防御性举措，因为农业界正试图改变 19 世纪 90 年代中期以来的卡普里维贸易协定政策，并有可能阻碍新贸易协定的签署，于是这些组织立足于防止关税过度上涨，避免采取双重税率，确保未来仍然能够缔结贸易协定，为相关行业建立稳定的贸易环境。

但在比洛税则出台的过程中，这些以贸易政策为导向的团体发挥的作用十分有限，几乎没有证据表明它们对关税政策的决策过程产生了直接影响。有两个因素在很大程度上解释了这一点。

首先，作为最重要的反保护主义团体，对于比洛税则而言，贸易协定协

① 转引自 Trop，2005：p. 162。
② 转引自 Schippel，1913：p. 1315。

会的成立为时已晚，税则制定的大部分前期工作已经由部委官僚机构和经济委员会完成。到1900年下半年，许多关键问题已经差不多尘埃落定，当年才刚成立的贸易协定协会因此已经没什么发挥影响力的余地了。

其次，在这些团体中，大型化工和电气企业占据了相对主导的地位。这两个行业虽然是德意志帝国工业出口的旗舰行业，但并没有激进地主张自由贸易，而是对贸易保护主义采取了容忍和妥协姿态。这是因为，德意志帝国的这两个行业当时已经相当发达，像西门子和AEG这样的龙头企业不仅在国际市场拥有较大竞争优势，而且还有实力实现资本出口，并通过在国外建立分支企业来规避其他国家的贸易限制措施。因此，在面对国内贸易政策的复杂博弈时，它们并不会采取过于激进的姿态。

上述以贸易政策为导向的利益团体虽然已经有贸易界参与，但成员仍以工业企业为主，只不过与中央协会不同，在其中发挥主导作用的不是大型煤钢和纺织企业，而是化工和电气企业。贸易界并没有自己的顶层组织，而这也再次印证了：相较贸易保护主义者，主张和追求自由贸易的圈子在组织性上要薄弱得多。

这一时期，贸易界的利益主要由德意志商业大会（DHT）来代表。德意志商业大会是德意志帝国所有商会和商业团体的顶层组织，显然不仅仅代表贸易界的利益。商会代表的是一定区域内的第二产业和第三产业的利益，从总量来看，从事第二产业的成员数量远远多于第三产业。当然，港口城市的商会成员大多从事批发贸易和航运，但其他地区有的以工业为主，有的混杂了第二产业和第三产业。就德意志商业大会而言，其成员除贸易和工业企业按照法律规定必须加入的商会以外，还包括许多商会之外的自由行业协会，比如矿业协会、德国钢铁工业协会西北分会、化工协会和长名协会。[①] 这些团体都有相当程度的影响力，且在贸易政策方面存在不同诉求，这就使德意志商业大会内部的利益格局变得非常复杂。

在就比洛税则进行争议的过程中，德意志商业大会内部的不团结显而易见。比如在1901年1月8日的全体会议上，卡塞尔商会提出动议：德意志商业大会应宣布自己“坚决反对任何食品关税的上涨”，结果这一动议以微弱多数获得通过：147票对144票。可以看到，德意志商业大会被撕裂为两个几乎势均力敌的阵营。在1901年9月30日的下一次全体会议上，理事会

---

① 这些利益团体的具体信息和贸易政策立场均可参见附录Ⅰ。

试图通过向大会提出一项决议草案来防止再次出现不团结，该决议草案并不完全拒绝增加农业关税，而仅仅是“明确强调其对关税法案中的食品关税异常提高持保留意见（因为这将威胁到贸易协定，并导致生活成本增加，工业产品购买力减弱以及德国商业相对于国外企业的竞争能力减弱）”。[①] 但这种和稀泥的姿态无法取悦任何人。

虽然德意志商业大会作为一个整体难以形成一致意见，但从各个商会的上千份呈件和请愿书中可以看出，在德意志商业大会的大多数成员看来，德国农业保护主义的加剧将对自己的出口利益构成巨大的威胁。如果进行总结，如下几点关税和贸易政策上的诉求获得了工商业界的普遍支持：首先，继续卡普里维时期的长期贸易协定政策。对德国出口业来说，“可预见性”远比某几项关税的高低更重要。而长期贸易协定能构建和保障稳定的贸易条件。第二，继续坚持最惠国待遇原则。第三，反对双重税率，即反对法定的最低税率，因为这可能会阻碍签订新的贸易协定。

但这里必须强调两点：第一，德意志商业大会是各地商会的顶层组织，并有一些大型利益团体加入，代表的工商业利益较为广泛，但也流于广泛；第二，作为有官方背景的利益代表团体，德意志商业大会与政府有较为密切的官方联系，但也正是基于这样的身份，其在利益代表上不可能持激进立场，更多发挥的是传达信息与“和稀泥”式的协调作用。因此，德意志商业大会在比洛税则出台过程中发挥的影响力非常有限。

如上文所言，这一时期德国贸易界的利益主要靠德意志商业大会来代表，因此换而言之，德国贸易界在比洛税则出台过程中发挥的影响力几乎可以忽略。

在工业界与农业界的利益协调问题上，中央协会代表大会于 1901 年 2 月初几乎全票通过（只有 1 票反对）一项决议，非常明显地体现了中央协会在农业保护主义问题上的立场。一方面，中央协会中存在共识：“鉴于当前德国农业遇到的困难，需要大幅提高粮食关税”；另一方面，中央协会又希望“粮食关税的增长应与共同利益兼容，尤其是其增长水平不应影响到签署长期贸易协定的可能性”。[②] 这意味着，如今工业与农业利益若想要在关税和贸易政策上达成妥协，就必须遵循新的原则：在一定程度上提高农产品保护

① 转引自 Trop，2005：p. 165。

② 转引自 Torp，2005：p. 158。

性关税，但同时必须保有工业界所需要的长期贸易协定。但显然，农业协会在保护性关税上的极端要求和对贸易协定的坚决反对态度使这样的妥协困难重重。

虽然工农业之间的利益难以协调，但直到1901年帝国政府公布新税则方案，工农业团体间的冲突才公开爆发。法案中对小麦、黑麦、大麦和燕麦实行的双重税率促使中央协会执行委员会放弃了原先在单一税制还是双重税率问题上的纠结。法案还规定，农业关税必须根据贸易协定降低。法案因此引发了中央协会意见的两极分化，并在1901年10月1日的代表大会上充分显现出来。意见分歧中的一方来自接近农业的工业行业，其代表人物是糖业的柯尼希和玻璃业的沃佩留斯，他们也是经济委员会的成员。这个行业群体希望不惜一切代价保持与农业的联盟，为双重税率辩护，认为只有这样才能保证工业品关税保持在最低水平。意见分歧中的另一方是中央协会的其他成员，以布克为核心。布克虽然从根本上对农业界的要求持开放态度，但坚决反对双重税率，并支持贸易协定。这不仅代表了中央协会中加工业的立场，更是代表了忧心行业出口机会的西部重工业的利益。可以看出，与1879年保护主义转向时相比，这一时期中央协会内部对待农业的态度出现了巨大的撕裂，当然这主要是源于工业界内部不同行业的利益分化与冲突。

帝国第二大工业团体工业联盟也一度坚持与农业界结盟合作，这很令人吃惊，因为这一团体主要代表以出口为导向的加工工业利益，在1895年成立之时就强调与中央协会和重工业持有的不同立场。但从1896年下半年开始，工业联盟改变了其最初与农业和重工业对立的强硬态度，转而开始寻求与中央协会协作。出现这样的转变主要有两方面的原因：首先，虽然成立时满腔热情，但工业联盟很快发现自己能够施加影响力的渠道十分有限，于是开始萌生与更具影响力的利益团体合作的想法。由此，在工业联盟内部，偏向贸易保护主义的势力处于主导地位，在关税政策上支持与中央协会合作并平衡工农业（包括加工工业）的利益。其次，1897年的《丁利关税法案》再次提高了美国关税，这在一定程度上推动了以出口为导向的工业联盟成员也开始同情或支持贸易保护主义。不过，对于实施保护性关税，工业联盟内部存在两种不同的期望：一些成员期望有更高的关税保护，以减轻自己的竞争压力；而另一些则只是想把德国提高关税作为争取美国贸易优惠政策的临时性手段。

尽管此时工业联盟的领导层由支持工农业合作路线的派别把持，但随着围绕比洛税则的争论不断持续和升温，工业联盟中开始有越来越多的声音反对工农业在关税问题上的合作，并明确抵制正在讨论中的关税法案。在帝国议会通过比洛税则之前，反对工农合作的派别逐步占得上风，并促使工业联盟高层宣布，反对提高农业关税，因为这将“对国家整体利益，特别是工业利益造成严重损害”①，这表明工业联盟正式进入反贸易保护主义的阵营。不过应当看到，这并不意味着工业联盟的成熟和影响力的提高，而且在很大程度上，正是因为工业联盟无法实现其所代表的工业部门在关税政策上的诉求，所以才转而单纯反对农业关税，并导致在路线上也从支持工农合作转变为反对工农合作。

2. 农业利益团体

农业联盟成立之初，谷物价格持续低迷是其主张保护性关税口号背后最有说服力的理由。1897 年之后，当谷物价格再次上涨时，农业联盟又转而提出了一个新的理由——“农业劳动力短缺”（die Leutenot）。得益于卡普里维关税协定，19 世纪 90 年代，德意志帝国的工业出现了一个明显的繁荣时期。随着工业化迅速推进，尤其是造船业和电气工业的迅猛发展，大量农业人口涌入工业区，从而导致农业劳动力的流失。农业联盟的一位领导人表示：“投机取巧地刻意支持工业系统将比海外竞争更严重地损害农业的利益，飞速上升的工资水平使精耕细作变得不再可能。从长远来看，农业界难以解决开支增加和收入减少的问题。”② 事实上，这一时期德意志帝国的农业所遇到的问题与贸易协定虽然有一定的关联，但并不具有直接的因果关系，而且，农业劳动力的流失也并不一定就意味着会出现劳动力短缺③，但为了争取自己的利益，农业界需要构建这样的话语。

不过，将工业界塑造为“共同的敌人”尚不足以整合所有的农业群体的利益与诉求。如本章第一节所述，在原则上，德国农户在对农产品实行保护主义贸易政策这个问题上存在明显的共同利益和共同立场，但从事粮食生产和牲畜养殖的农户在粮食价格上存在一定的利益分歧也是不容忽视的事实。19 世纪 80 年代，已经有大量的小农转而从事畜牧业，或受雇于相关的农业

① 转引自 Torp，2005：p. 160。

② 转引自 Dietzel，1903：p. 371。

③ 具体分析可参见 Dietzel，1903：p. 372。

行业。提高大麦、干草和硬粒玉米的关税当然会拉高谷物种植区的地租，有利于大地产者，但也会推高畜牧业的饲料价格，对从事这一行业的小农群体不利。提高小麦和黑麦的关税仅有利于少数谷物产量超出自身消费需求的谷物种植户，对其他所有必须购买口粮的人都是不利的。总之，饲料价格上涨不利于某些农业群体作为生产者的利益，粮食价格上涨则不利于某些农业群体作为消费者的利益。因此，调和不同农业群体之间所存在的利益冲突是有必要的。

为了使所有的农业群体都能被纳入农业联盟的麾下，每个群体都必须被考虑到。因此，农业联盟提出的要求是：在新的税则中参照法国的梅里纳税则，用双重税率取代过去的单一税制；大幅提高所有农产品的关税税率，对四种主要谷物均设置每吨 75 马克的最低税率（卡普里维关税协定所约定的税率为：小麦和黑麦均为每吨 35 马克，大麦和燕麦分别为每吨 20 马克和 28 马克），对活畜设置每头 18 马克的最低税率，动物产品、园林产品、油品、蔬菜和花卉的税率也都要相应提高，并实施一系列的非关税壁垒（如畜牧业领域的防疫检疫措施）；而且，上述所有要求必须被整体性接受，必须通过最低税率来保证未来签订贸易协定时不会牺牲农业利益，否则，农业协会将斗争到底，绝不妥协。这也就是本章第一节所提及的农业联盟所持的“普惠立场”，是其普遍动员农业群众、争取最广泛支持的重要基础。

在不断谋求在政界表达农业利益的过程中，在 1902 年关税改革的决策过程中，不同农业利益团体之间开始出现分工。

第一类农业利益团体是商会背景的农业理事会（DLR）。其主要成员是传统贵族，温和派农业者占上风，他们利用自身的传统特权地位，利用自己在官僚机构中的良好关系，主要寻求对行政层面施加影响。鉴于其与政府的密切关系，农业理事会能很容易地从政府获得相关信息，并参与政府的咨询和讨论。

第二类是以农业联盟为代表的新一代利益团体。农业联盟的行为方式和所提出的要求都要比农业理事会极端得多，也不像后者那样有较强的妥协意愿，因此农业联盟与政府处于严重对立状态。正因如此，农业联盟致力于进行贸易保护主义的宣传与鼓动，谋求对帝国议会施加影响。因为关税法案虽然由政府牵头起草，但会在帝国议会的讨论中进行修改，而且无论如何最终都必须经由帝国议会表决通过。农业联盟对帝国议会的渗透在很大程度上得益于传统名人政党在这一时期所遭遇的危机。以保守党为代表的这类政党缺乏基层组织，在社会逐步走向政治化之后，它们便在政治竞争中显得十分无力。而农业联盟恰好能为它们补上这块软肋，它通过强大的宣传机器动员选民，帮助议员候选人在竞选中胜出。而农业联盟也利用这一点作为筹码，要求当选议员支持自己的主张。在接受助选时，候选人必须以书面形式保证日后支持农业联盟。事后，农业联盟也会仔细监控议员的守信情况，一旦发现失信，便会采取相应措施，不再提供支持。1898 年的选举所选出的议会最终通过了 1902 年的关税法案。而这届议员中很多人的当选与他们的关税立场相关。在 397 名议员中，至少有 118 人在当选前就对农业联盟的纲领表示赞同。他们大多来自保守派，但也包括一些民族自由党和中央党的议员。

在比洛税则出台的过程中，开始时农业理事会通过经济委员会发挥了一些咨询作用，但当法案陷入马拉松式的议会讨论之后，农业界的利益就几乎完全靠农业联盟所控制的议员代言了。

（三）议会政党在表决过程中的拉锯①

新的关税方案在历经漫长的争论和反复修改之后终于在联邦参议院获得通过，并于 1901 年 11 月 19 日被提交至帝国议会表决。

帝国政府提交帝国议会表决的关税方案包括两个部分：关税法（除了大量技术性规定外，还包括四个主要粮食品种的最低税率）和关税税率（确定了 946 种商品的自主税率）。帕多夫斯基代表政府在帝国议会就为何要加强贸易保护做了解释："现代运输条件"的发展使"千里之外的国家的地理市场环境就像在我们海关门前一样"。尤其是德国农业，它是"迄今为止最大的"经济部门，为 1800 万从业者提供生计，却暴露在碾压性的国际竞争压力之下。国家必须通过提高关税来抵消这一点，除非一个国家愿意接受已经不稳定的农业经济形势进一步恶化，以及随之而来的社会和政治后果。②

对关税方案进行表决时，帝国议会的席位构成如表 4.7 所示。这届议会是 1898 年选出的。

---

① 除了在文中标出的直接引用或其他说明，本章节内容可参见：Torp，2005：p. 166ff，p. 187ff；Torp，2010；Kleinschmidt，2020：p. 217ff；Nonn，1996：pp. 240 - 280，pp. 313 - 314；Nonn，2009：pp. 221 - 231，Nipperdey，1990：p. 725ff。

② 转引自 Torp，2005：p. 187。

表 4.7 比洛税则表决时德意志帝国议会主要党派席位数及占比

	保守派	民族自由党	左翼自由派	中央党	社民党	反犹派	其他
席位数	79	46	41	102	56	13	60
席位占比	19.9%	11.6%	10.4%	25.7%	14.1%	3.3%	-

资料来源：见附录Ⅲ。

注：参见表 4.5，具体可见附录Ⅲ。

在帝国议会中，支持贸易保护主义的议员明显占据多数，而且这种多数的覆盖面相当广，从保守党、中央党，到民族自由党，从保守派到自由派，都支持政府推动的关税改革，支持提高农产品关税。但在草案进行一读时就可以看出，这个貌似庞大的贸易保护主义阵营内部其实存在分歧。争论的焦点在于农业关税应提高至何种程度才算“足够”，在这个问题上，帝国议会中占据多数的保护主义阵营分裂成三个群体。

第一个群体是坚定支持政府方案的民族自由党。由于比洛奉行妥协式“中间路线”，在政府方案中，农产品关税虽有提高，但幅度有限，因而并不会妨碍长期贸易协定的签署。这不仅符合西部重工业的愿望（民族自由党领导层与这个经济领域关系密切），而且还使民族自由党能够从两难中脱身。因为民族自由党内部的利益偏好差异极大，既有激进的农业保护主义者，也有持极端自由贸易立场的群体，比如其党报《民族报》（*National-Zeitung*）就代表自由贸易立场。政府的妥协式方案是民族自由党内部的保护主义和自由贸易阵营都能接受的，因此避免了帝国议会进行投票时出现像 1879 年那样的分化。

第二个群体由德意志保守党的大部分成员构成，他们认为政府方案中为农业提供的保护远远不够，这几乎完全迎合了农业联盟的立场。因为如前文所述，这一时期的德意志保守党与农业联盟结盟，在 1898 年的帝国议会选举中，每个保守党议员都曾申明自己支持农业联盟的纲领。反犹党派、巴伐利亚农民联盟①的议员和许多中央党的巴伐利亚议员也支持农业联盟的立场。而农业联盟在其官方声明中表达了对政府方案的巨大不满，呼吁对主要粮食品种至少征收每吨 75 马克的关税，并大大扩充实行双重税率的商品范围。

① 即 BayerischerBauernbund，代表巴伐利亚农业利益的政党，成立于 1893 年，当年在帝国议会中占 4 席，在 1898 年的选举中获得 5 个席位。由于该党派主要代表地方性利益，在帝国议会中席位占比很小，所以本书并未将其作为主要党派，在统计数据中归入“其他”。

第三个群体的立场位于上述这两个群体之间，且人数众多，由帝国党议员、大多数中央党议员和少数德意志保守党成员构成。与极端农业者相比，这个中间群体原则上支持政府方案，但也认为方案中农业关税提高幅度不够，要求进一步加强方案中已经相当明显的农业保护主义色彩。

上述保护主义阵营受到了坚决反对政府关税方案的政治左翼的挑战。后者坚定地反对加码任何关税保护措施，尤其是增加农产品关税。不过，虽然左翼自由派和社会民主党都属于这个阵营，但它们反对政府方案的方法和动机却有所不同。

如前文所述，社民党自19世纪90年代起逐步将消费者利益作为自己重要的政治主张。1901年，当大幅增加粮食和肉类关税的提案被提出时，社民党立刻开始发动一场“反对有计划地掠夺民众”的运动。在1902年的党派大会上，社民党领导机构（Parteivorstand）向大会报告说，“在帝国的每个地方都有成千上万的集会……有反对‘饥饿关税’的抗议活动，而措辞尖锐的决议表达了我们的反对，反对通过增加关税而人为抬高最基本的必要食物的价格，尤其是面包和肉类，假借‘保护民族劳动’的名义剥削消费者，尤其是劳动者的利益，从而使成千上万的大地主和讨厌的容克（Schlotjunker）受益”。社民党的反保护主义宣传运动强调了消费者的立场，而不是阶级的观点，不仅通过口口相传，而且还广泛派发传单，最终形成了大规模的反对“暴利和饥饿关税”（Wucher- und Hungertarif）的请愿行动。行动的请愿书有近350万人签署。正如社民党领导层所指出的，这些人并不都是工人，他们其实代表了“人口的每个群体”。①

社民党与巴特（Theodor Barth）领导下的左翼自由派政党自由意志同盟一起高举消费者保护大旗，并奉行阻挠议会表决的策略。他们打算以各种可能的方式拖延帝国议会围绕新关税法案所进行的辩论，尽可能阻止该法案在本届议会任期内获得通过。因为如果法案无法在本届议会获得通过，那么在1903年夏季举行的下一届帝国议会选举中，他们就能够将关税问题作为引人注目的竞选主题。1901年11月上旬，甚至在帝国议会辩论尚未开始之前，

① 参见德国社民党1901年会议记录：*Protokoll über die Verhandlungen des Parteitages der Sozialdemokratischen Partei Deutschlands* 1901，http://library.fes.de/parteitage/pdf/pt-jahr/pt-1901.pdf，pp. 284-291；1902年会议记录：*Protokoll über die Verhandlungen des Parteitages der Sozialdemokratischen Partei Deutschlands* 1902，http://library.fes.de/parteitage/pdf/pt-jahr/pt-1902.pdf，p. 12ff。会议记录总目录链接见参考文献列表。

倍倍尔（August Bebel）就发表讲话，公开宣布他所领导的社民党将使用一切可能的手段来拖延议会对关税法案的处理。比如，社民党打算对 946 项关税中的至少 700 项进行异常耗时的唱名表决："每项唱名表决都需要半小时，因此我们将需要 350 个小时进行表决。"这样，仅帝国议会的表决程序就需要大约五十天的时间——这还仅仅是拖延策略的冰山一角。[①]

里希特（Eugen Richter）领导下的自由意志人民党[②]以及德意志人民党[③]的一小部分议员也同样反对新关税法将带来的普遍保护主义的贸易体系。与社民党一样，消费者利益是他们反对保护性关税的主要理由，但与社民党不同的是，他们主张自由贸易主要是因为信奉自由的国际货物交易将带来益处。此外，他们的自由贸易观点也基于经济利益，因为他们与贸易和航运业关系密切。他们与社民党最大的不同还是在于如何反对关税法案，而这也是左翼自由派内部分歧所在。自由意志人民党反对社民党和自由思想同盟所奉行的拖延阻挠表决策略。里希特的理由是非常原则性的：这样的阻挠有违议会精神。另外还有两个策略性动机：第一，里希特认为贸易保护主义阵营内部的分歧已经足以使本届议会无法在任期内就法案做出表决，而过度阻挠可能反而会促使保护主义阵营抱团行动；第二，在议会中参与阻挠行动将使自由意志人民党与中央党形成不可调和的对立，因为中央党对新关税方案基本持认可态度，而自由意志人民党在即将到来的 1903 年选举中还有赖中央党的支持。[④]

帝国议会从 1902 年 1 月 9 日开始对政府的新关税方案进行审读和讨论，为此帝国议会专门组建了一个关税税则委员会（Zolltarifkommission），28 名成员来自帝国议会的各个党团，税则委员会会议也有政府代表出席。到同年 10 月 6 日三读结束，关于关税方案的马拉松式谈判方才停歇。[⑤]

税则委员会的工作颇为艰难，自由保守党人卡尔多夫一开始被选为委员会主席，但仅仅一个月后就辞任。除了上文提及的左翼党派的拖延阻挠策略

---

① 转引自 Torp，2005：p. 189。

② 里希特始终信奉曼彻斯特自由主义，这是他与巴特在理念上的一个重要差异，也是同属左翼自由派的自由意志人民党与自由意志同盟的重要差异。

③ 左翼自由派中的一个小党，具体信息参见附录Ⅲ。

④ 转引自 Torp，2005：p. 190。

⑤ 委员会成员甚至不得不在议会夏季休会期间仍留在柏林持续工作，为此联邦参议院和帝国议会于 1902 年春季专门通过了一项法案，批准了 2400 马克的短期津贴（Zwischendiäten）。参见：Urban，2003：p. 56。

之外，保护主义阵营内部冲突不断，而政府又固执地不愿修改关税方案，重重矛盾使税则委员会的工作举步维艰。

在保护主义阵营内，支持农业联盟的农业者始终是问题的来源。当他们意识到自己在农产品关税上的极端要求无法实现之后，他们就转而支持左翼自由派和社民党，要求取消大量工业品关税。在税则委员会的多数成员看来，政治光谱的左右两个顶端之所以能够成功地在降低工业品关税问题上达成一致，是因为位于这两端之间的各党派未能建立统一战线。这是工业部门内部存在利益冲突的直接结果，这些冲突影响到相关议员，并进一步传导到税则委员会。在出现争议的情况下，中央党、民族自由党和帝国党的议员在投票时往往为他们所在选区中占主导地位的工业利益代言，因此完全是一盘散沙。在这样的情况下，左翼政党和农业者就很容易联手实现其否决政府法案的目标。

当税则委员会在1902年夏天完成对关税法案的一读时，政府所提交的方案中的大部分内容都已经被否决。鉴于一读引发的问题，税则委员会几乎不可能在10月议会休会结束之前完成法案的二读和三读。在委员会的整个审议过程中，帝国总理比洛始终没有出面。

整个关税改革很可能就此失败，从而使几乎已经敲定的农业关税增加化为泡影。这种可能性给农业者带来压力，不少大农业者因此做出妥协。贸易保护主义阵营内部的不同派别在进行了秘密会谈之后，终于基本达成一致。帝国议会的税则委员会对关税法案的二读仅经过八次会议就完成了。这比原先预想的要快得多，冲突也比预期的少得多。左翼政党也决定暂时放弃拖延阻挠策略，而是在帝国议会的讨论中进行反对，因为这样将获得更大的公众影响力，这也大大有助于关税方案获得通过。尽管税则委员会在二读中撤销了一读时对政府法案所做的大量修改，特别是在工业品关税方面，但与原始方案相比，修改的地方仍然很多，主要包括三个关键方面。

第一，税则委员会提高了政府方案中四种主要粮食的最低税率。小麦的最低税率从每吨55马克提高至60马克，黑麦和燕麦从50马克增至55马克，大麦从30马克增至55马克。这个妥协方案得到了中央党、德意志保守党和帝国党的支持。如先前所料，社民党和左翼自由派投票反对提高最低税率，但大多数民族自由党议员也投了反对票，他们支持原来的政府方案。当然在农业联盟主席旺根海姆（德意志保守党议员）等看来，粮食关税提高的幅度还远远不够。

第二，牲畜和肉类自主关税的税率被提高到远高于政府方案的水平，并补充了最低税率。这意味着最低税率保护范围有所扩大，即从仅适用于四种主要谷物扩展到牲畜和肉类。这样的方案非常符合农业利益团体的愿望，这些组织始终希望能同时兼顾各个领域的需求，通过平衡农业内部的不同利益来形成必要的合力，而最低税率保护范围的扩大意味着谷物种植者与牲畜饲养者的利益都得到了满足。提高农产品关税无疑引发许多反对的声音，不仅左翼政党提出抗议，政府代表也竭力反对。如外交部国务秘书里希特霍芬（Oswald von Richthofen）强调，扩大最低关税税率范围将大大增加达成贸易协定的难度，尤其是与奥匈帝国。但这无法改变税则委员会的决定，毕竟委员会中来自保护主义阵营的成员占了多数。

第三，在二读时，在社民党支持，而保守党、民族自由党和左翼自由派反对的情况下，中央党设法在法案中增加了一条：将农业关税所带来的额外收益用于寡妇和孤儿保障制度，帝国政府应最迟于 1910 年引入这一制度。中央党试图以此与党派内部关注工人和消费者利益的左翼进行协调，使他们同意提高食品关税，并为将于 1903 年举行的帝国议会选举做准备，提高中央党在社会政策方面的形象。中央党的这一提议得到了帝国政府的支持，这里有两方面的原因：一方面，帝国议会中左翼的反对声非常强大，若要确保关税法案最终获得通过，就必须得到中央党的支持，因此政府必须认真考虑中央党的诉求；另一方面，将增加关税与建立孤寡保障制度联系起来，恰好可以弱化左翼政党，尤其是社民党对增加关税的反感。

在这场拉锯中，帝国政府的态度始终十分强硬。在帝国议会对关税法案进行二读时，比洛非常明确地表示，与一读时相同，政府仍拒绝接受税则委员会的决议，不同意进一步提高粮食的最低税率，以及增加最低税率项目，也就是说，最低税率仅限于四种主要粮食。比洛强调，如果帝国议会中的多数议员坚持税则委员会的要求，否决政府提出的这份关税法案，农业很有可能将失去现有的提高农产品关税的可能性，因为政府将别无选择，放弃制定新税则，而卡普里维时期签订的贸易协定将于 1903 年到期，届时政府很可能将默许现有贸易协定继续生效，或基于原有的税则进行贸易协定谈判。

帝国政府之所以态度强硬，在很大程度上是因为别无选择：过度提高农产品关税的方案其实也很难在帝国议会获得通过，只会毫无益处地延长当前的痛苦拉锯；大选在即，过度提高农产品关税会将更多选民推向社民党阵营，从而给帝国现有的政治架构带来威胁；提高农产品关税将大大增加德意志帝国对外签订贸易协定的难度，甚至有可能挑起与重要贸易伙伴之间的关税战争，如奥匈帝国、俄国和美国，这些国家都对德国出口大量农产品；威廉二世也曾向比洛明确表示，他“绝不接受”扩大最低税率范围，以及以任何形式提高黑麦和小麦的最低关税税率。[①]

而正是因为帝国政府的这种强硬态度，帝国议会最终在 1902 年年底前达成妥协。因为议会中占据多数的保护主义阵营相信，如果政府撤回当前的法案，那么在可预见的未来将不可能增加农产品关税。而且，社民党反对“饥饿关税”的运动如火如荼，1903 年大选后，新一届帝国议会中的保护主义阵营几乎不可能比这一届更占优。于是，他们在公开反对政府方案的同时，开始私下进行协商。并在 11 月底达成妥协。在这一过程中，中央党发挥了主导作用。而始终态度强硬的德意志保守党也最终做出让步，一方面是因为怕政府真的撤回增税方案，另一方面是怕与帝国政府的过分对立会使自己对帝国高层的影响力落入中央党之手。

这份关键的妥协方案以签署者命名，被称为“卡尔多夫妥协”。它主要包括以下几点：第一，不再要求增加牲畜和肉类的最低税率。第二，尽管不情愿，但中央党、帝国党和德意志保守党的大多数议员接受了政府在法案中为小麦、黑麦和燕麦设定的最低税率。第三，大麦税率被分为两种，大麦麦芽（用于酿酒）的税率从政府草案中的每吨 30 马克提高至 40 马克，而饲料用大麦则取消最低税率。在这一点上，这个妥协方案是考虑到了畜牧业的利益，他们大量进口大麦用作饲料。第四，政府也向中央党做出让步，表示愿意用食品关税收入建立一个寡妇和孤儿的保障制度。第五，降低某些农具的关税，这成为使保守党多数议员接受妥协方案的关键推动力。第六，各党派同意以“一揽子”方式通过关税草案，而非逐项进行辩论和表决，这样法案得以破除拖延阻挠，迅速通过二读。在经过三读的又一番短暂拉锯之后，法案终于在 1902 年 12 月 14 日清晨 5 点半进行了议会表决，并最终以 202 票支持，100 票反对，1 票弃权获得通过。除社民党和左翼自由派之外，还有来自德意志保守党、农业联盟、巴伐利亚农民联合会和反犹阵营的 30 多名议员投了反对票。黑麦的关税从每吨 35 马克提高到 50 马克，小麦的关税提高至每吨 55 马克，恢复到了 1892 年的关税水平。

---

① 转引自 Torp，2005：p. 195。

二　比洛时期的贸易政策网络

考察比洛税则从政府制定法案到议会讨论表决的过程，可以对这一时期的贸易政策网络做以下几点总结。

第一，从政府这个行为体来看，在政府制定法案的过程中，官僚行政层面出现明显的冲突，不仅涉及帝国政府层面，普鲁士的政府部门亦相当活跃地参与其中。这一方面是因为随着工业化的推进，贸易政策背后固有的利益冲突变得更加激烈和复杂，从而导致官僚层面出现意见分化；另一方面是因为俾斯麦下台后留下巨大的政治真空，在多头对峙的政治局面中，官僚部委之间的权力竞争变得显性化。在这样的局面中，比洛虽然最终起到协调作用拿出了妥协方案，但他的作用也仅仅在于协调。比洛在贸易政策上并没有特定的个人主张，甚至没有明确的意见倾向，因此他作为帝国首相在制定贸易政策中所发挥的作用要比卡普里维弱得多。

另外值得注意的是普鲁士政府部门角色的变化。普鲁士在德意志帝国无疑始终具有绝对的霸权地位。在俾斯麦时期，由于俾斯麦所具有的独特权力地位，普鲁士与帝国政府的各个职能部门都淹没在他的光芒之下；卡普里维时期是俾斯麦下台后的过渡时期，所有部门都在俾斯麦所留下的政治真空中重新寻找自己的位置；及至比洛时期，各个政府部门开始拥有自己明确的政治话语和政治主张，此时，普鲁士政府部门在帝国层面政策网络中所发挥的作用开始显现出来。

第二，从经济利益团体这个行为体来看，工业和农业利益团体出现完全不同的发展轨迹。

工业利益出现复杂分化，这给像中央协会这样涵盖了众多不同工业行业的顶层利益团体带来巨大挑战。中央协会内部出现利益分化，传统的煤钢和纺织业无力统领和代表工业的整体利益，内部的利益仍然难以调和。中央协会虽然仍与政府有密切合作，但由于在贸易政策上无法形成一致意见，而难以对贸易政策的制定施加明确的影响。以化工协会为代表的新兴行业退出中央协会另立门户，商业和服务业也开始形成自己的利益团体，但由于本身在组织性上不够成熟，在政界也根基尚浅，缺乏游说渠道，这些组织难以在贸易政策制定上发挥影响力。

而农业界则出现了农业联盟这个极具进攻性的新一代利益团体。农业联盟继承了农业者与帝国政治高层的传统密切关系，又顺应了社会全面政治化的潮流，一边维护和拓展原有的政治影响渠道，一边发挥强大的鼓动能力，使自己成为一个极富凝聚力的群众组织，并把这种鼓动能力转变为议会选举中的助选能力，作为筹码换取议员支持自己的政策主张。农业利益团体的这种政治能力与农业利益的相对一致有很大关系。

工业利益高度分化、农业利益相对一致是全球化背景下德意志帝国工业化迅速推进的必然后果：德国的工业逐步拥有强大的国际竞争力，因此各行业基于自身在价值链上所处位置（原料、加工、成品），在贸易政策问题上各自主张自身利益，而农业则整体承受巨大的国际竞争压力，因而一致主张贸易保护主义。工农业的不同处境也导致不再可能出现像 1879 年那样的工农业协同。虽然开始时在经济委员会中还曾有过重工业与农业之间的合作机制，但随着政策制定过程的推进，经济委员会很快被政治混乱所淹没。

第三，在帝国议会中，社民党的崛起尤其引人注目。而高举保护消费者利益的大旗，也助力社民党赢得了除传统无产阶级工人之外的更多选民。而贸易自由完全靠左翼政党来主张，从这一点也能看出，这一时期工商业利益极度分化以致在政党层面几乎完全缺失代表性①。社民党虽然在贸易政策的主张上与左翼自由派达成某种呼应，但在政治上仍始终被孤立，自由派四分五裂，保守党几乎完全被农业利益挟持，中央党左倾并走向民粹，这样的政党格局直接导致了比洛税则出台过程中帝国议会的艰苦拉锯和复杂博弈。

第四，帝国议会中的贸易保护主义势力比政府中更强。如果完全按照帝国议会的意愿，最终通过的关税方案的贸易保护主义色彩要比目前的方案强得多。在这个意义上，虽然帝国议会的议员是通过民主选举产生，但政府更有效地照顾到了出口产业、贸易界和消费者的利益。原因就在于，政府不像议会那样暴露在利益团体的直接压力之下。以农业联盟为代表的农业利益团体通过协助竞选等手段使议员与其建立起直接依赖关系，同时又通过公共政治领域的长期鼓动对他们施加间接影响。在比洛税则的决议过程中，这些议员直接成为农业利益的代言人。因此与政府相比，帝国议会更屈从于利益团体的贸易保护主义要求。

---

① 虽然里希特领导下的自由意志人民党从有利经济而非消费者保护的角度支持贸易自由，但该党派也非为工商业代言，而是单纯出于主张曼彻斯特自由主义原则。

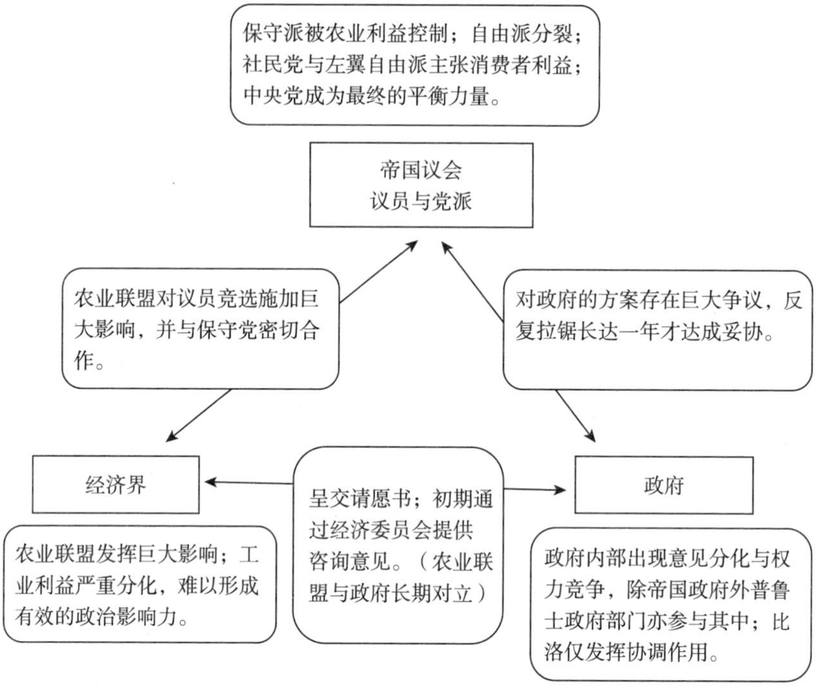

图 4.5　比洛税则出台时的贸易政策网络

资料来源：作者自制。

三　比洛税则的影响及帝国贸易政策的后续发展①

比洛税则确立了一战前德意志帝国贸易政策的法律基础，但从比洛税则出台的过程可以看出，贸易政策领域的重重矛盾并未有丝毫消解，这一税则并不是各方理念和利益冲突的解决方案，而不过是马拉松式的拉锯后艰难达成的妥协。尽管困难重重，德意志帝国曾签署的贸易协定还是得以全面更新。新协定是以补充协定的形式签署的，即保留原协定的形式和内容，仅对关税税率做出新的约定。这种做法也在一定程度上降低了这些协定在帝国议会获得通过的难度。

帝国政府在附在新协定后的说明中明确承认，签署协定“最首要的是尽力保持为农业所设想的更高的保护”，这使得商业出口无法获得那些“我们

① 本章节内容与数据可参见：Harms，1914：p. 245ff；Torp，2005：p. 203ff；Lehrfreund，1921：p. 82ff。

本来可以指望的”优惠。[1] 这个说法可以说是实事求是的。协定的缔约国不仅接受了粮食的最低税率，而且基本上接受了税则中规定的其他农业关税。但为了使贸易伙伴接受这些条件，德国牺牲了工业出口的利益。

这里以比洛税则出台后最先签署也是谈判难度最大的德俄贸易协定为例，来看比洛税则出台后的贸易协定与贸易条件。

在德国方面，比洛税则为主要粮食品种规定了相对较高的最低税率；而在俄国方面，俄政府在 1900 年提高了几乎所有非约束性关税项目的税率，1903 年 1 月又颁布了一项总税则，再次大幅提高了工业品关税和海陆进口的差别关税。由于双方均坚持保护主义立场，因此德俄之间的贸易谈判进行得十分艰难。在历时一年的谈判之后，直到 1904 年夏天，帝国首相比洛和俄国首相维特（Sergei Juljewitsch Witte）才在诺德尼达成协议。7 月 15 日，协议以 1894 年德俄贸易协定补充协定的形式签署，最迟于 1906 年 7 月 1 日生效，有效期至 1917 年 12 月 31 日。

在 1904 年的协定中，德国保持了谷物的最低税率。这意味着，与 1894 年的关税税负相比，黑麦增加了 43%，小麦增加了 57%，燕麦增加了 76%，大麦增加了 100%。黄油、啤酒花等其他农产品的税率也都有提高。德国只在饲料大麦和木材方面做出了真正的让步。俄国方面，铁制品、机械，尤其是机车、蒸汽机、蒸汽泵以及许多化工产品的税率也都较 1894 年有所提高，而农业机械和工具，尤其是带有脱粒机和蒸汽犁的农机的税率有所降低。从总体来看，1904 年的这份德俄贸易协定延续了两国的贸易保护主义立场，并没有明显降低双边关税，其主要意义在于避免了两国关税竞争乃至贸易战的升级，给两国经济界构建了更具确定性的贸易环境。在这份协定中，俄国方面对进口自德国的 50% 的商品类别的关税做出了约束性规定，德国方面则对 74% 的进口自俄国的商品关税做出了约束性规定。

德意志帝国分别与比利时、保加利亚、希腊、意大利、日本、奥匈帝国、葡萄牙、罗马尼亚、俄国、瑞典、瑞士和塞尔维亚签署了贸易协定。除与奥匈帝国的协定有效期至 1914 年 12 月 31 日外，其余协定有效期均至 1917 年 12 月 31 日，且之后如不提前一年通知解约，将无限期自动续约。德美之间则存在如下约定：德国对美实行协议税率，美国则对德实行最低税

[1] 转引自 Harms，1914：p. 247。

率。对于英国及其殖民地，德国给予最惠国待遇。由此可以看出，虽然贸易保护主义随比洛税则全面回归并得以巩固，但基于比洛税则签订的一系列长期贸易协定有效避免了关税竞争乃至贸易战，为一战前帝国的经济发展创造了一个相对稳定的贸易环境，在这一点上有很大的积极意义。

第五章

总结与思考

从整体来看，从建国到一战爆发，德意志帝国的贸易政策是从自由贸易走向贸易保护主义。其中的1873年至1879年是转折的关键阶段，19世纪90年代的卡普里维时期出现了一次自由贸易政策的回潮，但这一轮回潮是短暂且并不彻底的，几乎可以说是回光返照式的，步入20世纪，贸易保护主义最终通过比洛税则得到彻底的巩固。

虽然贸易政策历经转折，但从大趋势和国际比较来看，德意志帝国的经济与贸易发展总体呈现出明显的上升趋势。

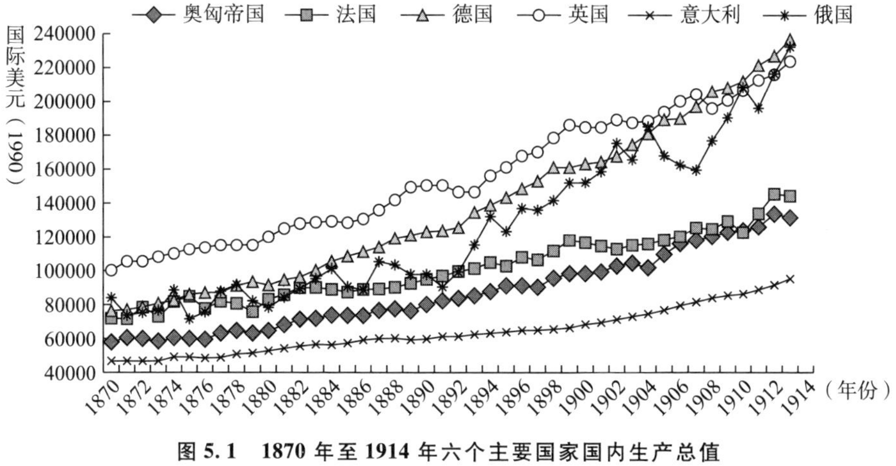

图 5.1　1870 年至 1914 年六个主要国家国内生产总值

资料来源：Broadberry，2010：p. 33。

注：图中数据不包括殖民地。

一战之前，国内生产总值这个指标能够较好地说明一个国家的国力。从图

5.1 可以看出，德意志帝国自建国起与英国在国内生产总值上的差距逐渐缩小，并且在 20 世纪初的 1908 年超过了英国本土。虽然经济景气出现较大的波动，但 1890 年之后，在人口快速增长的推动下，俄国的经济总量呈迅速增长态势，并且也在一战爆发前赶上了英国本土。而法国的经济增长则始终较为缓慢，与其在政治上的影响力并不相符，在这一点上，奥匈帝国也与其有些类似。

而从表 5.1 可以看出，在主要欧洲国家中，德国的国际贸易参与度是相当高的，仅次于英国。但从图 5.2 可以看出，德国外贸几乎长期存在逆差，仅在 1879 年引入保护性关税之后短暂出现少许顺差。之前的 1874 年至 1878 年间，德意志帝国出口总额与社会总产值的比值为 8.5%，与进口总额的比值为 15.2%。但由于德国的海外净债权不断增长，因此其经常性账户长期保持盈余。19 世纪 90 年代起，德意志帝国在进口快速增长的同时，出口也同步地快速增长。19 世纪 70 年代，德国居英国、法国和美国之后，是全球第四大出口国。80 年代后期，德国超过了当时已降至第 3 位的法国，并逼近居第 2 位的美国。①

德国外贸的地区结构长期保持稳定，其最主要的出口国始终是英国、奥匈帝国、俄国和法国；最主要的进口国为美国、俄国、奥匈帝国和英国。出口的四分之三销往欧洲国家，六分之一销往美国，约 85% 的进口也来自上述两大区域，但美国在进口中所占比重要大得多。就具体国家而言，德国对俄国和美国的外贸逆差最大。②

外贸的商品结构取决于各国在不同商品上的比较优势。德国只有很少几种原料储量丰富，劳动力相对廉价，并在某些领域特别具有创新能力。1872 年，德国的化学和电气工业以及钢铁和机械制造业在出口中的比重仅为 15%，而到 1913 年已经增至 40%。而且，德国工业界的人员工资非常低，即便 19 世纪末，德国工商业的劳动生产率已经与英国相当。因此，德国的劳动密集型产品具有出口优势。③

表 5.1　部分欧洲国家进出口总额在国内生产总值中占比

	1870 年	1880 年	1890 年	1900 年	1913 年
奥地利	29.0%	25.5%	25.2%	26.8%	24.1%

① Burhop，2011：p. 104.

② *Spitzenverband*，1956：p. 20.

③ 相关数据与分析可参见 Broadberry/Burhop，2010：pp. 400－427。

续表

	1870 年	1880 年	1890 年	1900 年	1913 年
匈牙利	19.4%	23.7%	22.1%	22.3%	20.8%
意大利	18.3%	18.3%	15.9%	19.0%	23.9%
法国	23.6%	33.5%	28.2%	26.8%	30.8%
德国	36.8%	32.1%	30.1%	30.5%	37.2%
俄国	-	14.4%	15.0%	11.4%	13.8%
英国	43.6%	46.0%	46.6%	42.4%	51.2%

资料来源：Broadberry，2010：p.7。

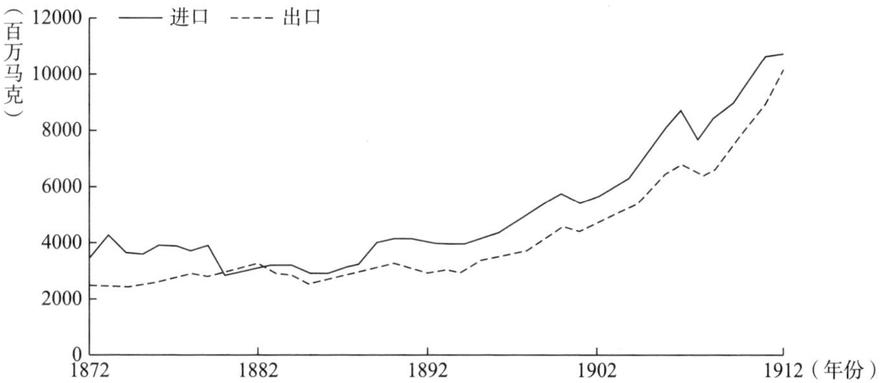

图 5.2　1872 年至 1912 年德国进出口额

资料来源：Burhop，2011：p.103。①

从图 5.2 的整体发展趋势可以看出，19 世纪 70 年代的保护主义转折并没有对德意志帝国融入全球贸易产生决定性的影响。而且，尽管德国的平均关税当量（进口关税收入占进口价值的份额）从 1879 年到 1900 年有所上升，但随后一直到 1914 年始终呈下降趋势，这是因为从量计税的关税税率

① Burhop 在引用时指出，这些数据仅具有参考意义。原因是：第一，直到 1907 年，帝国统计局才给出 1872 年至 1879 年的数据；第二，1880 年，《德意志关税区与外国货物贸易统计法》（Gesetz betreffend die Statistik des Waren-Verkehrs des Deutschen Zollgebiets mit dem Auslande）生效，规定了强制申报义务，统计数据的质量明显提高；第三，1880 年至 1904 年，进出口货值由一个专家委员会计算得出，1905 年至 1911 年的数据根据进出口的实际价格计算得出；第四，必须注意的是，在相当长的一段时期，德意志关税区并不完全覆盖德意志帝国，汉堡和不来梅这两个重要的外贸港口直至 1888 年才加入德意志关税区；第五，货物分类经多次更改，并不断细化。见 Burhop，2011：pp.102－103。有关这一时期的进出口数据与外贸余额亦可见：Hungerland，2020：pp.66－67。

几乎没有随着价格上涨而调整。而且，在与其他欧洲国家的横向比较中，德国的关税仍然低于平均水平。[①]

虽然德意志帝国的贸易政策并没有引起经贸发展的剧烈震荡，但如本书引言中所述，贸易政策是位于政治和经济、内政和外交交叉点的关键领域，因此其意义远远超出经济与贸易表现的范畴。围绕贸易政策制定而生发出的政治博弈和政治辩论，以及贸易政策制定机制的变化，清晰地反映出这一时期德意志帝国政治、经济和社会领域的广泛而深刻的矛盾运动。

就生成贸易政策的政策网络来看，德意志帝国的这个政策网络始终保持了三角形的基本形态，但其三个顶点以及它们之间的力量对比与互动关系都发生了明显的变化，具体的变化过程前文已做具体分析，不再赘述，这里仅从贸易政策及其制定机制的变化出发，对德意志帝国的几个并不局限于贸易政策本身的整体性趋势做一概述。

第一个趋势：贸易政策在德意志帝国的重要性不断提升，逐步从一个从属性的政治话题发展成为独立的政策领域。经济利益团体以及直接为其代言的议员当然关注贸易政策本身，但对于政府和政党而言就不尽然。

贸易政策具有外交和内政上的双重意义。在俾斯麦和卡普里维时期，贸易政策始终从属于外交政策，并且在一定程度上被工具化，服务于外交政策目标。俾斯麦视关税为重要的财政收入，利用贸易政策来筹集军费。卡普里维则明确强调贸易政策的政治意义，利用贸易协定来修复与邻国的紧张关系。而到了比洛时期，外贸政策的重要性显著提升。比如 1904 年德俄补充贸易协定经过冗长谈判终于得以签署，比洛认为，俄国之所以最终妥协是因为其在东亚遭遇不利境况以及不得不从德国的资本市场筹资。[②] 由此可以看出，到了这一时期，虽然不能说外贸政策已经被置于外交政策之上，但至少此时的帝国首相已经不再视其为外交政策的附属工具了。

在内政上，贸易政策起初也是处于从属地位，比如，从属于俾斯麦在建国初期与拥护统一的自由派合作以打击分裂主义的政治选择，从属于保守的君主帝国和权力精英与自由主义议会民主制之间的矛盾与冲突，从属于帝国政府相对于邦国的财政和政治独立性问题。虽然俾斯麦在贸易政策制定的过程中发挥了主导性作用，并在 19 世纪 70 年代贸易政策转向的过程中发挥了

① 参见 Lampe，2013。

② Torp，2005：p. 223.

决定性的推动作用，但他行为的目的都不在于贸易问题本身，而是指向其所从属的其他政治问题。同样在政策网络中作为主要行为体的自由派和保守派政党亦是如此。及至卡普里维，经济与民生已经在政治上被赋予较高的优先性，对福利国家已经有了更现代化的认识。在他看来，政府应当努力促进所有阶层的富裕，尤其是弱势阶层，因为德意志帝国是一个基督教君主制的、具有社会性的集权国家。而签署贸易协定就是对德国经济需求的应答。而在比洛税则出台时，不仅社民党将消费者利益作为自己重要的政治主张，议会的辩论也几乎完全围绕经济与贸易问题本身展开。

有三方面原因促成了贸易政策意义的提升：一、在第一次全球化浪潮的推动下，德意志帝国越来越深地融入世界市场，既面临巨大的竞争压力也面对巨大的出口机遇。在这样的形势下，贸易政策逐步成为关乎行业生死，关乎国力兴衰的重要政策领域。二、经济利益团体不断发展，它们不仅本身成为重要的政治行为体参与政策制定，而且还渗透进政党与议会，使之成为经济界利益的代言人。德意志帝国的议会政治虽然始终未能充分发展，但议会仍是政府的重要制衡。贸易政策作为对经济界利益攸关的重要领域成为经济利益团体直接和间接施加政治影响的重要途径。三、从 19 世纪末期开始，德意志帝国的社会逐步走向全面政治化，民意成为越来越重要的政治筹码，消费者利益等民生问题因此逐步成为重要的政治话题，而与之密切相关的关税与贸易政策自然不可能再被政治家随心所欲地玩弄于股掌。

第二个趋势：在制定贸易政策的政策网络中，经济界变得愈来愈强势，与此同时，政府在政策制定中的主导性逐步降低，而帝国议会作为表决机构始终发挥重要作用，当然内部的议员与党派在不断变化。总体而言，贸易政策网络在逐步变得更去政治化，更倾向于谋求共识，网络中不再有明确的主导者（如建国初期的俾斯麦）和支配关系。这意味着，随着社会经济结构的转型，德意志帝国政治体制的运行模式也开始发生变化：经济利益团体一方面与政府紧密合作，另一方面把议会作为实现自己利益诉求的重要途径；随着民众政治化程度逐步提高，党派若要保持自己的政治影响力，必须顾及利益团体的重要性，乃至与利益团体直接合作，依靠其开展政治鼓动；国家的领导者（帝国首相）在政治决策上不再拥有绝对的特权地位。

值得注意的是，虽然经济利益团体力量大大增强，但实际上它们谋求的并非经济自由，而恰恰是国家干预，也就是说，经济利益团体希望直接或间接地利用国家权力（政府和议会的权力）来实现自身的利益。可以说，从

19世纪70年代后期开始，德意志帝国国家与经济之间的关系交缠得更为紧密。德国产业资本主义在制度结构、秩序政策和价值观上都发生了结构性的深刻变化。虽然经济体系的核心部分，即私有制得以保留，但是，这段时期德国出现的变化改变了以“自动调节”为特征的资本主义市场经济。利益团体与国家联手，试图在经济运行中取代市场原则。

历史学界的许多学者都试图寻找一个新的概念来界定这一时期德意志帝国的经济体制，例如“新重商主义”（Neomerkantilismus）、桑巴特（Werner Sombart）提出的“晚期资本主义”（Spätkapitalismus）、考尔考斯（Gabriel Kolkos）提出的“政治资本主义”（Politischer Kapitalismus）、美国学界提出的“法团资本主义”（Corporation Capitalism）以及20世纪70年代提出的“组织化资本主义”（Organisierter Kapitalismus）①。但应当注意到至关重要的两点：第一，在一战前的德意志帝国，从整体来看，利益团体与国家干预市场的目的并非单纯的促进经济增长，而在相当程度上是保持经济、政治以及社会的稳定；第二，在观察一个国家的经济体制时，需要考虑国家的整体政治形态，而非只把国家对经济的干预作为一个孤立因素从政治中提取出来。因此，韦勒提出用“合作主义”（Korporativismus）来界定这一时期德意志帝国所形成的经济体制，即国家与经济间的关系，因为这个概念相对富有弹性。他指出，在“合作主义”的资本主义中，市场机制和竞争不再占据主导地位，经济、雇佣工人组织和政府之间不再存在清晰的制度界线，它们之间相互交织，相互合作，共同决策。这种“合作”机制可以存在于专制政体中，也可以存在于自由民主的政体中。利益团体、国家政体在这个机制中所占的比重、它们的意愿以及实现自己意愿的能力都是变量，这些变量的不同就演化出不同的具体“合作”模式。② 参照第一章所述的当代政治理论中的“合作主义”概念，可以看出韦勒所提出的“合作主义”要宽泛得多，他也因此将其称为“Korporativismus”，以示与当代“合作主义（Korporatismus）”区别。

需要强调的是，在德意志帝国的这种合作主义模式中，议会民主始终没

① 有关模式的讨论，可参见：Ambrosius，1984；Berghahn，2002：pp. 75 - 81；Boch，2004；Borchardt，1985；Böhme，1967：pp. 218 - 236；Breuilly，1998：pp. 136 - 168；Kromphardt：1987；Hentschel，1978；Mottek，1975。韦勒对部分概念进行了辨析和总结，并做了具体分析，参见：Wehler，2008：pp. 662 - 663。

② Wehler，2008：pp. 665 - 666.

有充分地发展起来。各政治党派因为各种原因对议会民主的推进普遍持犹豫和拒绝的态度。保守派从根本上抵触议会制度；在经历了文化斗争和“比洛阵营”这两轮打压和排挤之后，中央党宁可在议会中坐享左右逢源的中间派地位，而不愿再与当政者为敌；民族自由党在1879年帝国于政治上完成保守主义转向后就陷入分裂，党内多数派以与资产阶级和保守主义政党结盟打击社会民主主义为要务，只有很少一部分党员主张推进宪政改革；左翼民主派长期处于分裂状态，难成气候；社民党始终被视为“没有爱国心的下层劳工”的政党，在议会政治体系中被边缘化，而且社民党本身也陷入犹豫——是应该与其他政党为敌践行阶级斗争，还是与其结盟推进议会民主。而且，虽然德意志帝国的社会政治化进行得相当彻底，民众政治参与度高，且高度认同议会作为政治论坛的作用——1912年帝国议会选举的投票率高达85%，但民众也安于既有的利益代表机制，并不寻求进一步扩大议会的权力。①

总而言之，虽然俾斯麦下台后议会的影响力有所上升，各方的利益博弈在形式上变得更加政治化，但德意志帝国的基本宪政架构始终没有发生根本性变化。这种议会和政府权力遭到阉割的宪政架构深刻影响了德意志帝国各政党的自我定位和权力诉求，也影响了选民的政治认知。德意志帝国独特的合作主义经济体制正是诞生于这种充斥了利益交换与利益平衡的政治土壤之中。

第三个趋势：工农业利益曾在实现贸易政策保守主义转折的过程中结成联盟，之后随着工业化的迅速推进和农业的长期低迷渐行渐远，并逐步演变为复杂的竞争和冲突。工农业的利益之争突破了行业间的经济利益竞争，一方面，在社会福利和公平的范畴内逐步演绎成城市消费者与农村生产者之间的冲突，另一方面，深化为保守的农业统治阶层与新兴的工业资产阶级之间的矛盾。

及至比洛时期的工农业利益前文已有详述，这里仅对之后的情况再做一点补充。1909年，工农业利益终于彻底决裂。农业者在1908/1909年财政改革中的自私使保守派与自由派的大联盟“比洛阵营”在成立短短两年后就分崩离析。在对农业者的独断专行，对保守派的“反工业、反消费者、反市场的经济和税收政策”忍无可忍之下，1909年诞生了一条反农业、反保守主

---

① 参见：Wehler，2008c：p. 590ff；p. 1040ff。

义的联合阵线——汉萨联盟（Hansa-Bund）。[①] 这个工商业联盟由中央协会、手工业公会联合会中央委员会（Zentralausschuß der Vereinigten Innungsverbände）和德意志银行以及银行业中央协会（Zentralverband des Deutsche Bank- und Bankiergewerbes）联合组建，得到了重工业和加工工业、贸易与银行业、手工业者和雇佣工人群体，以及农民中新组织起来的自由主义分子的拥护。汉萨联盟致力于将农业以外的几乎所有的经济群体都纳入麾下，及至 1913 年 5 月，它已经拥有 650 个地方团体、20 万名直接成员，另有 28 万名隶属于合作团体的成员。汉萨同盟旗帜鲜明地对民众、舆论和选民进行动员，反对农业的专横以及对农业利益的片面宣传。[②]

以汉萨联盟为首的反农业阵线还突破单纯的经贸范畴，开始在更广泛的政治领域提出自己的诉求，比如要求对有利于农业、不利于自由派的选区划分进行改革。选区划分改革显然将有利于社民党，但到了这一时期，定位于自由主义中间派的汉萨联盟打击农业保守派的意愿显然超过了对社会民主主义左翼崛起的恐惧。在 1912 年的议会选举中，汉萨同盟联合了所有自由派并明确为自由派助选。但正是这种突破经贸范畴上升到广泛政治领域的、过于明确的自由主义倾向使得部分存在保守主义倾向的重工业和手工业群体选择退出汉萨联盟。1912 年之后，中央协会和德意志帝国手工业协会（Reichsdeutscher Mittelstandsverband）因为在保护性关税和限制竞争政策方面的诉求重新与农业联盟接近，虽然这一时期的这些诉求带有明显的社会政策色彩。但无论如何，汉萨联盟试图将工业上层阶层与封建农业精英剥离的努力失败了。[③]

从建国到一战爆发，德意志帝国工业界的利益经历了从整合、分化到再次尝试整合而又失败的过程。工业界的利益在 19 世纪 70 年代的整合主要是为了谋求经济利益，而之所以整合成功是因为当时工业界内部的产业结构较为简单，煤钢和纺织业处于绝对主导地位。之后，随着工业化的推进，化工等新产业崛起，开始挑战煤钢和纺织业在利益代表中的领导地位，而且各行业因在价值链中处于不同位置而出现不同的利益诉求，工业利益逐步分化。到了汉萨联盟时期，工（商）业利益之所以再次尝试整合，至少有部分是为

---

① 参见附录 I。

② Wehler，2008c：p. 590.

③ Wehler，2008c：pp. 590－591.

了从农业统治团体手中夺取政治权力——从汉萨同盟有关选区划分改革的主张中就能看出这一点。但最终，仍然是基于经济利益考量，工业利益再次分化，汉萨同盟失败。

德国在一战前已经成为工业强国，但其工业资产阶级却未能从深陷农业危机的容克阶层手中获得更多政治权力，更遑论统治地位。德国的工业资产阶级虽然也在政治上做过尝试，但最终选择为了经济利益而支持保守主义和国家干预主义，支持现有的政府和政体，因此丧失了获得更多政治权力的机会。资产阶级的软弱和失利与上文所述的议会民主制的发展不力直接相关。在德国，工业化和民主化几乎同时萌芽，却未能并肩发展。德意志帝国走了一条在传统与现代性之间充满特殊张力的、存在结构性的现代化赤字的“特殊道路”。[①]

本书主要以贸易政策为例，解析了德意志帝国的政策制定机制，尝试以此分析这一时期政治与经济的互动关系，在印证了德意志帝国在现代化进程中政治与经济发展的不同步这一结论的同时，揭示了造成这一现象的部分原因。

其实对于一战前德意志帝国政治和经济的互动发展，还有很多其他的诠释视角，而全球化与民族主义之间的张力就是另一个很有意义的视角。

在全球化的历史上，1870 年之后的数十年被众多学者视为一个独立时期，罗伯逊（Roland Robertson）称之为“全球化的起飞阶段”。[②] 从此时起，世界的历史不再仅仅是各地历史的简单组合，而演变成为真正的世界历史。与此同时，由于政治和军事力量的增强越来越倚赖工业生产能力、技术力量和专业知识的发展，政治与经济的交织也愈发紧密。但众所周知，第一场全球化浪潮并没有带来自由主义的胜利，也没有将世界推向融合，而是恰恰相反，它催生出强烈的保守的民族主义，并最终演绎为帝国主义列强争霸。在德意志帝国，可以清晰地看到贸易政策从自由主义走向保护主义，而其背后是不断演变与发展的民族主义。

1871 年德意志帝国建国之后，“建立统一民族国家”这个动力逐渐枯竭。新帝国在合法性上并非基于人民主权，而是基于皇权和诸侯统治。因此，在德意志帝国，民族主义逐步从之前的自由主义改革运动的推动力演变

① 有关“特殊道路”的论述可见 Wehler，2008c：p. 1292ff。

② Robertson，1994：p. 59.

为一种社会保守主义的（sozialkonservativ），而且通常是非自由主义的防御性意识形态。[①] 俾斯麦在建国后转向与保守派合作以及贸易政策因此得以实现的保护主义转向就印证了这个过程。在俾斯麦之后的卡普里维和比洛时期，从政治和经济行为体的发展和贸易政策的形成过程中已经能清晰地看到上述这种演变完成后的产物。

在全球化的背景下，在经济和政治野心的驱动下，民族主义逐步充盈对外扩张的动力，从而催生这一时期高举“世界政策”大旗的帝国主义。激进的民族主义和扩张冲动可以理解为对现代化过程所带来的痛苦做出的反应：经济波动对工农业资本主义发展与转型带来挑战；阶级矛盾逐步显性化，阶级冲突日趋激烈；马克思主义等新的世界观体系的诞生和广泛传播对传统意识形态形成挑战。因此，德意志帝国的帝国主义扩张政策是其国内政策的外溢，在相当程度上是为了向外释放和转嫁国内不同领域的矛盾和张力。[②]

因篇幅所限，本书未及深入探讨全球化与民族主义问题，在贸易政策上基本仅限于关税问题，没有涉及对外经济扩张。突破贸易政策这个话题限制，基于本书所解析的德意志帝国的国内不同行为体之间的矛盾运动，在全球化背景下贯通考察一战前帝国在国内外的经贸活动及其背后的政治意图和政治意义，这是一个值得今后进一步探索的话题。

---

① Wehler，2009：p. 71.

② 参见 Wehler，2009：pp. 72－73。

附 录

附录Ⅰ 19世纪中期至一战前德意志地区主要经济利益组织

组织名称	成立年代及主要立场
工商业组织	
Allgemeiner Deutscher Handels- und Gewerbeverein 德意志贸易与商业总会	1819年成立，1871年解散。李斯特（Friedrich List）在其中发挥重要作用，目标是建立一个与英国类似的内部市场。
Der Allgemeine Deutsche Verein zum Schützen der Vaterländischen Arbeit 保护祖国劳动全德意志联合会	1848年后几乎将所有支持关税保护的工业行业都纳入麾下，但革命失败后解散。
Deutscher Verein für Handelsfreiheit 德意志自由贸易协会	1849年1月成立于汉堡，主要由北德的商人组成，主张自由贸易，存续至1868年。
Bergbauverein，即 Verein für die bergbaulichen Interessen im Oberbergamtsbezirk Dortmund 矿业协会，即多特蒙德矿区矿业利益协会	1858年成立，代表多特蒙德矿区矿业的利益，主张关税保护。
Preußische Handelstag 普鲁士商业大会	首次会议于1860年召开，普鲁士各地商会的顶层组织。
Deutscher Handelstag（DHT） 德意志商业大会	首次会议于1861年召开，德意志各地商会的顶层组织。
Kongreß deutscher Volkswirte 德意志国民经济学家大会	1858年于哥达首次召开会议，没有常设的会议地点，致力于推动自由贸易。

续表

组织名称	成立年代及主要立场
Langnamverein，即 Verein zur Wahrung der gemeinsamen wirtschaftlichen Interessen in Rheinland und Westfalen 长名协会，即莱茵兰和威斯特法伦共同经济利益保护协会	1871 年成立，跨行业的大型地区性企业协会，由重工业界领导。一起参照长名协会的模式最终构建起德国工业中央协会。
Verein süddeutscher Baumwollindustrieller 南德棉产业协会	1871 年成立，主张关税保护。
Verein Deutscher Eisen- und Stahlindustrieller 德意志钢铁工业协会 Nordwestliche Gruppe des Vereins deutscher Eisen- und Stahlindustrieller 德国钢铁工业协会西北分会 Süddeutsche Gruppe des Vereins deutscher Eisen- und Stahlindustrieller 德国钢铁工业协会南德分会	1873 年成立，主张关税保护。
Centralverband deutscher Industrieller zur Beförderung und Wahrung nationaler Arbeit 德意志工业家促进及保护民族劳动中央协会（文中简称：中央协会）	1876 年成立，全国性的顶层协会，主要代表煤钢产业利益，主张关税保护，一战后于 1919 年与工业联盟合并。
Verein zur Wahrung der Interessen der Chemischen Industrie Deutschlands 德国化学工业利益保护协会（文中简称：化工协会）	1877 年成立，旨在保护德国化学工业的利益。起初为中央协会成员，1889 年退出，原因是中央协会过于偏重煤钢与纺织工业。
Bund der Industriellen（BdI） 工业联盟	1895 年成立，代表轻工业和制造业，以及新兴的电气业和化工工业的中小企业利益，主张自由贸易，一战后于 1919 年与中央协会合并。
Hansabund 汉萨联盟	1909 年成立，是商业、贸易和工业领域的经济利益代表团体，意在对抗农业联盟的保守主义和保护主义影响，代表经济界、商人和手工业者（传统中产）及雇佣工人（新中产）利益。
	农业组织
Rustikalvereine 农村协会	1848 年革命期间在西里西亚地区出现的利益团体，直接代表农民利益，具有极端民主运动色彩，1849 年即解散。
Westfälischen Bauernverein 威斯特伐利亚农民协会	1862 年成立，被认为是早期现代自由农民利益代表组织的典型。

续表

组织名称	成立年代及主要立场
Deutscher Landwirtschaftsrat（DLR） 德意志农业理事会（文中简称：农业理事会）	1872 年成立，1933 年被迫并入纳粹政府。该组织由各邦国农业商会的代表组成，代表人数参照联邦参议院的人数分派，在全德范围代表农业利益，并得到各邦国政府的承认。它是官方认可的游说团体，向议会和政府提出请愿或提供咨询意见。
Kongreß deutscher Landwirte 德意志农业大会	诞生于 1872 年，农业从业者的代表机构，前身为成立于 1867 年的北德农业大会（Kongreß norddeutscher Landwirte），1894 年并入税收与经济改革者联合会（VSW）。
Vereinigung der Steuer- und Wirtschaftsreformer（VSW） 税收与经济改革者联合会（文中简称：改革者联合会）	1876 年，德意志保守党在帝国议会中通过该团体将农业界的利益组织起来。
Deutscher Bauernbund 德意志农民联盟	1885 年成立，代表农民利益，主要活跃于普鲁士。1893 年解散，大多数成员加入农业联盟（BdL）。 该组织与存续于 1909 ~ 1927 年间的同名组织以及当前德国的同名组织均没有传承关系。
Bund der Landwirte（BdL） 农业联盟	1893 年成立，农业利益组织，主张保护主义贸易政策。该组织的成立与始于 1890 年的农业危机及卡普里维的自由贸易路线有关。
	工会组织
Hirsch-Dunckerschen Gewerkvereinen 希尔西 - 敦克尔工会	成立于 1868 年，基于自由主义原则，与社会主义工会和基督教工会存在竞争关系。
Freie Gewerkschaften 自由工会	社会主义工会组织，1890 年《反社会党人法》被废除后，之前单独的工会组织联合成立了德国工会总委员会，并发展成为成员人数最多的群众性工会组织。“自由”一词是随着时间推移加上的，以区分于基督教工会和希尔西 - 敦克尔工会。
Christliche Gewerkschaften 基督教工会	天主教工会组织，形成于 19 世纪末，是对社会主义立场的自由工会的回应。1901 年，之前分散的工会组织联合成立德国基督教工会联合会（Gesamtverband der Christlichen Gewerkschaften Deutschlands）。
Deutschnationaler Handlungsgehilfen-Verband 德意志民族行动援助协会	成立于 1893 年的雇佣工人工会，具有种族、反犹色彩，在经济和社会政策领域代表雇佣工人利益。

附录Ⅱ　书中所涉政治行为体相关人物简要信息

德语姓名、书中译名、生卒年份	简要信息
Achenbach, Heinrich 亚琛巴赫（1829～1899）	普鲁士矿业法领域的活动家、政治家。自由保守党联合创始人，普鲁士众议院议员。1873 年起任普鲁士贸易和工业部长。1874 年当选帝国议会议员，未加入任何党团，仅在帝国党党团旁听，同年被任命为联邦参议院全权代表后即退出帝国议会。
Ballestrem, Franz von 巴勒施特雷姆（1834～1910）	普鲁士地产主、煤钢工业家、政治家。中央党成员，1872 年至 1893 年、1898 年至 1907 年任帝国议会议员（中央党），1890 年当选副议长，1898 年至 1906 年任帝国议会议长。1891 年至 1903 年，任普鲁士众议院议员，1903 年进入普鲁士贵族院。
Bamberger, Ludwig 班贝格（1823～1899）	银行家、政治家、帝国建国时期曼彻斯特自由主义代表人物，参与创办德意志银行和帝国银行，被视为硬币改革和德意志马克之父。1871 年至 1893 年任帝国议会议员，民族自由党成员，后分裂出去组建自由联盟，随党派合并加入德意志自由意志党。
Baare, Louis 巴尔（1821～1879）	德国煤钢产业经理人，曾任波鸿集团（Bochumer Verein）主席，推动成立德意志钢铁工业协会。1863～1897 年任波鸿市议会议员，1872～1897 年任波鸿工商业商会主席，1879 年进入普鲁士众议院，为俾斯麦提供社会政策方面的咨询。
Barth, Theodor 巴特（1849～1909）	政治家、出版人。左翼自由主义者，主张自由主义的社会责任，因此逐渐建立起与社民党的合作。1884 年加入自由意志党，1893 年党派分裂后加入自由意志同盟。1881 年至 1884 年、1885 年至 1898 年、1901 年至 1903 年任帝国议会议员，并于 1898 年至 1903 年任普鲁士众议院议员。
Bebel, August 倍倍尔（1840～1913）	社会主义政治家，德国社会民主主义奠基人之一。于 1867 年至 1881 年以及 1883 年至 1913 年担任北德邦联和德意志帝国议会议员。
Behr, Carl von 贝尔（1835～1906）	骑士封地主、法学家，1873 年至 1881 年、1886 年至 1893 年任普鲁士众议院议员，代表帝国党和自由保守党，1895 年进入普鲁士贵族院，1878 年至 1881 年、1883 年至 1893 年任帝国议会议员。

续表

德语姓名、书中译名、生卒年份	简要信息
Bennigsen, Rudolf von 贝尼希森（1824～1902）	自由主义政治家，在帝国统一过程中与俾斯麦密切合作，参与民族自由党的创建，帝国建国后任民族自由党主席和帝国议会任民族自由党党团主席，1873 年至 1879 年任普鲁士众议院议长。因民族自由党分裂，于 1883 年辞任议会职务，但 1887 年再次当选议员。
Bethmann Hollweg, Theobald von 贝特曼－霍尔维格（1856～1921）	1909 年至 1917 年任德意志帝国首相，之前于 1905 年至 1907 年任普鲁士内政部长，1907 年至 1909 年任帝国内政国务秘书。在政治上倾向自由主义，接近进步人民党，但自称是超越党派的帝国首相，试图在对立党派之间寻求平衡（对角线政治）。
Beutner, Georg Ferdinand 波伊特纳（1829～1893）	支持自由派立场，1877 年当选中央协会总裁。
Bieberstein, Adolf Marschall von 比伯施泰因（1842～1912）	1890 年成为俾斯麦之子赫伯特·冯·俾斯麦（Herbert von Bismarck）的继任者，出任德意志帝国外交国务秘书，1897 年让位于比洛。
Birnbaum, Karl 彼恩鲍姆（1829～1907）	农学家，1871 年至 1873 年任帝国议会议员，代表民族自由党。
Bismarck, Otto von 俾斯麦（1815～1898）	1862 年至 1890 年（除 1873 年有短暂中断外）任普鲁士首相，1867 年至 1871 年任北德意志联邦首相，1871 年至 1890 年任德意志帝国首相，在德意志帝国建国过程中发挥决定性作用。
Braun, Karl 布劳恩（1822～1893）	自由贸易的倡导者，拿骚进步党领导人物，1858 年至 1880 年任德意志国民经济学家大会主席。1871 年至 1887 年任帝国议会议员，曾在民族自由党党团发挥领导作用，但在该党同意俾斯麦的保护性关税政策后，于 1880 年随班贝格等离开民族自由党，分裂出去组建自由联盟。
Brefeld, Ludwig 布雷费尔德（1837～1907）	1896 年至 1901 年任普鲁士商贸部长，之前在商贸部主管铁路事务多年，在贸易政策上代表重工业利益。
Bueck, Henry Axel 布克（1830～1916）	1873 年起任长名协会理事，1874 年起任西北分会理事。1875 年联合南德棉产业协会，1876 年参与组建中央协会并与农业界建立联盟，1887 年成为该组织领导人。他因而被视为“防御性思想”的灵魂人物以及“重塑”德国贸易政策的主要组织者。
Bülow, Bernhard von 比洛（1849～1929）	1900 年至 1909 年继霍恩洛厄－希灵斯菲斯特之后任德意志帝国首相。此前于 1897 年出任帝国外交国务秘书，即成为帝国的实权人物。
Camphausen, Ludolf 坎普豪森（1803～1890）	自由派代表人物之一，在 1848 年三月革命中发挥重要作用。莱茵地区的银行家，广泛投资各种行业，从交通基础设施到报刊媒体。

续表

德语姓名、书中译名、生卒年份	简要信息
Caprivi, Leo von 卡普里维（1831～1899）	1890年至1894年继俾斯麦之后任帝国首相。对外主张积极的贸易政策，推动签署长期贸易协定，促进出口，对内实行“新路线”旨在平息俾斯麦造成的社会矛盾，其对内对外政策遭到民族主义者和保守的农业大地产主的反对。
Delbrück, Rudolph von 德尔布吕克（1817～1903）	自由主义政治家，建国前是俾斯麦的最重要助手，亦是自由派与俾斯麦之间的重要桥梁。帝国建立之初，任帝国首相府主席，是俾斯麦最密切的盟友之一。在俾斯麦转向贸易保护主义以及主张铁路国有化之后，于1876年离职，这也标志着俾斯麦与自由派的决裂。
Franckenstein, Georg Arbogast von und zu 弗兰肯斯泰恩（1825～1890）	1872年至1890年任帝国议会议员，中央党的重要成员，1875年起任中央党党团主席，1879年至1887年任帝国议会第一副议长。
Frege-Weltzien, Arnold Woldemar von 弗雷格－韦尔奇恩（1841～1916）	骑士封地主，从事农业经营，引入土壤改良法。德意志保守党成员，1878年进入帝国议会，1898年成为帝国议会第一副议长，1901年因健康原因辞任。
Frühauf, Julius 弗吕奥夫（1829～1898）	曾在里加波罗的海理工学院任国民经济学教授，参与1866/1867年德俄自贸协定谈判，1874年至1878年任帝国议会议员，代表民族自由党。
Grothe, Hermann 格罗特（1839～1885）	工程师，曾任中央协会总裁，当选帝国议员后离任。1877年至1878年任帝国议会议员，代表民族自由党。
Hahn, Diedrich 哈恩（1859～1918）	农业联盟的联合创始人和领导人之一。1893年起成为帝国议会议员和普鲁士众议院议员，先是民族自由党的非党议员（Hospitant），后来成为德意志保守党的非党议员。
Hammacher, Friedrich 汉马赫（1824～1904）	法学家，埃森矿业的重要代表人物和利益组织者，1881年至1879年任帝国议会议员，参与组建民族自由党。
Hammerstein-Loxten, Ernst von 哈默施泰因（1827～1914）	保守派政治家，1894年至1901年担任普鲁士农业部长，代表农业大地产者利益，坚决主张贸易保护主义。
Haßler, Theodor von 哈斯勒（1828～1901）	工程师、企业家、工业界利益代表，1893年至1901年任中央协会会长。
Hofmann, Karl 霍夫曼（1827～1910）	1872年至1876年任黑森大公国首相，1876年至1879年任帝国首相府主席，1879年任帝国内政部国务秘书及普鲁士贸易与商务部长，1880年因与俾斯麦意见分歧而离职，后负责帝国阿尔萨斯－洛林事务至1887年。
Hohenlohe-Schillingsfürst, Chlodwig zu 霍恩洛厄－希灵斯菲斯特 （1819～1901）	1894年至1900年继卡普里维之后任德意志帝国首相兼普鲁士首相。此前曾任帝国议会议员、帝国驻巴黎大使、外交国务秘书及阿尔萨斯－洛林总督。无党派，但被认为倾向自由主义。

续表

德语姓名、书中译名、生卒年份	简要信息
Hoverbeck, Leopold von 霍夫贝克（1822～1875）	出身东普鲁士自由派政治家庭，1859 年进入普鲁士众议院，代表自由党，后参与组建德意志进步党并成为其重要成员。建国后于 1871 年和 1874 年两次当选帝国议会议员，领导进步党党团。
Jaunez, Eduard 尧内茨（1834～1916）	洛林地区的陶瓷业企业家，1874 年至 1887 年任帝国议会议员，参加自由保守党党团。
Kameke, Albrecht von 卡梅克（1831～1897）	世袭地产主，1870 年至 1873 年任普鲁士众议院议员。
Kardorff, Wilhelm von 卡尔多夫（1828～1907）	1866 年至 1876 年、1888 年至 1907 年任普鲁士众议院议员，自由保守党创始人之一。建国后，在帝国议会代表德意志帝国党。帝国建国时期与犹太银行家布莱希罗德（Gerson von Bleichröder）关系密切，任矿业冶炼企业 Vereinigte Königs- und Laurahütte AG 监事会主席，并在其他企业任董事。
Ketteler, Wilhelm Emmanuel Freiherr von 凯特勒主教（1811～1877）	神学家，美因茨的罗马天主教主教，中央党成员。致力于工人利益，是天主教工人运动的创始人。
Knebel-Döberitz, Ludwig von 克内贝尔－德布里茨（1844～1900）	世袭封地领主，与其父亲均为普鲁士贵族院议员。
Lasker, Eduard 拉斯科尔（1829～1884）	德意志进步党成员，1866 年参与民族自由党的创建，并成为党内左翼自由派的领导人物。因与党内右翼的意见分歧，1880 年退党，1881 年参与创建自由同盟（在他死后几个月，自由同盟与德意志进步党合并成立德意志自由意志党）。
Lieber, Ernst 利伯（1838～1902）	天主教中央党政治家，1870 年进入普鲁士众议院，1871 年进入帝国议会，任议员直至去世。他是中央党的联合创始人之一，1891 年在时任党主席温特斯特（Ludwig Windthorst）去世后任中央党主席。
Liebermann, Benjamin 利伯曼（1812～1901）	纺织工业家，曾当选德意志商业大会主席。
Loewe, Wilhelm 洛维（1814～1886）	属左翼自由派，1848 年任法兰克福国民大会副主席。1863 年进入普鲁士众议院，代表德意志进步党，1875 年成为众议院副议长。1871 年起进入帝国议会。
Lohren, Arnold 洛伦（1836～1901）	1882 年至 1893 年任普鲁士众议院议员，1881 年至 1890 年任帝国议会议员，代表德意志帝国党。纺织工业家，中央协会的联合创始人，并长期担任协会理事。
Lueg, Friedrich 吕格（1841～1890）	1868 年在波鸿成立汽车工厂，后发展成为大型企业集团。

续表

德语姓名、书中译名、生卒年份	简要信息
Meyer, Alexander 迈耶（1832～1908）	1871年至1876年任德意志商业大会秘书长、《德意志商报》出版人，坚决主张自由贸易。1881年、1887年、1890年、1893年进入帝国议会，最初属于民族自由党，1880年自由联盟成立后加入该党，并于1881年代表自由联盟进入帝国议会，1884年随着党派合并加入德意志自由意志党。
Miquel, Johannes von 米克尔（1828～1901）	民族自由党的主要创建者之一，1867年至1882年是普鲁士众议院民族自由党右翼的领导人物，1871年至1877年、1887年至1893年任帝国议会议员，1882年至1890年为普鲁士贵族院议员。1876年至1880年任奥斯纳布吕克市长，1880年至1890年任美因河畔法兰克福市长，1890年被任命为普鲁士财政部长，开发出革命性的新税制，其核心要素被沿用至今。
Mohl, Robert 莫尔（1799～1875）	政治学家，曾在1848年的法兰克福国民大会和帝国议会任议员。
Naumann, Friedrich 瑙曼（1860～1919）	福音新教神学家，自由派政治家，1896年创建社会自由主义的“民族社会联盟”（Nationalsozialer Verein），属于自由派的最左翼。
Niendorf, Martin Anton 尼恩多夫（1826～1878）	德意志进步党成员，曾任北德意志联邦议会议员。
Ploetz, Berthold von 普洛茨（1844～1898）	1892年当选普鲁士众议院议员，1893年至1898年任帝国议会议员，属于德意志保守党。1888年起担任德意志农民联盟主席，并于1893年2月成为农业联盟的共同创始人，并当选为主席。
Podbielski, Victor von 波德比尔斯基（1844～1916）	1897年出任帝国邮政局长，1901－1906年任普鲁士农业部长。后投身体育事业，1909年出任德意志帝国奥林匹克委员会（DRAfOS）主席。
Posadowsky-Wehner, Arthur von 伯萨多夫斯基－维纳（1845～1932）	1893年至1897年任帝国财政部国务秘书，1897年至1907年任帝国内政部国务秘书、副首相，兼普鲁士国务大臣（Staatsminister ohne Geschäftsbereich）。他促成了就1902年关税方案的妥协。
Rentzsch, Hermann 伦屈（1832～1917）	自1862年起任德累斯顿商会理事（Sekretär），1868年至1873年为萨克森议会议员，1878年至1881年为帝国议会议员，属民族自由党党团。1892年前，他始终是德意志钢铁工业联合会会长。1876年至1877年，任德国商业大会秘书长，是中央协会的共同发起人之一。
Rheinbaben, Georg von 莱茵巴本（1855～1921）	1899年起任普鲁士内政部长，1901年接替退休的米克尔任普鲁士财政部长，1910年离开普鲁士内阁。1911年进入普鲁士贵族院至1918年退休。

续表

德语姓名、书中译名、生卒年份	简要信息
Richter, Eugen 里希特（1838～1906）	记者、出版人，先后加入德意志进步党、德意志自由意志党和自由意志人民党，曼彻斯特自由主义的坚定支持者。
Richthofen, Oswald von 里希特霍芬（1847～1906）	外交家，1900年接替比洛任德意志帝国外交部国务秘书，在任上因病去世。
Schmoller, Gustav von 施莫勒（1838～1917）	经济学家、社会政策专家，国民经济学新历史学派的代表人物之一。
Schneegans, Carl August 施内甘斯（1835～1898）	早先是法国自由派记者、政治家，阿尔萨斯－洛林被德国吞并后于1877年进入帝国议会，在帝国议会争取这一地区的自治。
Schorlemer-Alst, Burghard von 朔勒默（1825～1895）	1870年至1889年任普鲁士众议院议员，1891年进入贵族院，1877年至1893年任帝国议会议员，代表中央党，在文化斗争中激烈地反对俾斯麦。威斯特伐利亚农民协会（Westfälisches Bauernverein）的创始人，也是威斯特伐利亚乡村合作社运动的发起者。
Serlo, Albert 塞罗（1824～1898）	1876年至1885年任普鲁士众议院议员，代表自由保守党，1878年至1884年任普鲁士商务部部长和首席矿务主管（Oberberghauptmann）。
Servaes, August 塞尔维斯（1832～1923）	于1859年至1903年任Phönix董事长，1871年起任长名协会会长，后兼任西北分会会长，1882年至1889年任中央协会理事，1877年当选帝国议会议员，并兼任鲁尔地区商会主席。
Schlör, Gustav von 施洛尔（1820～1883）	1866年至1871年任巴伐利亚最后一任贸易与公共事务部长，于1868年在巴伐利亚引入普遍商贸自由。坚定主张建设全覆盖的铁路网络，曾任私营东部铁路公司主管（Direktor der privaten Ostbahngesellschaft）。
Schwartzkopf, Louis 施瓦茨考普夫（1825～1892）	企业家，柏林机械制造股份公司（BMAG）创始人，铁路机车生产商。
Stengel, Hermann von 施腾格尔（1837～1919）	1903～1908年任帝国财政部国务秘书。因为扩军和海外军事行动，帝国财政状况严重恶化，为此他推行了一系列财政改革措施，企图扩大帝国财政收入来源，但并没有取得预期效果。
Stumm, Carl Ferdinand 史都姆（1836～1901）	自由保守派，是1867年成立的自由保守党的创始人之一，1871年至1881年任帝国议会议员，1882年进入普鲁士贵族院，1889年再次当选帝国议员，至1901年，属于帝国党党团。德国煤钢工业行业领军人物，帝国仅有的两家坦克装甲钢板供应商之一（另一家为克虏伯），主张保护性关税。

续表

德语姓名、书中译名、生卒年份	简要信息
Thielmann, Max von 蒂尔曼（1846～1929）	1895 年至 1897 年任驻美大使。1897 年 7 月，接替伯萨多夫斯基，在霍恩洛厄政府内阁中任国务秘书，并在比洛政府内阁中续任这一职务至 1903 年。
Tirpitz, Alfred von 提尔皮茨（1849～1930）	帝国海军元帅，1897 年至 1916 年任帝国海军部国务秘书，主导建立了帝国海军舰队。
Varnbüler, Karl von 瓦恩布勒（1809～1889）	1872 年至 1881 年任帝国议会议员，代表德意志帝国党。在 1878 年的议会选举后，领导主张征收保护性关税的"204 联盟"。
Wangenheim, Conrad von 旺根海姆（1849～1926）	是 1893 年 2 月成立的农业利益团体"农业联盟"（BdL）的联合创始人之一。自 1898 年 7 月起任联盟主席，直至 1920 年。1913 年起担任位于斯泰丁的波美拉尼亚农业商会主席，成为德意志农业理事会成员。1898 年当选帝国议会议员，属于德意志保守党。
Wedell-Malchow, Friedrich von 维德尔（1823～1890）	1866 年至 1890 年任普鲁士众议院议员，1871 年至 1874 年、1877 年至 1890 年任帝国议会议员，代表保守党。
Wilmanns, Karl 威尔曼斯（1835～1898）	1871 年至 1874 年任帝国议会议员，代表德意志保守党。最早出于经济动机提出反犹主张的人物之一。
Windthorst, Ludwig 温德霍斯特（1812～1891）	普鲁士众议院和帝国议会议员，中央党主席，反对自由主义，但在一些方面与自由派合作，主张议会独立性，在文化斗争中是俾斯麦的激烈反对者。

注：帝国议员信息亦可参见数据库：http://www.reichstag-abgeordnetendatenbank.de。

附录Ⅲ 德意志帝国议会主要政党概况及得票率、帝国议会席位数、席位占比

表Ⅰ：1871 –1887 年

政党名称	创建时间、政治倾向、主要组织变动	1871 （382 席）	1874 （397 席）	1877 （397 席）	1878 （397 席）	1881 （397 席）	1884 （397 席）	1887 （397 席）
die Deutsche Konservative Partei 德意志保守党	起初只是一些保守主义党派构成的松散组织，1876 年重建后组织性大大加强。处于最右翼，是普鲁士主义者、贵族和大地产者的政党，支持者主要来自易北河以东地区。	14.1% 57 14.9%	6.9% 22 5.5%	9.7% 40 10.1%	13.0% 59 14.9%	16.3% 50 12.6%	15.2% 78 19.6%	15.2% 80 10.2%
Reichspartei 帝国党	在普鲁士称为自由保守党（Freikonservative），1867 年建党，是德意志保守派的一个分支，1871 年建国后在帝国层面称为帝国党。在政治立场上处于保守党与民族自由党之间。主要由农业有产者和工业企业家组成，充分支持俾斯麦的民族主义政策。	8.9% 37 9.7%	7.2% 33 8.3%	7.9% 38 9.6%	13.6% 57 14.4%	7.4% 28 7.1	6.9% 28 7.1%	9.8% 41 10.3%
das katholische Zentrum 天主教中央党	1861 年建党。由普鲁士众议院中的天主教党团发展而来，是一个宗教党派。宗旨是在一个以新教为主的国家里捍卫天主教徒的权利。在维护皇权、保持社会的等级式结构以及所有社会道德问题上十分保守；在社会改革上倾向于进步的天主教社会思想。该党的主要支持者来自德国南部、莱茵地区、西里西亚和普鲁士的波兰地区。	18.6% 63 16.5%	27.9% 91 22.9%	24.8% 93 23.4%	23.1% 94 23.7%	32% 100 25.2%	22.6% 99 24.9%	20.1% 98 24.7%

续表

政党名称	创建时间、政治倾向、主要组织变动	1871（382 席）	1874（397 席）	1877（397 席）	1878（397 席）	1881（397 席）	1884（397 席）	1887（397 席）
Nationalliberale 民族自由党	由普鲁士的德意志进步党主要成员和 1866 年在汉诺威成立的民族自由党合并而成。民族自由党主要代表受过教育和拥有一定财产的中产阶级，以及高级公职人员的利益，主张中央集权和自由放任的经济政策，主张公共生活世俗化和宪政政府。	30.1% 125 32.7%	29.7% 155 39.0%	27.2% 128 32.2%	23.1% 99 24.9%	14.7% 47 11.8%	17.6% 51 12.8%	22.2% 99 24.9%
Liberale Vereinigung 自由联盟	成立于 1880 年，为民族自由党中因不满党派过于靠拢俾斯麦而分裂出来的左翼。既包括经济自由主义者也包括保护性关税支持者。1884 年与德意志进步党合并，成立德意志自由思想党。	–	–	–	–	8.4% 46 11.6%	–	–
Deutsche Fortschrittspartei 德意志进步党	成立于 1861 年，核心是左翼自由派，该党支持民族自由党的自由经济原则，但坚决主张扩大议会的权利，对政府的政策普遍持批评态度，对帝国的军费开支及军队人事政策抱怀疑态度，曾在“宪法冲突”中坚定地站在俾斯麦的对立面，但在建国后逐步向俾斯麦靠拢。1884 年与自由同盟合并成立德意志自由思想党。	8.8% 46 12.0%	8.6% 49 12.3%	7.7% 35 8.8%	6.7% 26 6.5%	12.7% 60 15.1%	–	–
Deutsche Freisinnige Partei 德意志自由意志党	1884 年由自由同盟与德意志进步党合并成立的自由派政党，主张议会民主制。1893 年分裂为自由思想人民党（Freisinnige Volkspartei）和自由思想同盟（Freisinnige Vereinigung）。	–	–	–	–	–	17.6% 67 16.9%	12.9% 32 8.1%
Sozialistische Arbeiterpartei Deutschlands 德国社会主义工人党	1875 年由成立于 1863 年的全德意志工人联合会（das Allgemeine Deutsche Arbeiterverein）以及成立于 1869 年的社会民主工人党（Sozialdemokratische Arbeiterpartei）合并成立，至一战前发展成为德国最强的单一政治力量，但在德意志帝国建国初期发展缓慢。1890 年改称德国社会民主党（Sozialdemokratische Partei Deutschlands）。	3.2% 2 –	6.8% 9 2.3%	9.1% 12 3.0%	7.6% 9 2.3%	6.1% 12 3.0%	9.7% 24 6.0%	10.1% 11 2.8%

表 II：1890 – 1912 年

政党名称	创建时间、政治倾向、主要组织变动	1890 （397 席）	1893 （397 席）	1898 （397 席）	1903 （397 席）	1907 （397 席）	1912 （397 席）
德意志保守党	同前	12.4% 73 18.4%	13.5% 72 18.1%	11.1% 56 14.1%	13.0% 54 13.6%	9.4% 60 15.1%	15.2% 43 10.8%
帝国党	同前	6.7% 20 5.0%	7.2% 28 7.1%	4.4% 23 5.8%	3.5% 21 5.3%	4.2% 24 6.0%	3.0% 14 3.5%
天主教中央党	同前	18.6% 106 26.7%	18.8% 96 24.2%	24.8% 102 25.7%	19.7% 100 25.2%	19.4% 105 26.4%	16.4% 91 22.9%
民族自由党	同前	16.3% 42 10.6%	13.0% 53 13.4%	12.5% 46 11.6%	13.9% 51 12.8%	14.5% 54 13.6%	13.6% 45 11.3%
Sozialdemokratische Partei Deutschlands 德国社会民主党	1890 年由德国社会主义工人党改名而来。	19.7% 35 8.8%	23.3% 44 11.1%	27.2% 56 14.1%	31.7% 81 20.4%	28.9% 42 10.6%	34.8% 110 27.7%
德意志自由意志党	同前	16.5% 66 16.6%	–	–	–	–	–
Freisinnige Volkspartei 自由意志人民党	1893 年从德意志自由意志党中分裂出来成立的自由派政党，1910 年合并组成进步人民党（Fortschrittlichen Volkspartei）。	–	8.7% 24 6.05%	7.2% 29 7.3%	5.7% 21 5.3%	6.5% 28 7.05%	–

续表

政党名称	创建时间、政治倾向、主要组织变动	1890（397 席）	1893（397 席）	1898（397 席）	1903（397 席）	1907（397 席）	1912（397 席）
Freisinnige Vereinigung 自由意志同盟	1893 年从德意志自由意志党中分裂出来成立的自由派政党，1910 年并入进步人民党。	–	3.4% 13 3.27%	–	–	3.2% 14 3.53%	–
Fortschrittliche Volkspartei 进步人民党	1910 年由自由意志人民党、自由意志同盟和德意志人民党①合并成立，是左翼自由主义和资产阶级民主政党。	–	–	–	–	–	12.3% 42 10.6%

资料来源：帝国议会数据库 https://www.reichstagsprotokolle.de/；https://www.wahlen-in-deutschland.de/krtw.htm。

注：由于帝国议会议员的党派归属性较弱，因此在不同的统计数据中，具体政党的议员数量会有些微出入，但在对政治派别力量对比变化情况进行观察时，这些出入并不会造成显著影响。

① Deutsche Volkspartei，指德意志帝国时期的德意志人民党（不可与魏玛时期的德意志人民党混淆），成立于 1868 年，普鲁士宪法冲突后从德意志进步党左翼分裂出来，属左翼自由派。在 1893 年的帝国议会选举中取得历史最佳选绩：以 2.2% 的得票率赢得了 11 个席位，几乎所有议员都来自符腾堡。由于所占席位较少，故未放入表格。

附录Ⅳ　德意志帝国党派发展脉络

德意志帝国党派发展脉络（1848～1917）

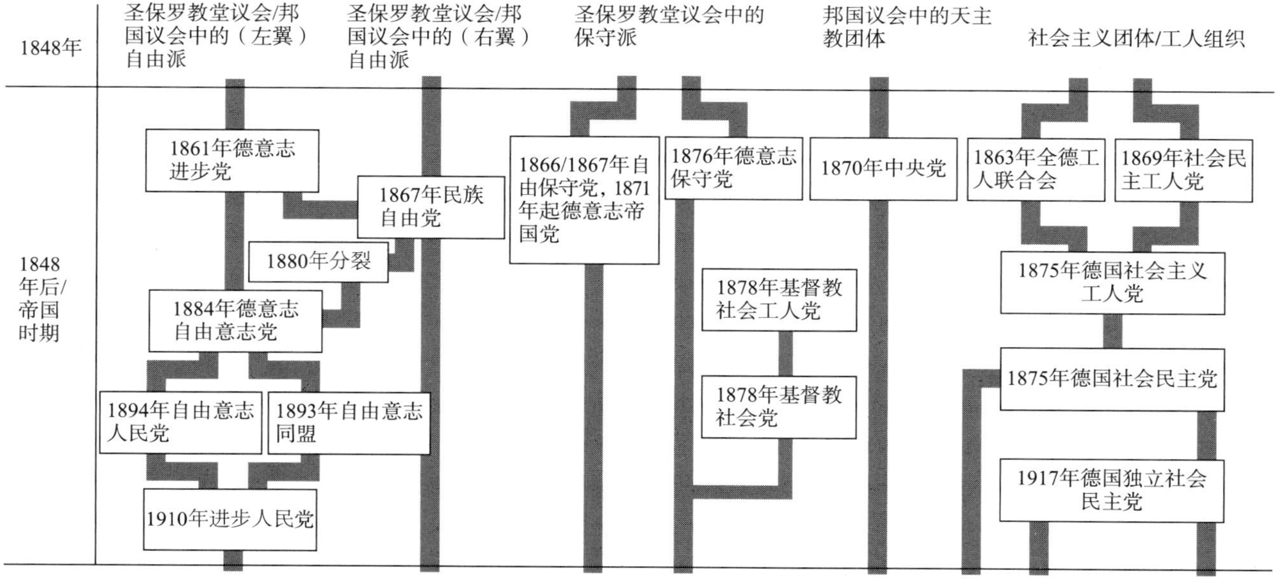

资料来源：Institut für Geschichtliche Landeskunde an der Universität Mainz e. V.，www. demokratiegeschichte. eu。

附录Ⅴ　1876 ~ 1913 年德意志帝国农产品价格指数（1913 = 100）

年份	黑麦	小麦	大麦	燕麦	粮食 年平均价格	普鲁士小麦价格 （马克/吨）*
1876	100	108	107	102	103. 2	210
1877	101	119	107	93	105. 6	230
1878	83	103	95	81	89. 8	202
1879	85	103	100	79	90. 9	196
1880	114	112	106	90	109. 3	219
1881	120	114	104	94	112. 7	220
1882	94	104	98	86	96. 3	208
1883	87	93	93	80	88. 7	185
1884	89	84	97	84	88. 0	173
1885	87	84	91	86	86. 6	162
1886	80	82	87	77	81. 1	157
1887	74	86	80	65	77. 1	164
1888	82	91	87	80	84. 9	174
1889	94	94	89	92	93. 0	183
1890	102	100	103	100	101. 2	192
1891	125	114	106	101	116. 4	222
1892	108	92	96	90	100. 0	189
1893	81	79	88	97	83. 7	152
1894	71	70	84	84	74. 3	135
1895	75	73	84	76	75. 9	140
1896	75	80	88	82	78. 9	153
1897	82	87	92	89	85. 8	165
1898	92	96	100	95	94. 4	156
1899	90	81	97	90	88. 3	155
1900	86	80	94	85	85. 4	150
1901	86	85	95	91	87. 4	162
1902	88	84	93	97	88. 6	164

续表

年份	黑麦	小麦	大麦	燕麦	粮食年平均价格	普鲁士小麦价格（马克/吨）*
1903	82	80	85	82	82.0	155
1904	81	87	89	84	84.3	169
1905	89	89	99	91	90.6	171
1906	98	91	101	103	97.1	174
1907	115	104	108	114	110.9	201
1908	110	106	111	104	108.4	204
1909	105	117	106	108	108.7	226
1910	92	103	97	96	96.1	204
1911	103	103	118	109	105.6	204
1912	114	110	126	121	115.3	217
1913	100	100	100	100	100.0	199

资料来源：Wehler, 2008c：p. 687。

注：*通常认为普鲁士小麦价格是在政治和舆论上具有一定指针意义的价格指标。

参考文献

[1] Aldefeld, Carl Ludwig Wilhelm: *Die Maaße und Gewichte der deutschen Zoll-Vereins-Staaten und vieler anderer Länder und Handelsplätze in ihren gegenseitigen Verhältnissen.* Stuttgart und Tuäbingen: Cotta, 1838.

[2] Aldenhoff-Hübinger, Rita: *Agrarpolitik und Protektionismus: Deutschland und Frankreich im Vergleich 1879 – 1914.* Göttingen: Vadenhoeck & Ruprecht, 2002.

[3] Ambrosius, Gerold: *Der Staat als Unternehmer-Öffentliche Wirtschaft und Kapitalismus seit dem 19. Jahrhundert.* Göttingen: Vadenhoeck & Ruprecht, 1984.

[4] Baltzer, Markus: *Der Berliner Kapitalmarkt nach der Reichsgründung 1871—Gründerzeit, internationale Finanzmarktintegration und der Einfluss der Makroökonomie.* Münster: LIT Verlag, 2007.

[5] Berghahn, Volker R.: *Imperial Germany, 1871 – 1918: Economy, Society, Culture, and Politics.* Revised and expanded edition, New York & Oxford: Berghahn Books, 2005.

[6] Berghahn, Volker R.: "The German Empire, 1871 – 1914: Reflections on the Direction of Recent Research". In: *Central European History*, Vol. 35, No. 1 (2002), pp. 75 – 81.

[7] Best, Heinrich: "Modernisierung und parlamentarische Führungsgruppen in Deutschland 1867 – 1918". In: *Historische Sozialforschung*, Vol. 13, No. 1 (1988), pp. 5 – 74.

[8] Best, Heinrich: "Organisationsbedingungen und Kommunikationsstrukturen politischer Partizipation im frühindustriellen Deutschland". In: *Historical Social Research*, *Supplement*, 20 (2008), pp. 287 – 311.

[9] Blaich, Fritz: *Staat und Verbände in Deutschland zwischen 1871 und 1945.* Wiesbaden: Franz Steiner Verlag, 1979.

[10] Boch, Rudolf: *Staat und Wirtschaft im* 19. *Jahrhundert.* München: R. Oldenbourg Verlag, 2004.

[11] Boelcke, Willi A.: *Sozialgeschichte Baden-Württembergs 1800 – 1989.* Stuttgart: Kohlhammer Verlag, 1989.

[12] Böhme, Helmt: *Deutschlands Weg zur Großmacht*: *Studien zum Verhältnis von Wirtschaft und Staat während der Reichsgrüdungszeit 1848 – 1881.* 3. Aufl., Köln: Verlag Kiepenheuer & Witsch, 1974.

[13] Böhme, Helmut: "IV. Big-Business Pressure Groups and Bismarck's Turn to Protectionism, 1873 – 79". In: *The Historical Journal*, (Jan. 1967), pp. 218 – 236.

[14] Bopp, Karl R.: "Die Tätigkeit der Reichsbank von 1876 bis 1914 II". In: *Weltwirtschaftliches Archiv*, 1954, Bd. 72 (1954), pp. 179 – 224.

[15] Borchardt, Knut: *Die industrielle Revolution in Deutschland*, München: R. Piper & Co. Verlag, 1972.

[16] Borchardt, Knut: *Grundriss der deutschen Wirtschaftsgeschichte*, 2. Verb. Aufl., Göttingen: Vadenhoeck & Ruprecht, 1985.

[17] Botzenhart, Manfred: *Reform*, *Restauration*, *Krise*: *Deutschland 1789 – 1847*, Darmstadt: Wissenschaftliche Buchgesellschaft, 1997.

[18] Bowers, Kenneth S.: "Situationism in psychology: An analysis and a Critique". In: *Psychological Review*, Vol. 80 (5), (Sep. 1973), pp. 307 – 336.

[19] Boyd, Brian: "Corporate Linkages and Organizational Environment: A Test of the Resource Dependence Model". In: *Strategic Management Journal*, Vol. 11, No. 6 (Oct., 1990), pp. 419 – 430.

[20] Breuilly, John; F. Biss; G. Friedman: "Auf dem Weg zur deutschen Gesellschaft? Der dritte Band von Wehlers Gesellschaftsgeschichte". In: *Geschichte und Gesellschaft*, 24. Jahrg., (Jan. -Mar., 1998), pp. 136 – 168.

[21] Brinkmann, Carl: *Die Preußische Handelspolitik vor dem Zollverein.* Berlin

und Leipzig: Vereinigung Wissenschaftlicher Verleger, 1922.

[22] Broadberry, Stephen; Carsten Burhop: "Real Wages and Labor Productivity in Britain and Germany, 1871 – 1938: A Unified Approach to the International Comparison of Living Standards". In: *The Journal of Economic History*, Vol. 70, No. 2 (June 2010), pp. 400 – 427.

[23] Broadberry, Stephen: *The Cambridge Economic History of Modern Europe*, 1. edition. Cambridge: Cambridge University Press, 2010.

[24] Bueck, Henry Axel: *Der Centralverband deutscher Industrieller: 1876 – 1901, Erster Band.* Berlin: Deutscher Verlag, 1902.

[25] Bueck, Henry Axel: *Mein Lebenslauf* (*Beitrage Zur Unternehmensgeschichte*). Stuttgart: Franz Steiner Verlag, 1997.

[26] Bueck, Henry Axel: *Der Centralverband Deutscher Industrieller und seine dreißigjährige Arbeit von* 1876 *bis* 1906. Reprint Edition (1. April 1906). Berlin: Walter de Gruyter, 2018.

[27] Burhop, Carsten: Wirtschaftsgeschichte des Kaiserreichs 1871 – 1918. Göttingen: UTB/Vandenhoeck & Ruprecht, 2011.

[28] Carsten, Francis L.: *Geschichte der preußischen Junker*, Frankfurt a. M.: Suhrkamp Verlag, 1988.

[29] Casciaro, Tiziana; Mikołaj J. Piskorski: "Power Imbalance and Interorganizational Relations: Resource Dependence Theory Revisited", Presentation on *Academy of Management Annual Meeting* (August 2004), New Orleans.

[30] Casciaro, Tiziana; Mikołaj J. Piskorski: "Power Imbalance, Mutual Dependence, and Constraint Absorption: A Closer Look at Resource Dependence Theory", in *Administrative Science Quarterly*, Vol. 50, No. 2 (2005), pp. 167 – 199.

[31] Clark Christopher: *The Roots of Rural Capitalism*, London: Cornell University Press, 1984.

[32] Craig, Gordon A.: *Deutsche Geschichte 1866 – 1945: von Norddeutschen Bund bis zum Ende des Dritten Reiches.* München: Verlag C. H. Beck, 1985.

[33] Czada, Roland: "Konjunkturen des Korporatismus: Zur Geschichteeines Paradigmenwechsels in der Verbändeforschung". In: *Politische Vierteljahresschrift Sonderheft 25*, Hrsg. von Wolfgang Streeck, (2004), pp. 37 – 63.

[34] Davis, Gerald F. ; J. Adam Cobb: "Resource dependence theory: Past and future" . In: *Research in the Sociology of Organizations*, 28 (2010), pp. 21 – 42.

[35] Dess, Gregory G. ; Donald W. Beard: "Dimensions of organizational task environments" . In: *Administrative science quarterly*, Vol. 29 No. 1, (March 1984), pp. 52 – 73.

[36] Dietzel, Heinrich: "The German Tariff Controversy" . In: *The Quarterly Journal of Economics*, Vol. 17, No. 3 (May, 1903), pp. 365 – 416.

[37] Emerson, Richard M. : "Power-Dependence Relations" . In: *American Sociological Review*, Vol. 27, No. 1. (Feb. , 1962), pp. 31 – 41.

[38] Finckenstein, Hans Wolfram Graf Finck von: *Die Entwicklung der Landwirtschaft in Preußen und Deutschland 1800 – 1930.* Würzburg: Holzner Verlag, 1960.

[39] Fischer, Wolfram: "Der deutsche Zollverein. Fallstudie einer Zollunion" . In: Helmut Berding et al. (Hrsg.): *Kritische Studien zur Geschichtswissenschaft.* Band I, Göttingen: Vandenhoeck & Ruprecht, 1972.

[40] Fischer, Wolfram: "Staatsverwaltung und Interessenverbände im Deutschen Reich" . In: Helmut Berding et al. (Hrsg.): *Kritische Studien zur Geschichtswissenschaft.* Band I, Göttingen: Vandenhoeck & Ruprecht, 1972.

[41] Fremdling, Rainer: "Railroads and German Economic Growth: A Leading Sector Analysis with a Comparison to the United States and States and Great Britain" . In: *The Journal of Economic History*, Vol. 37, No. 3 (Sep. , 1977), pp. 583 – 604.

[42] Gneist, Rudolf: *Der Rechtsstaat.* Berlin: Verlag von Julius Springer, 1872.

[43] Gollwitzer, Helmut: *Die Kapitalistische Revolution*, München: Chr. Kaiser Verlag, 1974.

[44] Görtemaker, Manfred: *Deutschland im 19. Jahrhundert: Entwicklungslinien.* 2. durchgesehene Aufl. , Bonn: Bundeszentrale für politische Bildung, 1986.

[45] Groß, Florian: I*ntegration durch Standardisierung. Maßreformen in Deutschland im 19. Jahrhundert*, Baden-Baden: Nomos, 2015.

[46] Gutsche, Willibald: *Monopole, Staat und Expansion vor 1914: Zum Funktionsmechanismus zwischen Industriemonopolen, Großbanken und Staatsorganen*

in der Außenpolitik des Deutschen Reiches 1897 bis Sommer 1914, Berlin: Akademie-Verlag, 1986.

[47] Hahn, Hans-Werner: *Die industrielle Revolution in Deutschland.* München: R. Oldenbourg Verlag, 1998.

[48] Hahn, Hans-Werner: *Geschichte des Deutschen Zollvereins.* Göttingen: Vandenhoeck & Ruprecht, 1984.

[49] Hahn, Hans-Werner: *Zwischen Fortschritt und Krisen. Die vierziger Jahre des 19. Jahrhunderts als Durchbruchsphase der deutschen Industrialisierung* (*Schriften des Historischen Kollegs. Vorträge.* 38), München: Stiftung Historische Kolleg, 1995.

[50] Hanf, Kenneth: *Introduction in Interorganizational Policy Making.* London: Sage Publications, 1978.

[51] Hardach, Karl W.: *Die Bedeutung wirtschaftlicher Faktoren bei der Wiedereinführung der Eisen- und Getreidezölle in Deutschland 1879.* Berlin: Dunker & Humblot, 1967.

[52] Harms, Bernhard: "Der auswärtige Handel". In: *Deutschland unter Kaiser Wilhelm II. Zweiter Band, VI. Buch.* Siegfried Körteet al. (Hrsg.). Berlin: Reimar Hobbing Verlag, 1914, pp. 235 – 265.

[53] Hassler, Theodor: "Aufzeichnung über Bismarck und den Centralverband Deutscher Industrieller (Kommentiert von Werner Frauendienst)". In: *Tradition: Zeitschrift für Firmengeschichte und Unternehmerbiographie*, 7. Jahrg., H. 5. (Oktober 1962), pp. 223 – 233.

[54] Haushofer, Heinz: *Die deutsche Landwirtschaft im technischen Zeitalter.* 2. Verb. Aufl., Stuttgart: Verlag Eugen Ulmer, 1972.

[55] Helfferich, Karl: *Die Reform des deutschen Geldwesensnach der Gründung des Reiches*, Leipzig: Verlag von Duncker & Humblot, 1898.

[56] Henning, Friedrich-Wilhelm: *Landwirtschaft und ländliche Gesellschaft in Deutschland, Band II: 1750 bis 1986.* 2. Ergänzte Aufl., Paderborn: Ferdinand Schöningh, 1988.

[57] Henning, Hansjoachim: "Posadowsky-Wehner, Arthur Adolf Graf von, Freiherr von Postelwitz". In: *Neue Deutsche Biographie* (*NDB*), *Band 20.* Berlin: Duncker & Humblot, 2001, p. 646ff.

[58] Hentschel, Volker: *Wirtschaft und Wirtschaftspolitik im wilhelminischen Deutschland-Organisierter Kapitalismus und Interventionsstaat*? Stuttgart: Klett-Cotta, 1978.

[59] Hentschel, Volker: *Preußens streitbare Geschichte 1594 – 1945*. Düsseldorf: Droste Verlag, 1980.

[60] Hildebrandt, Klaus: *Deutsche Außenpolitik 1871 – 1918*. 2. Aufl., München: R. Oldenbourg Verlag, 1994.

[61] Hilgruber, Adrias: *Bismarcks Außenpolitik*. Freiburg: Rodebach Verlag, 1992.

[62] Hillman, Amy J.; Thomas Dalziel: "Boards of directors and firm performance: Integrating agency and resource dependence perspectives". In: *Academy of Management review*, 28.3 (2003), pp. 383 – 396.

[63] Hillman, Amy J.; Michael C. Withers; Brian J. Collins: "Resource Dependence Theory: A Review". In: *Journal of Management*, 35. 2009 (September 2009), pp. 1404 – 1427.

[64] Hohenlohe-Schillingsfürst, Chlodwig zu: *Denkwürdigkeiten der Reichskanzlerzeit*. Karl Alexander von Müller (Hrsg.). Stuttgart: Deutsche Verlagsanstalt, 1931.

[65] Hohorst, Gerd; Jürgen Kocka; Gerhard A. Ritter: *Sozialgeschichtliches Arbeitsbuch. Bd. 2. 1870 – 1914*. 2. durchgesehene Auflage. München: Beck, 1978.

[66] Huwart, Jean-Yves; Loïc Verdier: *Die Globalisierung der Wirtschaft: Ursprünge und Auswirkungen*. Paris: OECD Publishing, 2014.

[67] Hubatsch, Walther: *Die Stein-Hardenbergschen Reformen*. Darmstadt: Wissenschaftliche Buchgesellschaft, 1989.

[68] Hungerland, Wolf-Fabian: "Der deutsche Außenhandel in der Ersten Globalisierung: neue Daten, neue Erkenntnisse". In: *Statistisches Bundesamt WISTA*, 1. 2020, pp. 65 – 77.

[69] Hunt, James C.: "Peasants, Grain Tariffs, and Meat Quotas: Imperial German Protectionism Reexamined." In: *Central European History*, 7.4 (1974), pp. 311 – 331.

[70] Iliasu, Alfred Asaana: "The Cobden-Chevalier Commercial Treaty of 1860". In: *The Historical Journal*, Mar., 1971, Vol. 14, No. 1 (Mar., 1971), pp. 67 – 98.

[71] Jordan, Grant; Klaus Schubert: "A preliminary ordering of policy network labels". In: *European Journal of Political Research*, 21. (1992), pp. 7 – 21.

[72] Kaelble, Hartmut: *Industrielle Interessenpolitik in der Wilhelminischen Gesellschaft: Centralverband Deutscher Industrieller 1895 bis 1914*. Berlin: Walter de Gruyter, 1967.

[73] Klijn, ErikHans: "Analyzing and Managing Policy Processes in Complex Networks: A Theoretical Examination of the Concept Policy Network and Its Problems". In: *Administration & Society*, 28. 1 (1996), pp. 90 – 119.

[74] Kieser, Alfred; Mark Ebers (Hrsg.): *Organisationstheorien*. 6. Aufl., Stuttgart: W. Kohlhammer GmbH, 2006.

[75] Kiesewetter, Hubert: *Industrialisierung und Landwirtschaft: Sachsens Stellung im regionalen Industrialisierungsprozess Deutschlands im 19. Jahrhundert*. Köln u. a.: Böhlau Verlag, 1988.

[76] Kiesewetter, Hubert: *Industrielle Revolution in Deutschland 1815 – 1914*. Frankfurt a. M.: Suhrkamp Verlag, 1989.

[77] Klatte, Klaus: *Die Anfänge des Agrarkapitalismus und der preußische Konservativismus*, Diss. Hamburg Universität, Hamburg, 1974.

[78] Klein, Ernst: *Geschichte der deutschen Landwirtschaft im Industriezeitalter*. Wiesbaden: Franz Steiner Verlag, 1973.

[79] Kleinschmidt, Christian; Jan Logemann (Hrsg.): *Konsum im 19. und 20. Jahrhundert*. Berlin: Walter de Gruyter, 2020.

[80] Knoll, Stefan: *Preußen: Ein Beispiel für Führung und Verantwortung*. Berlin: Nicolaische Verlagsbuchhandlung GmbH, 2010.

[81] Kocka, Jürgen: *Arbeitsverhältnisse und Arbeiterexistenzen: Grundlagen der Klassenbildung im 19. Jahrhundert*, Bonn: Verlag J. H. W. Dietz Nachf., 1990.

[82] Kolb, Eberhard: "Ökonomische Interessen und politischer Entscheidungsprozeß: Zur Aktivität deutscher Wirtschaftskreise und zur Rolle wirtschaftlicher Erwägungen in der Frage von Annexion und Grenzziehung 1870 – 71". In: *Vierteljahrschrift für Sozial- und Wirtschaftsgeschichte*, 60. Bd., H. 3 (1973), pp. 343 – 385.

[83] Kozan, Asli: “The Value of Being Politically Connected: Impact of Political Linkages on Financial Performance” . In: *Academy of Management Proceedings.* Vol. 2014. No. 1. Academy of Management.

[84] Kromphardt, Jürgen: *Konzeptionen und Analyse des Kapitalismus: von seiner Entstehung bis zur Gegenwart.* Göttingen: Vandenhoeck & Ruprecht, 1987.

[85] Krzymowski, Richard: *Geschichte der deutschen Landwirtschaft: Unter besonderer Berücksichtigung der technischen Entwicklung der Landwirtschaft bis zum Ausbruch des 2. Weltkrieges 1939.* 3. Aufl. , Berlin: Duncker & Humblot, 1961.

[86] Kühne, Thomas: “Parlamentarismusgeschichte in Deutschland: Probleme, Erträge und Perspektiven einer Gesamtdarstellung” . In: *Geschichte und Gesellschaft*, 24. Jahrg. , H. 2, Theorielandschaft (Apr. -Jun. , 1998), pp. 323 – 338.

[87] Kühne, Thomas: “Das Handbuch der Mitglieder des Preußischen Abgeordenetenhauses 1867 – 1918: Projektbericht über den Einsatz von TUSTEP in der biographischen Grundlagenforschung” . In: *Historische Sozialforschung*, No. 44, (October 1987), pp. 127 – 140.

[88] Kühne, Thomas: “Demokratisierung und Parlamentarisierung: Neue Forschungen zur politischen Entwicklungsfähigkeit Deutschlands vor dem Ersten Weltkrieg” . In: *Geschichte und Gesellschaft*, 31. Jahrg. , H. 2 (Apr. -Jun. , 2005), pp. 293 – 316.

[89] Lambi, Ivo Nikolai: *Free Trade and protection in Germany 1868 – 1879.* Wiesbaden: Franz Steiner Verlag, 1963.

[90] Lampe, Markus: “Explaining Nineteenth-Century Bilateralism: Economic and Political Determinants of the Cobden-Chevalier Network” . In: *The Economic History Review*, Vol. 64, No. 2 (May 2011), pp. 644 – 668.

[91] Lampe, Markus; Paul Sharp: “Tariffs and Income. A Time series analysis for 24 Countries” . In: *Cliometrica*, 7 (2) (2013), pp. 207 – 235.

[92] Lehmbruch, Gerhard: “Der unitarische Bundesstaat in Deutschland: Pfadabhängigkeit und Wandel” . In: *MPIfG Discussion Paper* 02/2, Köln, Februar 2002.

[93] Lehmbruch, Gerhard: “Die Reformierbarkeit der Demokratie—Innovationen und Blockaden” . In: *Das deutsche Verbändesystem zwischen Unitarismus und Föderalismus.* Renate Mayntz; Wolfgang Streeck (Hrsg.). Frankfurt a. M. u.

a. : Campus Verlag, 2003.

[94] Lehrfreund, Ludwig: *Die Entwicklung der deutsch-russischen Handelsbeziehungen.* Leipzig: Carnegie-Verlag Felix Bitterling, 1921.

[95] Machtan, Lothar: Dietrich Milles: *Die Klassensymbiose von Junkertum und Bourgeoisie: Zum Verhältnis von gesellschaftlicher und politischer Herrschaft in Preußen-Deutschland 1850 – 1878/79.* Frankfurt a. M. u. a. : Verlag Ullstein, 1980.

[96] Mann, Golo: *Deutsche Geschichte des 19. und 20. Jahrhunderts.* 14. Aufl. , Frankfurt a. M. : Fischer Taschenbuch, 1992.

[97] Marin, Bernd; Renate Mayntz (Hrsg.): *Policy Networks: Empirical Evidence and Theoretical Considerations.* Frankfurt a. M. : Campus Verlag, 1991.

[98] Maschke, Erich: "Die Industrialisierung Deutschlands im Spiegel der Parlamentszusammensetzung von 1848 bis heute" . In: *Zeitschrift für Firmengeschichte und Unternehmerbiographie*, 10. Jahrg. , H. 5. /6. (Dezember 1965), pp. 230 – 245.

[99] Marsh, David: "Understanding British government: Analyzing competing models" . In: *The British Journal of Politics & International Relations*, 10. 2 (2008), pp. 251 – 268.

[100] Meisner, Heinrich Otto: "Der Reichskanzler Caprivi: Eine Biographische Skizze" . In: *Zeitschrift für die gesamte Staatswissenschaft/Journal of Institutional and Theoretical Economics*, 1955, Bd. 111, H. 4. (1955), pp. 669 – 752.

[101] Menger, Max: "Der österreichisch-ungarische Ausgleich" . In: *Finanz Archiv/Public Finance Analysis*, 4. Jahrg. , H. 2 (1887), pp. 275 – 343.

[102] Mottek, Hans: *Wirtschaftsgeschichte Deutschlands: Ein Grundriss, Band II: Von der Zeit der französischen Revolution bis zur Zeit der bismarckschen Reichsgründung.* Berlin: VEB Deutscher Verlag der Wissenschaften, 1969.

[103] Mottek, Hans: *Wirtschaftsgeschichte Deutschlands: Ein Grundriss, Band III: Von der Zeit der bismarckschen Reichsgründung 1871 bis zur Niederlage des faschistischen deutschen Imperialismus 1945.* 2. Aufl. , Berlin: VEB Deutscher Verlag der Wissenschaften, 1975.

[104] Müffelmann, Leo: *Die wirtschaftlichen Verbände*, Leipzig: Sammlung

Göschen, 1912.

[105] Nipperdey, Thomas: "Die Organisation der bürgerlichen Parteien in Deutschland vor 1918". In: *Historische Zeitschrift*, Bd. 185, H. 3 (1958), pp. 550 – 602.

[106] Nipperdey, Thomas: *Nachdenken über die deutsche Geschichte.* München: Verlag C. H. Beck, 1986.

[107] Nipperdey, Thomas: *Deutsche Geschichte 1800 – 1918: 1866 – 1918. Bd. 2: Machtstaat vor der Demokratie.* 1. Aufl., München: C. H. Beck, 1990.

[108] Nitzsche, Max: "Die internationalen Ursachen der modernen Schutzzollbewegung". In: *Zeitschrift für die gesamte Staatswissenschaft/Journal of Institutional and Theoretical Economics*, Bd. 60, H. 2. (1904), pp. 329 – 357.

[109] Nonn Christoph: *Verbraucherprotest und Parteiensystem im wilhelminischen Deutschland.* Düsseldorf: Droste Verlag, 1996.

[110] Nonn Christoph: "Die Entdeckung der Konsumenten in Kaiserreich". In: *Die Konsumgesellschaft in Deutschland 1890 – 1990.* Hrsg. von Heinz-Gerhard Haupt u. Claudius Torp. Frankfurt am Main: Campus Verlag, 2009, pp. 221 – 231.

[111] Oster, Uwe A.: *Preußen: Geschichte eines Königreichs.* München: Piper Verlag, 2010.

[112] Paetau, Rainer (bearb.): *Die Protokolle des Preußischen Staatsministeriums 1817 – 1934/38, Band 6/I und Band 6/II: 3. Januar 1867 bis 20. Dezember 1878.* Hrsg. von der Berlin-Brandenburgischen Akademie der Wissenschaften unter der Leitung von Jürgen Kocka und Wolfgang Neugebauer, Hildesheim u. a., 2004.

[113] Pfeffer, Jeffrey; Gerald R. Salancik: *The External Control of organizations: A Resource Dependence Perspective.* New edition, Stanford, California: Stanford University Press, 2003.

[114] Pflanze, Otto: *Bismarck, der Reichsgründer.* München: C. H. Beck, 2008.

[115] Ritter, Gerhard A.: *Deutsche Sozialgeschichte 1870 – 1914: Dokumente u. Skizzen.* Hrsg. von Jürgen Kocka. 3., durchgesehene Aufl., München: C. H. Beck, 1982.

[116] Ritter, Gerhard A.: "Die Sozialdemokratie im Deutschen Kaiserreich in

sozialgeschichtlicher Perspektive". In: *Schriften des Historischen Kollegs.* München: Stiftung Historisches Kolleg, 1998.

[117] Robertson, Roland: *Globalization: Social Theory and Global Culture.* 1. edition, California: SAGE Publications Ltd, 1992.

[118] Rosen, Friedrich: "Max von Thielmann: Ein Nachruf". In: *Zeitschrift der Deutschen Morgenländischen Gesellschaft*, Bd. 83 (1929), p. 262ff..

[119] Rumpler, Helmut: *Der "Zweibund" 1879: Das deutsch-österreichisch ungarische Bündnis und die europäische Diplomatie.* Wien: Verlag der österreichischen Akademie der Wissenschaften, 1996.

[120] Rumpler, Helmut; Jan P. Niederkorn: *Österreichische Geschichte* 1804 – 1914. Wien: Verlag Carl Ueberreuter, 2005.

[121] Saidel, Judith R.: "Resource Interdependence: The Relationship between State Agencies and Nonprofit Organizations". In: *Public Administration Review*, Vol. 51, No. 6 (Nov. -Dec., 1991), pp. 543 – 553.

[122] Schieder, Theodor: "Europa im Zeitalter der Nationalstaaten und europäische Weltpolitik bis zum I. Weltkrieg (1870 – 1918)". In: *Handbuch der europäischen Geschichte.* Ders. (Hrsg.). Stuttgart: Union Verlag, 1968.

[123] Schieder, Theodor; Karl Otmar Freiherr von Abertin (Hrsg.): *Europäisches Staatensystem und Gleichgewicht nach der Reichsgründung: Bismarcks Außenpolitik und der Berliner Kongress.* Wiesbaden: Franz Steiner Verlag GmbH, 2007.

[124] Schippel, Max: Der handelspolitische Aufmarsch der Interessenten. In: *Sozialistische Monatshefte*, 19 (1913), H. 22191322, pp. 1313 – 1319.

[125] Schmitter, Philippe C.: "Interessenvermittlung und Regierbarkeit". In: *Verbände und Staat: vom Pluralismus zum Korporatismus: Analysen, Positionen, Dokumente.* Hrsg. von Ulrich von Alemann. Wiesbaden: VS Verlag für Sozialwissenschaften, 1979.

[126] Schmitter, Philippe C.; Gerhard Lehmbruch (Hrsg.): *Trends toward Corporatist Intermediation.* London: Sage Publications, 1979.

[127] Schmitter, Philippe C.: "Neokorporatismus: Überlegungen zur bisherigen Theorie und zur weiteren Praxis". In: *Neokorporatismus.* Hrsg. von Ulrich von Alemann. Frankfurt a. M. u. a.: Campus-Verlag, 1981.

[128] Schmoller, Gustav von: *Grundriß der allgemeinen Volkswirtschaftslehre.* München, Leipzig: Duncker & Humblot, 1904.

[129] Sebaldt, Martin; Alexander Straßner (Hrsg.): *Klassiker der Verbändeforschung*, Wiesbaden: VS Verlag für Sozialwissenschaften, 2006.

[130] Sheehan, James J.: "Political Leadership in the German Reichstag, 1871 – 1918". In: *The American Historical Review*, Vol. 74, No. 2 (Dec., 1968), pp. 511 – 528.

[131] Seidel, Friedrich: *Das Armutsproblem im deutschen Vormärz bei Friedrich List*, Köln: Selbstverlag Forschungsinstitut für Sozial- und Wirtschaftsgeschichte an der Universität Köln, 1971.

[132] Sempell, Charlotte: "The Constitutional and Political Problems of the Second Chancellor, Leo Von Caprivi". In: *The Journal of Modern History*, Sep., 1953, Vol. 25, No. 3 (1953), pp. 234 – 254.

[133] Sombart, Werner: *Die deutsche Volkswirtschaft im Neunzehnten Jahrhundert.* 8. Aufl., Darmstadt: Wissenschaftliche Buchgemeinschaft E. V., 1954.

[134] Spahn, Martin: "Zur Entstehung der nationalliberalen Partei". In: *Zeitschrift für Politik*, Vol. 1 (1908), pp. 346 – 470.

[135] Stegmann, Dirk: "Hugenberg contra Stresemann: Die Politik der Industrieverbände am Ende des Kaiserreichs". In: *Vierteljahrshefte für Zeitgeschichte*, Jahrgang 24 (1976), Heft 4, pp. 329 – 378.

[136] Stegmann, Dirk: "Linksliberale Bankiers, Kaufleuteund Industrielle 1890 – 1900: ein Beitrag zur Vorgeschichte des Handelsvertragsvereins". In: *Tradition: Zeitschrift für Firmengeschichte und Unternehmerbiographie*, 21 (1976), pp. 4 – 36.

[137] Steller, Paul: *Das Unternehmertum und die öffentlichen Zustände in Deutschland.* Berlin: Verlag von Julius Springer, 1911.

[138] Stone, James: *The War Scare of* 1875: *Bismarck and Europe in the Mid – 1870s.* Stuttgart: Franz Steiner Verlag, 2010.

[139] Stürmer, Michael: *Das ruhelose Reich: Deutschland 1866 – 1918.* Berlin: Siedler Verlag, 1994.

[140] Tilly, Richard H.: *Vom Zollverein zum Industriestaat. Die wirtschaftlich soziale Entwicklung Deutschlands 1834 bis 1914.* München: DTV, 1990.

[141] Tilly, Richard H. : "Gab es und gibt es ein, deutsches Modell 'der Wirtschaftsentwicklung?" . In: *Geschichte und Gesellschaft.* Sonderheft, Vol. 22, Wege der Gesellschaftsgeschichte (2006), pp. 219 – 237.

[142] Torp, Cornelius: *Die Herausforderung der Globalisierung: Wirtschaft und Politik in Deutschland 1860 – 1914* (*Kritische Studien Zur Geschichtswissenschaft*). Göttingen: Vandenhoeck & Ruprecht, 2005.

[143] Ullmann, Hans-Peter: "Zur Rolle industrieller Interessenorganisationen in Preußen und Deutschland bis zum Ersten Weltkrieg" . In: *Geschichte und Gesellschaft*, Sonderheft, Vol. 6, Preußen im Rückblick (1980), pp. 300 – 323.

[144] Ullmann, Hans-Peter: "Wirtschaftsverbände in Deutschland" . In: *Zeitschrift für Unternehmensgeschichte*, 35. Jahrg. , H. 2. (1990), pp. 95 – 115.

[145] Ullmann, Hans-Peter: *Der Deutsche Steuerstaat: Geschichte der öffentlichen Finanzen vom 18. Jahrhundert bis heute*, München: Verlag C. H. Beck, 2005.

[146] Ullrich, Volker: *Die nervöse Großmacht: Aufstieg und Untergang des deutschen Kaiserreichs 1871 – 1918.* Frankfurt a. M. : Fischer-Taschenbuch-Verlag, 1999.

[147] Urban, Nikolaus: *Die Diätenfrage: zum Abgeordnetenbild in Staatsrechtslehre und Politik 1900 – 1933.* Tübingen: Mohr Siebeck, 2003.

[148] Waarden, Frans Van: "Dimensions and types of policy networks" . In: *European Journal of Political Research.* 21. , (1992), pp. 29 – 52.

[149] Walter, Rolf: *Wirtschaftsgeschichte: Vom Merkantilismus bis zur Gegenwart.* 5. akualis. Aufl. , Köln: Böhlau Verlag, 2011.

[150] Wehler, Hans-Ulrich: *Deutsche Gesellschaftsgeschichte, Erster Band: Vom Feudalismus des Alten Reiches bis zur defensiven Modernisierung der Reformära 1700 – 1815.* München: Verlag C. H. Beck, 2008.

[151] Wehler, Hans-Ulrich: *Deutsche Gesellschaftsgeschichte, Zweiter Band: Von der Reformära bis zur industriellen und politischen "Deutschen Doppelrevolution "1815 – 1845/49.* München: Verlag C. H. Beck, 2008.

[152] Wehler, Hans-Ulrich: *Deutsche Gesellschaftsgeschichte, Dritter Band: Von der "Deutschen Doppelrevolution " bis zum Beginn des Ersten Weltkrieges, 1849 – 1914.* München: Verlag C. H. Beck, 2008.

[153] Wehler, Hans-Ulrich: *Der Nationalsozialismus. Bewegung, Führerherrschaft, Verbrechen. 1919 – 1945.* München: Verlag C. H. Beck, 2009.

[154] Wienfort, Monika: *Geschichte Preußens.* München: Verlag C. H. Beck, 2008.

[155] Zald, Mayer N.: *Organizational Change: The Political Economy of the YMCA* (*Studies of Urban Society*). Chicago: The University of Chicago Press, 1970.

[156] Ziemann, Benjamin: *Autoritärer Staat und Demokratisierung 1890 – 1914.* https://www.bpb.de/izpb/224753/autoritaerer-staat-und-demokratisierung-18901914? p=all. Stand: 13. 04. 2016.

[157] Zunkel Friedrich: *Der Rheinisch-Westfälische Unternehmer, 1834 – 1879.* Köln: Westdeutscher Verlag, 1962.

[158] *Der Weg zum industriellen Spitzenverband: Bundesverband der Deutschen Industrie.* Darmstadt: Hoppenstedts Wirtschafts-Archiv, 1956.

[159] *Gesetz über den Zoll und die Verbrauchs-Steuer von ausländischen Waaren und über den Verkehr zwischen den Provinzen des Staats.* https://www.his-data.de/objekt/1/4/5/jg/1818/preuss, gs, 1818, 1. pdf.

[160] *Friedens-Vertrag zwischen dem Deutschen Reich und Frankreich.* http://de.wikisource.org/wiki/Friedens-Vertrag_zwischen_dem_Deutschen_Reich_und_Frankreich.

[161] *Das Gründungsprogramm der Nationalliberalen Partei* (*12. Juni 1867*). http://archive.org/stream/DasGrndungsprogrammDerNationalliberalenPartei/721_gruendungsprogramNationalliberalen_226_djvu.txt. Stand: 01. 03. 2014.

[162] *Historische Ausstellung des Deutschen Bundesstages: Wahlen im Kaiserreich 1871 – 1918 Deutscher Bundestag.* http://www.bundestag.de/kulturundgeschichte/geschichte/infoblatt/wahlen_kaiserreich.pdf.

[163] *Soester Programm.* https://www.lwl.org/westfaelische-geschichte/portal/Internet/finde/langDatensatz.php? urlID = 1238&url_tabelle = tab_quelle.

[164] *Sozialdemokratische Parteitage* (*1890 – 1899*) *Protokolle über die Verhandlungen der Parteitage der Sozialdemokratischen Partei Deutschlands* (*Online-Edition der Bibliothek der Friedrich-Ebert-Stiftung*). http://library.fes.de/parteitage/index-pt-1890.html.

[165] *Sozialdemokratische Parteitage* (*1900 – 1909*) *Protokolle über die Verhandlungen der Parteitage der Sozialdemokratischen Partei Deutschlands* (*Online-*

Edition der Bibliothek der Friedrich-Ebert-Stiftung). http://library.fes.de/parteitage/index-pt-1900.html.

[166] *Statistisches Jahrbuch für das Deutsche Reich*. http://www.digizeitschriften.de/dms/toc/? PID=PPN514401303.

[167] *The Dual Alliance Between Austria-Hungary and Germany*. http://wwi.lib.byu.edu/index.php/The_Dual_Alliance_Between_Austria-Hungary_and_Germany.

[168] *Verfassung des Deutschen Reichs* (*April 1871*). http://www.documentarchiv.de/ksr/verfksr.html#. Stand: 01.03.2014.

[169] *Vertrag zwischen Deutschland, Österreich-Ungarn, Frankreich, Großbritannien, Italien, Rußland und der Türkei.* (*Berliner Vertrag*). Deutsches Reichsgesetzblatt Band 1878, Nr. 31, pp. 307-345.

[170] 俾斯麦:《思考与回忆》，同鸿印等译，上海：上海三联书店，2006。

[171] 波斯坦等主编:《剑桥欧洲经济史（第七卷）工业经济：资本、劳动力和企业（上）》，王春法主译，北京：经济科学出版社，2004。

[172] 波斯坦等主编:《剑桥欧洲经济史（第八卷）工业经济：经济政策和社会政策的发展》，王春法主译，北京：经济科学出版社，2003。

[173] 丁健弘:《德国通史》，上海：上海社会科学院出版社，2007。

[174] 福克讷:《美国经济史》（下卷），王锟译，北京：商务印书馆，2018。

[175] 黑格尔:《法哲学原理》，范扬、张企泰译，北京：商务印书馆，2009。

[176] 何蓉:《德国历史学派与19世纪经济学方法论之争的启示》，载《社会》2005年第3期。

[177] 胡明:《历史学派与德国特殊发展道路》，载《德国研究》2008年第3期。

[178] 霍布斯鲍姆:《资本的年代：1848-1875》，张晓华等译，北京：中信出版社，2014。

[179] 霍布斯鲍姆:《帝国的年代：1875-1914》，贾士蘅译，北京：中信出版社，2014。

[180] 贾根良、黄阳华:《德国历史学派再认识与中国经济学的自主创新》，载《南开学报》（哲学社会科学版）2006年第4期。

[181] 景德祥:《重新审视德意志帝国的现代化——兼谈现代化理论的局限性》，载《世界近现代史研究（第3辑）》，北京：中国社会科学出版

社，2005。
[182] 李巍：《走向贸易保护主义——社会联盟与美国 19 世纪关税政策》，载《美国问题研究》2009 年第 1 期。
[183] 李斯特：《政治经济学的国民体系》，陈万煦译，北京：商务印书馆，1961。
[184] 李植枬：《探讨德国资本主义独特发展道路的一部力作——评〈德国资本主义发展史〉》，载《武汉大学学报》（人文社科版）2002 年第 3 期。
[185] 厉以宁：《资本主义的起源——比较经济史研究》，北京：商务印书馆，2003。
[186] 厉以宁：《工业化和制度调整——西欧经济史研究》，北京：商务印书馆，2010。
[187] 刘玮：《试论 19 世纪俄国币制改革》，载《西伯利亚研究》2011 年第 1 期。
[188] 卢玲玲：《近代英国“自由贸易帝国主义”的形成及影响》，载《外国问题研究》2017 年第 2 期。
[189] 鲁特维克：《俾斯麦》，韩洁等译，北京：国际文化出版公司，2003。
[190] 马颖：《19 世纪德国经济实现跨越式发展的发展经济学解释》，载《世界近现代史研究（第四辑）》，北京：中国社会科学出版社，2007。
[191] 斯密：《国富论》，唐日松译，北京：华夏出版社，2005。
[192] 琼斯：《美国总统制》，毛维准译，上海：译林出版社，2013。
[193] 泰勒：《争夺欧洲霸权的斗争（1848－1918）》，沈苏儒译，北京：商务印书馆，1987。
[194] 韦勒：《德意志帝国》，邢来顺译，西宁：青海人民出版社，2009。
[195] 文德乐：《弗里德里希·李斯特传》，梅俊杰译，北京：商务印书馆，2019。
[196] 威廉二世：《德皇威廉二世回忆录》，赵娟丽译，北京：华文出版社，2019。
[197] 吴友法、黄正柏（主编）：《德国资本主义发展史》，武汉：武汉大学出版社，2000。
[198] 吴友法：《拓展德国史研究的新努力——〈德国工业化经济—社会史〉评介》，载《世界历史》2004 年第 6 期。

[199] 邢来顺：《德国工业化经济—社会史》，武汉：湖北人民出版社，2003。
[200] 邢来顺：《工业化冲击下的德意志帝国对外贸易及其政策》，载《史学月刊》2003 年第 4 期。
[201] 尹朝安：《19 世纪中后期德国经济的发展与制度创新》，载《德国研究》2003 年第 1 期。
[202] 褚浩：《19 世纪后期美国贸易保护政策研究》，博士论文，复旦大学，2009。

图书在版编目(CIP)数据

德意志帝国贸易政策：1871～1914/朱宇方著. --
北京：社会科学文献出版社，2023.1
（同济大学欧洲与德国研究丛书）
ISBN 978-7-5228-0950-2

Ⅰ.①德… Ⅱ.①朱… Ⅲ.①德意志帝国-贸易政策
-研究-1871-1914 Ⅳ.①F735.160

中国版本图书馆 CIP 数据核字（2022）第196045号

·同济大学欧洲与德国研究丛书·
德意志帝国贸易政策（1871～1914）

著　　者／朱宇方

出 版 人／王利民
组稿编辑／祝得彬
责任编辑／刘学谦
责任印制／王京美

出　　版／社会科学文献出版社·当代世界出版分社（010）59367004
地址：北京市北三环中路甲29号院华龙大厦　邮编：100029
网址：www.ssap.com.cn
发　　行／社会科学文献出版社（010）59367028
印　　装／三河市东方印刷有限公司

规　　格／开 本：787mm×1092mm 1/16
印 张：17　字 数：297千字
版　　次／2023年1月第1版　2023年1月第1次印刷
书　　号／ISBN 978-7-5228-0950-2
定　　价／88.00元

读者服务电话：4008918866

版权所有 翻印必究